Gregg Braden

Tiefe Wahrheiten

Gregg Braden

Tiefe Wahrheiten

Ursprung, Geschichte, Schicksal und Bestimmung der Menschheit

KOHA

Titel der Originalausgabe:
Deep Truth.
Igniting the Memory of Our Origin,
History, Destiny, and Fate.
Hay House, Inc., USA, 2011
www.hayhouse.com

Deutsche Ausgabe:

www.koha-verlag.de

1. Auflage 2011

Übersetzung: Maria Müller
Lektorat und Layout: Birgit-Inga Weber
Coverfoto: Istock-Foto / NASA
Gesamtherstellung: Karin Schnellbach
Druck: Bercker, Kevelaer
ISBN 978-3-86728-169-0

Inhaltsverzeichnis

»Aber das Gegenteil einer tiefen Wahrheit
kann wieder eine tiefe Wahrheit sein.«
< Niels Bohr (1885–1962),
Nobelpreisträger für Physik >

Direkt vor unseren Augen entsteht eine neue Welt. Gleichzeitig kämpft die Welt der Vergangenheit, die nicht mehr fortdauern kann, um ihr Überleben. Beide Welten spiegeln die ihnen zugrunde liegenden Überzeugungen wider. Und beide Welten existieren – aber nur bis jetzt.

Von globalem Terror, Zusammenbruch der Wirtschaft sowie Krieg bis hin zu ganz persönlichen Überzeugungen hinsichtlich Themen wie Abtreibung, Beziehungen und Familie – all diese Probleme, über welche die Menschen geteilter Meinung sind, spiegeln deutlich wider, wie wir über uns selbst und unsere Welt denken. Die Heftigkeit der Meinungsunterschiede zeigt, dass wir mit neuen Denkansätzen an unsere meistgeschätzten Beziehungen herangehen müssen.

Neue Entdeckungen über unsere Ursprünge, unsere Vergangenheit und tief verwurzelte Vorstellungen über die menschliche Existenz lassen Zweifel an traditionellen Glaubensvorstellungen aufkommen, die unsere Welt und unser Leben definieren – Überzeugungen, die auf falschen Annahmen einer unvollständigen, überholten Wissenschaft beruhen. Durch ein Umdenken wird klar, welchen Herausforderungen wir uns stellen müssen – und auch, welche Wahl wir haben.

Dieses Buch offenbart tiefe Wahrheiten über das menschliche Leben. Es stellt wissenschaftliche Entdeckungen vor, die erst noch den Weg in Schulbücher und in den Unterricht finden müssen. Und doch sind sie der Schlüssel zu unseren Vorstellungen über die Welt, über uns selbst und andere.

Einleitung

Die menschliche Existenz stößt überall auf ein und dieselbe unausgesprochene Frage, die hinter jeder von uns getroffenen Wahl steht; die Frage, die in jeder Herausforderung steckt, der wir uns stellen müssen; die Grundlage jeder Entscheidung, die wir jemals treffen müssen. Würde Gott mit einem kosmischen »Fragenzähler« verfolgen, worüber wir Menschen uns am meisten den Kopf zerbrechen, dann wäre es ganz bestimmt diese Frage, bei welcher der Zähler am höchsten ausschlagen und wieder zurück auf Null gehen würde, und zwar so oft, dass sogar Gott nicht mehr so genau wüsste, wie oft sie denn nun gestellt worden ist.

Es ist die Frage aller Fragen, die in den schätzungsweise 200.000 Jahren, die es Menschen auf der Erde gibt, von unzähligen Menschen unzählige Male gestellt worden ist. Sie lautet ganz einfach: *Wer sind wir?*

Eine scheinbar einfache, kurze und bündige Frage, doch den Implikationen der Antworten, die wir darauf geben, können wir einfach nicht entkommen. Sie trifft uns jeden Augenblick unseres Lebens mitten ins Herz, bildet die Linse, durch die wir uns in der Welt wahrnehmen, und lässt uns die Entscheidungen treffen, die wir nun einmal fällen. Der Sinn, den wir diesen drei Wörtern verleihen, durchdringt die Struktur unserer Gesellschaft und zeigt sich in allem, was wir tun: von der Wahl unserer Lebensmittel bis hin zur Fürsorge für uns selbst, unsere Kinder und unsere bejahrten Eltern.

Unsere Antwort auf die Frage, wer wir sind, bildet das Fundament, auf dem die Grundprinzipien unserer Zivilisation aufbauen. Sie wirkt sich darauf aus, wie wir Ressourcen wie Nahrung, Wasser, Medikamente und anderen lebensnotwendigen Bedarf mit anderen teilen, wann und warum wir Kriege führen und worauf unsere Wirtschaft gründet.

Was wir über unsere Vergangenheit, unseren Ursprung, unser Schicksal und unsere Bestimmung glauben, dient sogar als Rechtfertigung für unsere Gedanken darüber, wann ein Menschenleben gerettet oder beendet werden sollte.

Und die vielleicht größte Ironie der Menschheit zu Beginn des 21. Jahrhunderts, die auf über 5000 Jahre geschichtlicher Überlieferungen zurückblicken kann, besteht darin, dass wir diese grundsätzlichste aller Fragen über die Menschen noch immer nicht beantwortet haben. Obgleich die Wahrheitsfindung über unsere Existenz zu *jeder* Zeit all den damit verbundenen Aufwand an Zeit, Energie und Ressourcen wert ist, ist es doch gerade in *unserer* Zeit, hier und jetzt, umso wichtiger, denn wir sind mit den größten Krisen konfrontiert, die seit Menschengedenken unser Überleben gefährdet haben.

Die offensichtliche, gegenwärtige Gefahr

Ein guter Grund, wissen zu wollen, wer wir sind, ist für uns dabei wichtiger als alle anderen. Es ist vielleicht kein Zufall, dass gerade heute, nach drei Jahrhunderten wissenschaftlicher Forschung, mit der die grundsätzlichsten Fragen über uns Menschen beantwortet werden sollen, eben diese Menschheit auf dem Planeten Erde in großen Schwierigkeiten steckt, die nicht gerade zur 08/15-Sorte gehören. Eher handelt es sich um Probleme, aus denen Dramen und Science-Fiction-Filme gemacht werden.

Um es einmal klar zu sagen: Nicht die Erde ist in Schwierigkeiten – nein, wir sind es, die Erdbewohner. Ich bin ziemlich zuversichtlich, dass es die Erde auch in 50 und in 500 Jahren noch gibt. Egal welche Entscheidungen wir in dieser Zeit treffen und wie viele Kriege wir führen, wie viele politische Revolutionen wir in die Wege leiten oder wie arg wir die Luft und die Meere verschmutzen: Die Welt, die von unseren Vorfahren der »Garten« genannt wurde, wird sich dann immer noch 365,256 Tage pro Jahr um die Sonne drehen – wie schon in den vergangenen 4,55 Milliarden Jahren.

Es geht nicht um die Erde, sondern darum, ob *wir* noch auf der Erde sind, um uns am Leben zu erfreuen. Werden wir noch die Sonnenuntergänge und Geheimnisse der Natur genießen? Werden wir noch gemeinsam mit unseren Familien und Angehörigen die Schönheit der Jahreszeiten bezeugen können? Wie ich im Verlauf des Buches darstellen werde, haben die Experten ihre Wetten gegen uns gesetzt – sofern sich nicht bald etwas ändert.

Warum? Was das Überleben von uns und unseren Kindern auf der Erde anbelangt, landen wir gefährlich bald an einem Punkt, an dem es kein Zurück gibt. Das ist das Ergebnis einer unabhängigen, 2005 veröffentlichten Studie über den Klimawandel unter der gemeinsamen Federführung des früheren britischen Transportministers Stephen Byers und der US-Senatorin Olympia Snowe (R-Maine). Selbst wenn man nur die Umweltzerstörung berücksichtigt, könnte es passieren, dass wir diesen Wendepunkt bereits in weniger als 10 Jahren erreichen und das fragile Lebenserhaltungssystem zerstören würden.[1] Doch die Umweltzerstörung ist lediglich *eine* aus einer Unzahl von Krisen, denen wir derzeit gegenüberstehen, und jede einzelne davon hat für die menschliche Rasse gleichermaßen einen potenziell tödlichen Ausgang.

Die klügsten Köpfe unserer Zeit haben erkannt, dass wir nicht nur auf *einem,* sondern gleich auf mehreren Kollisionskursen sind – mit katastrophalen Folgen: angefangen bei der Gefahr eines neuen Weltkrieges über den Raubbau an Rohstoffen und die zunehmende Verknappung von Nahrung und Trinkwasser bis hin zu der beispiellosen Verschmutzung der Weltmeere, Wälder, Flüsse und Seen. Das Problem ist, dass die Experten sich anscheinend auf keine Lösung für diese Probleme einigen können.

Handeln – aber wie?

Manchmal tun wir gut daran, ein Problem erst einmal genau anzuschauen, bevor wir handeln. Je mehr wir über eine schwierige Situation wissen, desto sicherer können wir uns sein, wirklich die beste Lösung für das Problem gefunden zu haben. Doch zuweilen ist ein allzu langes Untersuchen auch nicht so vorteilhaft. Stattdessen muss man schnell handeln, um eine unmittelbar bevorstehende Krise zu überleben, und erst dann – mit der Zeit im Rücken, die durch schnelles, entschlossenes Handeln gewonnen wurde – das Problem genauer studieren.

Man kann das vielleicht am besten mit einem Was-wäre-wenn-Szenario verdeutlichen:

Stellen Sie sich vor, Sie wollen an einem schönen, klaren, sonnigen Tag mit einem Freund eine Schnellstraße überqueren, um zum Haus des Freundes auf der anderen Seite zu gelangen. Sie sind tief in ein Gespräch versunken, schauen plötzlich auf und sehen einen riesigen Sattelschlepper mit 18 Rädern direkt auf sich zukommen.

Auf der Stelle setzt in Ihrem Körper eine »Kampf oder Flucht«-Reaktion ein, damit Sie handlungsfähig sind. Die Frage ist nur: Wie? Sie müssen sich schnell entscheiden, ob Sie am besten nach vorne springen oder wieder zurück, bis Sie dann anschließend die Straße sicher überqueren können. Sie und Ihr Freund müssen beide eine Entscheidung treffen, und zwar augenblicklich.

Sie stehen also mitten auf der Schnellstraße – drei Fahrspuren vor sich, drei hinter sich – und sind im Dilemma: Haben Sie Zeit genug, zu Ihrem Ziel auf der anderen Straßenseite weiterzuspurten, oder ist es am besten, eiligst zurückzulaufen? Um auf diese Frage eine hundertprozentig sichere Antwort zu erhalten, bräuchten Sie Informationen, die Ihnen allerdings im Moment nicht zur Verfügung stehen. Sie wissen beispielsweise nicht, ob der Lastwagen beladen ist oder ohne Fracht fährt. Sie können auch kaum genau sagen, wie schnell er unterwegs ist und ob der Fahrer Sie überhaupt sieht. Unter Umständen erkennen Sie auch nicht, ob es ein diesel- oder ein benzinbetriebener Lastwagen ist und um welche Marke es sich handelt.

Und exakt dies ist der Punkt: Um handeln zu können, müssen Sie das alles nämlich gar nicht wissen. Während Sie die Schnellstraße überqueren, haben Sie eigentlich schon alle Informationen zur Hand, um zu wissen, dass Sie schlechte Karten haben. Sie wissen bereits, dass Sie in Lebensgefahr sind. Sämtliche zusätzlichen Einzelheiten brauchen Sie nicht, um das Offensichtliche zu erkennen: Da ist ein riesiger Sattelschlepper, und er fährt auf Sie zu … – und wenn Sie sich jetzt nicht schleunigst in Bewegung setzen, ist es nur eine Sache von Sekunden, bis gar nichts mehr wichtig ist!

Dieses Szenario hört sich vielleicht wie ein etwas dummes Beispiel an; trotzdem entspricht es unserer derzeitigen Situation in der Welt. Wir laufen sozusagen als Individuen, Familien und Nationen wie die beiden Freunde mitten auf der Schnellstraße. Der bedrohlich auf uns zusteuernde »Sattelschlepper« – das sind die stürmischen Krisen, die auf uns einwirken: Klimawandel, Terrorismus, Krieg, Krankheiten, Nahrungs- und Wassermangel und all die unhaltbaren Lebensumstände hier auf der Erde. Jede einzelne dieser Krisen könnte der Zivilisation und dem menschlichen Leben, wie wir es kennen, ein Ende bereiten.

Zwar herrscht vielleicht keine Einigkeit darüber, warum genau das alles geschieht, doch es ändert nichts an der Tatsache, dass es eben jetzt passiert. Und so wie die beiden Freunde, die entscheiden müssen, ob sie die Schnellstraße überqueren oder lieber zurück auf die sichere andere Straßenseite gehen, könnten wir jede dieser Krisen weitere 100 Jahre lang untersuchen und studieren. Tatsache ist jedoch, dass es Menschen, Gemeinschaften und Lebensweisen gibt, die nicht so lange überleben werden, bis all die Daten zusammengestellt, Berichte veröffentlicht und Ergebnisse diskutiert worden sind.

Denn noch während die Probleme bewertet werden, wird das Zuhause von vielen Menschen durch Erdbeben, »Megastürme«, Überschwemmungen und Kriege zerstört. Das Land, das sie ernährt hat, bringt keine Lebensmittel mehr hervor; ihre Brunnen vertrocknen, der Meeresspiegel steigt, ganze Küstenstriche verschwinden – und diese Menschen verlieren alles, auch ihr Leben. Solche Szenarien klingen vielleicht gar zu extrem, und doch passiert all das bereits: auf Haiti und in Japan, an der Golfküste der Vereinigten Staaten und im von der Dürre gebeutelten Afrika … Und es wird immer schlimmer.

So wie es zweifellos sehr sinnvoll ist, ohne großes Überlegen und Studieren dem großen Sattelschlepper aus der Bahn zu gehen, ist es auch klug, den vielen drohenden Katastrophen aus dem Weg zu gehen, bevor sie einen noch höheren Tribut fordern.

Und so wie unsere Entscheidung, in welche Richtung wir gehen, ausschlaggebend dafür ist, ob wir das Haus unseres Freundes erreichen oder nicht, sind auch unsere Handlungsentscheidungen angesichts der größten Gefahr für das Überleben der Menschheit maßgeblich dafür, ob wir diese Krisen bewältigen oder nicht, ob wir weiterleben dürfen oder sterben müssen. Die Optionen, die uns zum Überleben bleiben, haben alle damit zu tun, wie wir uns in der Welt sehen und wie unsere Denkweise unsere Handlungen beeinflusst.

Die Botschaft dieses Buches lautet: Wir müssen weise und schnell agieren, um die drohende Kollision auf der Schnellstraße des Lebens, die wir überqueren wollen, abzuwenden. Albert Einstein hat es vielleicht am besten ausgedrückt: »Eine neue Art von Denken ist notwendig, wenn die Menschheit weiterleben und höhere Ebenen erreichen will.«[2]

Eine neue Denkweise entwickeln – genau dies steht heute an. Wir wissen, dass das Problem existiert. Die besten Köpfe unserer Zeit haben diese Probleme bereits mit den besten wissenschaftlichen Möglichkeiten auf Basis der besten verfügbaren Theorien studiert. Hätten wir inzwischen nicht Antworten und klügere Lösungen finden müssen, wenn wir mit unserem Denken auf der richtigen Spur wären? Tatsache ist: Es ist eben nicht der Fall! Was uns wiederum zeigt, dass wir anders denken müssen.

Das Dilemma

Die ungeheuer vielen Entdeckungen der letzten Jahre in allen wissenschaftlichen Bereichen lassen kaum Zweifel daran, dass wir viele etablierte Ansichten über das Leben, unsere Welt und unseren Körper über Bord werfen müssen. Der Grund dafür ist ganz einfach: Diese Vorstellungen sind falsch! Neue wissenschaftliche Beweise führen zu neuen Gedanken über die ewigen Fragen des

Lebens: wo wir herkommen, wie lange wir schon auf der Erde sind, wie wir die derzeitigen Krisen am besten bewältigen und wie wir jetzt dafür sorgen können, dass sich alles zum Besseren wendet. Das weckt zwar Hoffnungen, doch trotz dieser Durchbrüche stehen wir nach wie vor vor einem Problem: Eventuell dauert es zu lange, bis diese neuen Erkenntnisse tatsächlich in den Köpfen ankommen, und uns bleibt nicht genügend Zeit, all diese Krisen zu meistern. Ein perfektes Beispiel hierfür bietet der Stand der Biologie.

Die neue Wissenschaft der Epigenetik basiert auf wissenschaftlichen Fakten. Sie beweist, dass der genetische Code, der sogenannte »Bauplan des Lebens«, unsere DNA, sich verändert, wenn sich das Umfeld verändert. Was traditionell denkende Wissenschaftler gar nicht gerne hören wollen, ist die Tatsache, dass zu dieser – die DNA verändernden – Umwelt eben nicht nur Giftstoffe in Luft und Wasser oder der elektromagnetische »Lärm« gehören, dem Menschen ausgesetzt sind, die in der Nähe von Stromleitungen, Transformatorstationen und Mobilfunkantennen weltweit in den Ballungszentren leben. Die Umwelt umfasst auch unsere ganz persönlichen, subjektiven Erfahrungen: Glaubensüberzeugungen, Emotionen und Gedanken!

Die Wissenschaft hat also nachgewiesen, dass wir die DNA, die mit lebensbedrohlichen Krankheiten Freunde und Angehörige dahinrafft, verändern können. Doch die Schulmedizin, auf die sich die westlichen Ärzte nach wie vor verlassen, lehrt immer noch, dies sei nicht möglich und wir seien Opfer unserer Erbanlagen und anderer unkontrollierbarer Faktoren. Zum Glück zeichnet sich hier jedoch ein Wandel ab.

Visionäre Wissenschaftler wie der Stammzellenbiologe Bruce Lipton, Autor von »The Biology of Belief« (2008; dt. Ausg.: »Intelligente Zellen: Wie Erfahrungen unsere Gene steuern«, 2009), sorgen dafür, dass die überraschenden Ergebnisse neuester Forschungen allmählich auch Eingang in die Fachliteratur finden, die unserem Verständnis von Medizin zugrunde liegt. Allerdings wird dieses neue Wissen über unsere Zellen oder neue Erkenntnisse über die Entstehung unserer Spezies, unserer Zivilisation und über unsere Vergangenheit mittels eines notorisch langsamen Systems transportiert. Acht bis zehn Jahre dauert es im Allgemeinen, bis eine wissenschaftliche Entdeckung überprüft, publiziert und akzeptiert und dann schließlich in die Fachliteratur aufgenommen wird, manchmal sogar noch länger. Und damit wird unser Problem offensichtlich.

Die besten Köpfe unserer Zeit lassen keinen Zweifel daran, dass wir auf alle möglichen Krisen und Bedrohungen von beispiellosem Ausmaß zusteuern und dass jede einzelne dieser Krisen sofort angegangen werden muss. Wir haben schlichtweg keine acht bis zehn Jahre Zeit, um zu erwägen, wie wir uns an die Situation anpassen und dem drohenden Terrorismus, dem Krieg und der nuklearen Aufrüstung im Nahen Osten zuvorkommen können. Diese Themen müssen *jetzt* angepackt werden.

Unser althergebrachtes Denken – zum Beispiel die Überzeugung, dass der Stärkste überlebt, dass wir Wettbewerb brauchen und dass wir von der Natur getrennt sind – hat uns an den Rand der Katastrophe geführt. Die Menschheit steht heute an einem Punkt, wo sie befürchten muss, all das zu verlieren, was sie als Zivilisation schätzt und bewahren will. Eben weil wir unser Denken verändern müssen, ist die uralte Frage, wer wir sind, wichtiger als je zuvor. Gleichzeitig fallen durch eine neue Weltsicht auf Basis wachsender wissenschaftlicher Beweise bislang fehlende Wissensteilchen an ihren Platz und verändern unsere Vorstellung davon, wer wir sind.

Im Licht neuer Erkenntnisse über Zivilisationen, die gegen Ende der letzten Eiszeit lebten, über falsche Annahmen hinsichtlich der Entwicklung des Menschen, über den Ursprung und die Rolle des Krieges in der Vergangenheit und die unangemessene Rolle von Wettbewerb im modernen Leben müssen wir grundsätzliche Überzeugungen, die unsere Entscheidungen und unsere Lebensweise prägen, neu überdenken. Und hier kommt dieses Buch ins Spiel.

Wozu dieses Buch?

Zweifellos gibt es bereits jede Menge Bücher über die außergewöhnlichen, bedrohlichen Zustände unserer Zeit; allerdings wird darin nicht auf das Element eingegangen, das allein zentral für unseren Umgang mit diesen herausfordernden Gegebenheiten ist. Wie könnten wir wissen, welche Wahl wir treffen müssen – welche Vorgaben und Gesetze verabschiedet werden sollten und wie wir nachhaltige Wirtschaftssysteme aufbauen, lebensrettende Technologien gemeinsam nutzen und Lösungen für all die Probleme finden können, die unsere Beziehungen und unsere Gesellschaft einer Zerreißprobe aussetzen –, wenn wir noch keine Antwort auf die große Frage gefunden haben, die das Herzstück unserer Existenz ausmacht: *Wer sind wir?* Als Individuen, Familien, Nationen und als Gesamtheit der menschlichen Zivilisation müssen wir erst einmal wissen, wer wir sind, bevor wir die richtige Wahl treffen können – ganz besonders jetzt, wo jede einzelne Entscheidung zählt.

> Woher sollen wir wissen, welche Wahl wir treffen müssen, solange wir keine Antwort auf die große Frage haben, die jeder Entscheidung zugrunde liegt: *Wer sind wir?*

Ohne eine Antwort auf diese grundlegende Frage sind solche lebensverändernden Entscheidungen vergleichbar mit dem Versuch, ins Haus zu gelangen, ohne zu wissen, wo die Tür ist. Man kann zwar durch ein Fenster einbrechen oder eine Mauer einreißen, aber damit richten wir auch Schaden am Haus an.

Vielleicht ist das die perfekte Metapher für die Zwickmühle, in der wir uns befinden. Unserer Menschenfamilie zuliebe, die in wenig mehr als 100 Jahren auf mehr als das Vierfache angewachsen ist – von 1,6 Milliarden Menschen im Jahr 1900 auf etwa 7 Milliarden im Jahr 2011 –, können wir den Schlüssel unseres Verstehens, wer wir sind, nutzen und durch die Tür erfolgreicher

Lösungen gehen … Oder wir fügen unserem Zuhause (der Erde und uns selbst) Schaden zu, indem wir reflexhaft auf Annahmen reagieren, die auf einer unvollständigen Wissenschaft beruhen.

Wir müssen uns die Wahrheiten unserer Geschichte und unseres Lebens auf der Erde, die Wandlungszyklen des Planeten und deren Rolle in unserem Leben vor Augen führen, um zu verstehen, womit wir es wirklich zu tun haben, welche Optionen und Alternativen uns zur Verfügung stehen.

Dieses Buch stellt sechs Forschungsbereiche (und ihre Erkenntnisse) vor, die unsere überkommenen Denkweisen über die Welt und uns radikal verändern werden. Bei der Bewältigung der Krisen, mit denen wir heute konfrontiert sind, müssen wir vor allem diese wichtigen Wahrheiten mit einbeziehen:

■ Tiefe Wahrheit 1:

Unsere Fähigkeit, die unser Leben und unsere Welt bedrohenden Krisen zu entschärfen, hängt von unserer Bereitschaft ab, die Enthüllungen der Wissenschaft über unseren Ursprung und unsere Geschichte auch zu akzeptieren.

Woher können wir angesichts nie zuvor gekannter Bedrohungen, die innerhalb der nächsten acht bis zehn Jahre gemeistert werden müssen, wissen, welche Wahl wir zu treffen haben, welche Gesetze und Verordnungen wir erlassen müssen, solange wir nicht wissen, wer wir sind? Seit Langem vorherrschende Überzeugungen über die Evolution und den Ursprung der Menschheit ergeben angesichts neuester Entdeckungen aus allen Bereichen der Wissenschaft wenig Sinn.

■ Tiefe Wahrheit 2:

Die etablierten Bildungssysteme tun sich schwer, Entdeckungen zu integrieren und neue Theorien zu untersuchen; damit stecken wir in veralteten Überzeugungen fest, mit denen es nicht gelingt, die größten Krisen in der menschlichen Geschichte zu bewältigen.

Unsere Entscheidungen über das Leben, die Regierungsführung und die Zivilisation basieren darauf, was wir über uns, unsere Beziehungen zueinander und unsere Beziehung zum Planeten Erde denken. Während der letzten 300 Jahre beruhten diese Überzeugungen auf falschen Annahmen einer veralteten Wissenschaft. Die gesunden Prinzipien der wissenschaftlichen Methode sind von Natur aus selbstkorrigierend; wir müssen nur zulassen, dass die Methode wie vorgesehen funktioniert.

■ Tiefe Wahrheit 3:

Damit wir die Krisen bewältigen, die unser Überleben bedrohen, müssen wir uns gegenseitig partnerschaftlich unterstützen und gemeinsam daran arbeiten, uns an die Veränderungen anzupassen, anstatt mit dem Finger auf andere zu zeigen und uns in Schuldzuweisungen zu ergehen; das erschwert solche überlebensnotwendigen Allianzen.

All diese Krisen (teils menschengemacht, teils naturbedingt) sind an einem Punkt angelangt, an dem das Überleben der Spezies Mensch auf dem Spiel steht. Das Industriezeitalter hat definitiv mit zum Treibhauseffekt beigetragen, und es steht außer Zweifel, dass wir unbedingt saubere, grüne, alternative Wege zur Erzeugung von Strom und Brennstoffen für die sieben Milliarden Menschen auf der Erde finden müssen …, aber:

- *Fakt ist:* Der Klimawandel ist nicht menschengemacht. In den 450.000 Jahren wissenschaftlich nachweisbarer Klimageschichte sind Erwärmungs- und Abkühlungszyklen erkennbar, die jeweils um die 100.000 Jahre andauerten, obwohl es noch gar keine Industrie gab.
- *Fakt ist:* Während der Erwärmungs- und Abkühlungszyklen erhöhten sich die Treibhausgase meistens mit einer Verzögerung von durchschnittlich 400 bis 800 Jahren nach dem Temperaturanstieg.
- *Fakt ist:* Die Synergien und die Teamarbeit, die es erfordert, nachhaltige Lebensweisen zu entwickeln und uns so einerseits an die natürlichen Wandlungszyklen anzupassen und andererseits menschengemachte Krisen anzugehen, erreichen ein nie zuvor gekanntes Ausmaß.

■ Tiefe Wahrheit 4:

Neue Entdeckungen über hoch entwickelte Zivilisationen gegen Ende der letzten Eiszeit lassen erkennen, wie wir heute Krisen bewältigen können, mit denen auch unsere Vorfahren damals konfrontiert waren.

Die wissenschaftliche Erforschung von Zivilisationen, die gegen Ende der letzten Eiszeit lebten, wirft die traditionelle historische Sichtweise über den Weg der Menschheit durch die verschiedenen Erdzeitalter über den Haufen. Sie unterstützt vielmehr älteste menschliche Überlieferungen und das indigene Bild einer zyklischen Welt, in der Zivilisationen entstehen und vergehen, Katastrophen geschehen und sich die aus schlechten Entscheidungen ergebenden Konsequenzen immer wieder von Neuem wiederholen.

■ Tiefe Wahrheit 5:

Immer mehr Daten aus allen möglichen Wissenschaftsdisziplinen – Daten, die mithilfe moderner Technologien gewonnen werden – lassen kaum mehr Zweifel daran aufkommen, dass der Mensch keine Lebensform ist, die sich willkürlich und über lange Zeit evolutionär entwickelt hat, sondern von seinem »Design« her »auf einmal« da war.

Es kann gut sein, dass die Wissenschaft nie genau herausfinden wird, was oder wer für das unserer menschlichen Existenz zugrunde liegende Design verantwortlich ist; dennoch stellen diese Entdeckungen die traditionelle Evolutionstheorie sehr stark infrage und zeigen auf, dass der Mensch höchstwahrscheinlich kein biologischer Zufallstreffer ist.

■ Tiefe Wahrheit 6:

In mehr als 400 von Experten begutachteten Studien kam man zu dem Schluss, dass gewaltsam ausgetragener Wettstreit und Krieg unseren tiefsten Kooperations- und Nährinstinkten komplett widersprechen.

Anders ausgedrückt: Ganz tief in uns sind wir schlicht und ergreifend nicht auf Krieg eingestellt!

Doch warum ist Krieg in der menschlichen Geschichte dann so vorherrschend und dominiert unser Leben und die ganze Welt? Hinweise, die eine Antwort auf diese Frage geben könnten, finden sich in den allerfrühesten menschlichen Aufzeichnungen und den uralten Überlieferungen wieder, die besagen, wie der »Krieg der Zeitalter« beendet werden kann und wir die höchsten Höhen unserer Bestimmung erreichen, anstatt uns den tiefsten Tiefen eines verhängnisvollen Schicksals zu ergeben.

Das schiere Ausmaß und die Anzahl der Krisen in diesen ersten Jahren des 21. Jahrhunderts stellen eine kritische, offensichtliche und sehr gegenwärtige Bedrohung für das Überleben der Menschheit dar und folgen den zyklischen Verläufen, die zum Untergang vergangener Kulturen geführt haben. Wir können die aktuellen Krisen nur überleben, wenn wir wissen, wer wir sind und an welchem Punkt wir uns im Rahmen der kulturellen und natürlichen Zyklen befinden, und wenn wir aus den Fehlern vergangener Zivilisationen lernen.

Vereint sich die modernste Wissenschaft mit der Weisheit der Vergangenheit, dann stehen unsere Chancen gut, unsere krisengeschüttelte Zeit in eine Zeit des heraufbrechenden Neuen zu verwandeln. Wir können eine neue Welt erschaffen – auf dem Fundament praxistauglicher und nachhaltiger Prinzipien, die wiederum auf einem tiefen Verständnis unserer tiefsten Wahrheiten beruhen.

Zum Inhalt dieses Buches

Ich lade Sie ein, in den sieben Kapiteln dieses Buches Ihre Beziehung zur Welt auf eine vielleicht neuartige, stärkende, Handlungsfähigkeit verleihende Weise zu betrachten. Für manche Leser ist das eventuell gar nichts Neues. Vielleicht hatten Sie ja das Glück, in einer Familie aufzuwachsen, in der Ihnen neue Entdeckungen über die Zivilisation und das Leben vermittelt wurden, sodass die fehlenden Teilchen Ihrer spirituellen, religiösen und historischen Weltsicht an ihren Platz fielen.

Für diejenigen, die nicht so aufgewachsen sind, öffnen die folgenden Erkenntnisse die Tür zu einem kraftvollen, praktischen neuen Weg der Selbsterkenntnis. Was auch immer Sie glauben mögen: Die Last der Beweise, welche die Menschheit zum Umdenken zwingt – sei es nun die traditionelle, etablierte Geschichtsschreibung oder die Frage, wer wir sind, wie lang wir schon hier sind und warum die Welt anscheinend »aus den Fugen gerät« –, ist faszinierender Lesestoff.

Und das sind die Entdeckungen, die Sie auf den Seiten dieses Buches machen können:

- Informationen über archäologische Funde, die unzweifelhaft darauf hinweisen, dass schon lange vor dem traditionell akzeptierten Zeitrahmen von 5000 bis 5500 Jahren hoch entwickelte Zivilisationen mit einer fortschrittlichen Technologie auf der Erde entstanden und blühten.

- Gründe, warum die heute ausgefochtenen Kriege von einem alten Denken herrühren und warum sie die moderne Fortsetzung eines uralten Kampfes sind, der nicht einmal etwas mit uns zu tun hat.

- Wissenschaftliche Beweise, dass das menschliche Leben auf einem »intelligenten Design« beruht.

- Eine Zeitschiene, die aufzeigt, wann der menschliche Lebenscode im Mutterleib aktiviert wird, wann zum ersten Mal ein menschliches Herz geschlagen hat und wann der Mensch in seiner Entwicklung zu Bewusstsein erwacht.

- Eine überarbeitete Zeitachse vergangener Zivilisationen (und wie sie in die zyklischen Zeitalter passen), durch welche die heutigen Krisen eine neue Bedeutung erhalten und wir die uns bevorstehenden Wahlmöglichkeiten definieren können.

Sie sollten bereits im Vorfeld wissen, was Sie auf dieser Entdeckungsreise erwartet. Deshalb soll an dieser Stelle klar und deutlich gesagt werden, was dieses Buch ist und was nicht:

- »Tiefe Wahrheiten« ist *kein* wissenschaftliches Buch. Ich stelle zwar neueste wissenschaftliche Erkenntnisse vor, die uns die Beziehung zur Vergangenheit, die Zeitzyklen, unsere Ursprünge und unsere Gewohnheit der Kriegsführung überdenken lassen, aber das Buch wurde nicht unter Einhaltung von Formaten oder Normen geschrieben, wie sie für ein wissenschaftliches Lehrbuch oder eine technische Zeitschrift vorgegeben sind.

- Dies ist auch *kein* von Experten überprüfter Forschungsartikel. Keines der Kapitel und Forschungsberichte wurde langwierig von einem zertifizierten Komitee oder Expertengremium geprüft, dessen Mitglieder eine einseitige Sichtweise haben und die Welt durch die »Brille« ihres jeweiligen Forschungsgebietes – Physik, Mathematik oder Psychologie – betrachten.

- Dieses Buch ist auf Basis fundierter Forschung geschrieben und dokumentiert die dargelegten Erkenntnisse. Dabei ist die Sprache leserfreundlich und beschreibt die Experimente, Fallstudien, historischen Aufzeichnungen und persönlichen Erfahrungen auf eine Weise, dass wir ein neues, stärkendes und uns handlungsfähig machendes Selbst- und Weltbild gewinnen.

- Dieses Buch bildet ein Beispiel dafür, was wir erreichen können, wenn wir die traditionellen Grenzen zwischen Wissenschaft und Spiritualität überschreiten. Indem wir die Entdeckungen des 20. Jahrhunderts – in den Bereichen Genetik, Archäologie, Mikrobiologie und Zeitfraktale – zusammenbringen, gewinnen wir einen starken Rahmen, in den wir die dramatischen Veränderungen unserer Zeit stellen können, sowie einen Kontext, der uns mit diesen Veränderungen umzugehen hilft.

Jeder Einzelne hat von Natur aus seinen eigenen Weg, auf dem er seine Gedanken und seine Art zu denken erforschen kann; es ist eine ganz individuelle, höchst intime und persönliche Reise. Ein Großteil der Unterschiede beruht auf den Erfahrungen, die wir mit unserer Familie, unseren Freunden und unserer Kultur gemein haben.

Wir alle haben Geschichten über unsere Vergangenheit und über die Anfänge der Erde und der Menschheit gehört; dadurch ergibt die Welt für uns einen Sinn. Es sind Geschichten auf der Basis dessen, was unsere jeweilige Gemeinschaft zu einem bestimmten Zeitpunkt als »wahr« akzeptiert.

Ich lade alle Leserinnen und Leser ein, über die Entdeckungen, die in diesem Buch vorgestellt werden, nachzudenken und herauszufinden, was sie für Sie persönlich bedeuten.

Reden Sie darüber mit den Leuten, die Ihnen wichtig sind, und finden Sie heraus, ob und wie Sie die Ihnen gemeinsame Geschichte verändern können.

Dieses Buch wurde mit einem einzigen Ziel geschrieben: uns (während der Bewältigung unserer persönlichen und weltweiten Krisen) ein besseres Verständnis unserer Beziehung zur Vergangenheit zu ermöglichen.

Der Schlüssel zur Ermächtigung sieht einfach so aus: Je besser wir uns selbst kennen, desto klarer werden die Entscheidungen in unserem Leben.

Niemand weiß genau, was die Zukunft bringt. Aus Quantensicht wählen wir uns durch die in eben diesem Moment getroffenen Entscheidungen eine Zukunft. Doch egal mit welchen Herausforderungen Sie konfrontiert sind und welche Wahl Sie treffen müssen – eines ist sicher: Wenn wir wissen, wer wir sind, und verstehen, in welcher Beziehung wir zueinander und zur Welt stehen, gewinnen wir den evolutionären Vorsprung, den unsere Vorfahren vielleicht nicht hatten, als sie ähnlichen Herausforderungen begegneten.

Mit diesem Vorsprung können wir die Waagschalen des Lebens zu unseren Gunsten ausschlagen lassen. Und am Anfang all dessen steht das Bewusstsein der tiefsten Wahrheiten über unsere Existenz und die Art und Weise, wie wir in allen Entscheidungen unseres Lebens tagtäglich auf diese Wahrheiten vertrauen.

Gregg Braden
Santa Fe/New Mexico

Kapitel 1

Wer sind wir? Auf der Suche nach uns selbst

»Wenn wir nicht verstehen,
wer wir sind und woher wir kommen,
können wir uns auch nicht wirklich weiterentwickeln.«
< Louis Leakey (1903–1972),
Archäologe und Naturforscher >

»Du stellst dir wunderbare Dinge vor und du stellst dir schreckliche Dinge vor und übernimmst keine Verantwortung für deine Entscheidung. Du sagst, du hast in dir die Kraft des Guten wie auch des Bösen, den Engel und den Teufel, doch in Wahrheit hast du nur eines: deine Vorstellungskraft.«[1] Mit diesen Worten beschreibt der verstorbene Autor Michael Crichton in seinem Roman »Sphere – Die Gedanken des Bösen« die Ironie der menschlichen Erfahrung, wie es für jemanden oder etwas aus einer anderen Welt aussieht, in diesem Fall eine außerirdische Sphäre, die seit 300 Jahren auf dem Grund des Ozeans liegt. Und obwohl das Buch eigentlich fiktiv ist, treffen die darin enthüllten Erkenntnisse vielleicht mehr zu, als so mancher gerne glauben möchte.

Die Menschen sind wirklich sehr mysteriöse Geschöpfe voller Extreme und Widersprüche – was wir tagtäglich an unserer

Lebensweise und unseren Entscheidungen sehen können. So sagen wir beispielsweise, wir sehnen uns nach einem freien Leben, und sind doch von der Angst gefesselt, was wir denn tun würden, wenn wir alle Freiheit der Welt hätten. Die Tatsache, dass jede Zelle des Körpers sich regeneriert, erinnert uns immer wieder an unsere Selbstheilungskräfte (sonst könnten wir gar nicht leben); und doch wollen wir diese Kraft nicht anerkennen, wenn es um das Heilen von Krankheiten geht. Wir behaupten, mitfühlende Wesen zu sein, und sind trotzdem die einzige Spezies, die anderen Schmerzen zufügt, um Informationen zu erzwingen, oder einfach weil es unterhaltsam ist. Angeblich wollen wir Frieden auf der Welt, und doch stellen wir immer noch Waffen für die Kriegsführung her, deren Zerstörungskraft schlimmer ist als alles bisher Dagewesene.

Wenn wir irgendwann in der Zukunft vielleicht einmal mit anderen Welten zu tun haben, hat sicherlich jede höher entwickelte Form intelligenten Lebens den Eindruck, der Mensch sei eine sehr konfliktbeladene Spezies, die ständig am Kämpfen ist und hin und her schwankt zwischen den großen Chancen einer wunderbaren Bestimmung und den tödlichen Schlägen unseres gefürchteten Schicksals.

Vor Kurzem hat das zweite Jahrzehnt des 21. Jahrhunderts begonnen und wir sind mit einer ernüchternden Realität konfrontiert, in der die Krisen, Extreme und Widersprüche unserer Zeit im Brennpunkt stehen. Die Wissenschaft ist weiter fortgeschritten als jemals zuvor in der Weltgeschichte. Dennoch haben wir immer noch keine Antwort auf die grundlegendste Frage unseres Lebens gefunden: *Wer sind wir?*

Das letzte Wort ist noch nicht gesprochen

Laut dem U.S. Census Bureau, der amerikanischen Volkszählungsbehörde, leben auf der Welt rund sieben Milliarden Menschen. Trotz aller Verschiedenheiten hinsichtlich Hautfarbe,

Stammbaum, Geografie und Glaubensüberzeugungen hat unsere Spezies doch denselben Ursprung. Bei einer weltweiten Umfrage, woher wir kommen, dürften die Antworten wohl in eine der drei folgenden Denkrichtungen gehen:

1. Wir sind das Produkt einer langen Kette wundersamer biologischer Synchronizitäten (nämlich der Evolution), die seit zwei Millionen Jahren stattfinden.

2. Eine höhere Macht hat uns erschaffen, uns Leben eingehaucht und uns auf die Erde gebracht.

3. Es gibt ein großes kosmisches Muster – ein »Intelligentes Design« –, das uns zu dem macht, was wir sind; dieses Design wurde vor unendlich langer Zeit von jemandem oder etwas auf den Weg gebracht, und wir verstehen es bislang einfach nicht.

Diese kurze Zusammenfassung wird den einzelnen Sichtweisen vielleicht nicht ganz gerecht; aber man kann sagen, dass diese einzeln oder in Kombination die heute normalerweise in Erwägung gezogenen wesentlichen Möglichkeiten darstellen.

Jahrtausendelang war von der ersten und der dritten Erklärung überhaupt nicht die Rede. Bis 1859 wurde praktisch nur *eine* Erklärung herangezogen, die unser Dasein hier auf der Erde erklärt: die religiöse. Sie beruht auf einer wörtlichen Interpretation des biblischen Buches Genesis, dem ältesten gemeinsamen Dokument, auf das sich die drei großen Weltreligionen (Judentum, Christentum und Islam) berufen; im Prinzip besagt dieser Glaube, Gott habe uns höchstpersönlich und mit Absicht auf die Erde gebracht.

Manche Glaubensgemeinschaften hängen heute noch dieser Auffassung an; am stärksten wird sie vom sogenannten Kreationismus vertreten.

Diese Theorie ist auf die vor über 350 Jahren aufgestellte religiöse Doktrin des anglikanischen Bischofs James Ussher (1581–

1656) zurückzuführen. Er glich die verschiedenen biblischen Interpretationen mit historischen Geburten und Todesfällen ab, von denen die damals gültige Bibel berichtete, und erstellte eine aus seiner Sicht genaue Zeitachse biblischer Ereignisse, angefangen mit dem ersten Tag der Schöpfung.

Aufgrund seiner Berechnungen datierte Ussher den ersten Tag der Welt bzw. den Schöpfungszeitpunkt auf Sonntag, 23. Oktober 4004 v.Chr.; für ihn war dies der »Anfang«, von dem im Buch Genesis die Rede ist.[2] Mit diesem Datum als Ausgangspunkt stellte er einen zeitlichen Ablauf der Ereignisse und Genealogien auf und kam zu dem Schluss, die Erde sei 6000 Jahre alt – ein Alter, das von den heutigen Kreationisten, insbesondere den Junge-Erde-Kreationisten, nach wie vor als gültig akzeptiert wird.[3]

Ussher nahm dieses Erdalter als Messlatte her und errechnete darauf aufbauend das Datum für wichtige biblische Ereignisse, die mit dem Ursprung und der Geschichte der Menschheit zu tun haben. Beispielsweise setzte er für die Erschaffung Adams das Jahr 4004 v.Chr. an; Eva wurde kurz darauf erschaffen, und beide wurden im selben Jahr aus dem Garten Eden vertrieben. Die von Ussher aufgestellten Zusammenhänge wurden in damals autorisierten Versionen der Bibel abgedruckt. Im Jahr 1701 wurde Usshers biblische Chronologie offiziell von der Kirche von England anerkannt.

Eine kreationistische Behauptung ist direkt auf Usshers Werk zurückzuführen, nämlich dass alles Leben während der Schöpfungsgeschichte erschaffen wurde. Die Theorie besagt zudem, dass es heute prinzipiell keine neuen Spezies gibt. Jegliches Leben in der Gegenwart und Vergangenheit – auch die menschliche Rasse – ist angeblich das Ergebnis dieser ursprünglichen Schöpfung und hat sich seitdem nicht verändert.

Diese Ansichten stehen in direktem Widerspruch zu zwei wesentlichen Erkenntnissen der modernen Wissenschaft:

1. Entsprechend dem Stand der geologischen Forschung ist die Erde sage und schreibe viereinhalb Milliarden Jahre alt.

2. Darwins Evolutionstheorie wird von der etablierten Wissenschaft weitestgehend akzeptiert; sie besagt, dass die Diversität des Lebens auf der Erde, wie wir sie heute kennen, durch die Evolution entstanden ist.

Die viereinhalb Milliarden Jahre alte Erde mag bei Alte-Erde-Kreationisten noch durchgehen, weil es unterschiedliche Auslegungen gibt, wie lange ein biblischer Tag bzw. ein biblisches Jahr tatsächlich gedauert haben; doch bei der Evolution gibt es keinerlei Interpretationsspielraum. Die Theorie von Charles Darwin (1809–1882) steht in direktem Widerspruch zur Theorie des menschlichen Ursprungs durch göttliches Eingreifen; ein Kompromiss scheint hier ausgeschlossen.

Darwin kehrte 1836 von seiner historischen Reise auf der H.M.S. Beagle zurück und veröffentlichte seine Erkenntnisse 23 Jahre später, im Jahr 1859. Sein Buch »Über die Entstehung der Arten« bedeutete das Ende eines Paradigmas und erschütterte lang gehegte Überzeugungen hinsichtlich der Anfänge der Menschheit in ihren Grundfesten. Auf seine Ideen und ihre Implikationen wird im Lauf dieses Buches noch näher eingegangen; an dieser Stelle werden sie aufgeführt, weil durch die Evolutionstheorie überhaupt zum ersten Mal religiöse Ansichten im Allgemeinen und die Glaubensüberzeugungen der christlichen Kirche im Besonderen infrage gestellt wurden.

Dennoch möchte ich klar sagen, dass Darwins Werk zwar gut durchdacht, akribisch dokumentiert und entsprechend wissenschaftlichen Richtlinien erstellt worden ist; doch inzwischen liegen immer mehr wissenschaftliche Beweise vor, dass dabei die heute bekannten Tatsachen über den Ursprung des Menschen keine Berücksichtigung gefunden haben. Außerdem beweist Darwin nicht, dass der Mensch das Ergebnis eines evolutionären Prozesses ist. Das soll nicht heißen, dass es keine Evolution gibt bzw. keine Evolution stattfand. Wie fossile Funde beweisen, hat sie für bestimme Arten tatsächlich stattgefunden. Das Problem ist nur: Bei einer Übertragung der bei Pflanzen und Tieren beobachteten Prozesse auf den Menschen stützen die Fakten nicht die Theorie.

Wie schaut es also aus? Was sollen wir glauben? Welche der drei oben genannten Ansichten ist die richtige, wenn es um unseren Ursprung und unsere Geschichte geht? Darüber ist noch nicht das letzte Wort gesprochen, und das Thema wird nach wie vor hitzig diskutiert. Verlässt man sich auf die Wissenschaft, sieht es allerdings ganz so aus, als ob die Evolution immer weniger geeignet ist, die Komplexität des menschlichen Lebens zu erklären.

Anders ausgedrückt heißt das: Die in der Natur beobachtete Evolution trifft vielleicht nicht auf uns zu. Wie im nächsten Abschnitt beschrieben, können bestimmte Fakten über die Entwicklung der menschlichen Familie einfach nicht mit der Evolution erklärt werden, zumindest nicht von der Theorie, wie wir sie heute verstehen.

Eine Theorie in Erklärungsnot

Seit 1859 wird die Evolution von der wissenschaftlichen Gemeinde und auch von einem Großteil der »modernen« Welt als einzig plausible Theorie über den Ursprung des Menschen und unsere Entwicklung akzeptiert. Die weit verbreitete Anerkennung hat wiederum die Suche nach physischen Beweisen zur Untermauerung der Theorie angespornt: Gesucht wird das fossile »fehlende Glied«, das es eigentlich geben sollte und das die Stationen unserer Entwicklungsreise dokumentieren könnte. Aus Gründen, die genauso umstritten sind wie die Fossilien an sich, sind diese »fehlenden Glieder« in der Kette unserer menschlichen Abstammung wenn überhaupt, dann bestenfalls schwer zu fassen.

In jüngerer Zeit hat die Suche nach Anhaltspunkten über unsere Vorfahren auch die kollektive Fantasie beflügelt; angesehene und glaubwürdige Zeitschriften wie »Science« und »Nature« berichteten mit ganzseitigen Farbtafeln von entsprechenden Studien und Entdeckungen. Anscheinend über Nacht wurden restaurierte Schädel mit leeren Augenhöhlen, die uns von Hochglanz-Titelseiten anstarrten, zu Mitgliedern der menschlichen Familie ernannt und erhielten sogar Namen wie »Lucy« und »George«, um diese Familienzugehörigkeit zu unterstreichen.

Ich bin in den 1960er-Jahren aufgewachsen. Auf dem Schwarz-Weiß-Fernseher meiner Familie schaute ich mir Dokumentarsendungen an und las in schönen Zeitschriften wie »National Geographic« und »Smithsonian« über die Suche nach dem Ursprung des Menschen. Es gab praktisch täglich Neues darüber zu berichten. Diese Suche dauert bis heute an, wenngleich aktuelle Entdeckungen nicht mehr so im Rampenlicht der Öffentlichkeit stehen. Vor allem in entlegenen Teilen des Großen Afrikanischen Grabenbruchs in Ostafrika gestaltete sich die Suche nach Fossilien höchst produktiv. Durch die Generationen umspannende Suche der Familie Leakey – Louis S. B. Leakey, seine Frau Mary, ihr Sohn Richard und weitere Kinder – nach hominiden Überresten wurde das Auftauchen der ersten Menschen auf etwa zwei Millionen Jahre zurückdatiert.

Die Forschungsarbeit der Leakeys nahm in den 1950er-Jahren ihren Anfang; lose Erde, pulverisierter Felsen und Staubkörner wurden mit größter Sorgfalt gesiebt, um Knochenfragmente, Zähne, Steinwerkzeuge und manchmal auch ganze Skeletttteile uralter Lebewesen zu sichern, die scheinbar menschliche Züge aufweisen. Sie tragen kompliziert klingende Namen wie »Australopithecus afarensis« oder »Homo neanderthalensis« und werden als Beispiele der menschlichen Entwicklung auf der Evolutionsleiter angeführt.

Doch so beeindruckend diese und ähnliche Funde auch sind und sosehr sie auch unser Wissen über die Vergangenheit bereichert haben: Die Suche nach dem Ursprung des Menschen leidet doch nach wie vor unter dem fehlenden Beweis, dass diese uralten Lebensformen ein direktes Bindeglied zum Menschen darstellen.[4] Gut möglich, dass ein solches »Missing Link« auch nie gefunden wird. Ich habe das Gefühl, so interessant diese Arbeit in Afrika auch sein mag und so viel sie uns über ausgestorbene Lebensformen erzählt – sie hat wahrscheinlich nichts mit der Geschichte des menschlichen Lebens zu tun.

Update für das »fehlende Glied«: Es fehlt noch immer ...

Seit den Anfängen der Evolutionstheorie im Jahr 1859 bis zu dem Zeitpunkt, an dem ich diese Zeilen niederschreibe, wurde kein eindeutiger Nachweis für eine Spezies erbracht, die zum Menschen geführt hat, bzw. kein Fossil gefunden, das dokumentiert, wie sich unsere Vorfahren zu immer menschenähnlicheren Wesen entwickelt haben. Dies ist und bleibt eine Tatsache, trotz ausgefeilter Technologien und der vielen Arbeitskraft, die in die Frage nach unseren Wurzeln gesteckt werden. Ein genauerer Blick auf den menschlichen Familienstammbaum zeigt, dass viele der angeblich unstreitbaren Bindeglieder zwischen fossilen Funden eigentlich als mutmaßliche bzw. abgeleitete Verbindungen bezeichnet werden.

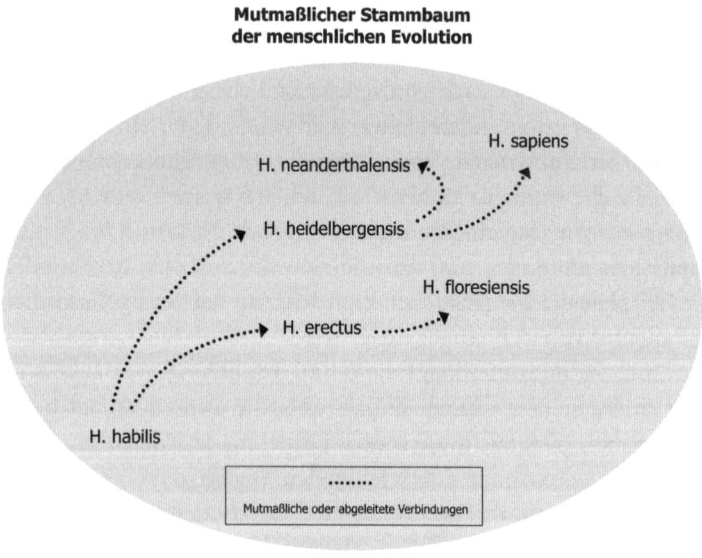

Abbildung 1.1: Beispiel für eine weitgehend akzeptierte Chronologie von Vorfahren, die zum modernen Menschen geführt haben sollen. Solche Zeitabfolgen beruhen hauptsächlich auf der Auswertung von fossilen Funden.

Anders ausgedrückt: Bislang gibt es keinen sicheren physischen Nachweis, der uns mit den Funden dieser Lebewesen aus der Vergangenheit verbindet (siehe Abbildung 1.1).

Auch Darwin hat in seinem Werk »Über die Entstehung der Arten« diesen Mangel an Beweisen zugegeben, und zwar eventuell aufgrund eines Fehlers entweder in seiner Evolutionstheorie oder in der geologischen Betrachtungsweise der Erde. Er sagte:

Woher kömmt es dann, dass nicht jede geologische Formation und jede Gesteinsschicht voll von solchen Zwischenformen ist? Die Geologie enthüllt uns sicherlich keine solche fein abgestufte Organismenreihe; und dies ist vielleicht die handgreiflichste gewichtigste Einrede, die man meiner Theorie entgegenhalten kann.[5]

Thomas H. Morgan, der 1933 den Nobelpreis für Medizin erhielt, dachte über diese offensichtliche Zwickmühle nach und konstatierte, auch unter Anwendung strengster Tests zur Unterscheidung wilder Spezies sei uns kein einziges Beispiel bekannt, bei dem sich eine Spezies in eine andere verwandelt.[6]

Zwei Entdeckungen gegen Ende des 20. Jahrhunderts könnten vielleicht endlich Licht in die Frage bringen, warum es so ein großes Problem ist, ein Bindeglied zwischen alten und modernen Menschen zu finden, und was dieses fehlende Glied über unsere Geschichte aussagt. Aus fundierten wissenschaftlichen Gründen, auf die später noch eingegangen wird, mögen Australopithecus afarensis und Neandertaler zwar die Geschichte von *irgendjemandem* erzählen, aber wahrscheinlich nicht die unsere. Nachfolgend werden zwei dieser Gründe vorgestellt.

Fossilien: interessant – aber nichts Menschliches!

Die erste »Karte« mit den Bausteinen des Lebens wurde 1953 von James Watson und Francis Crick erstellt. Mit ihrem bahnbrechenden Modell des DNA-Moleküls machten sie den Weg frei für eine ganze Wissenschaft: Deren Aufgabe ist es, Menschen auf Basis ihrer genetischen Merkmale zu identifizieren, die den einzelnen Menschen zu dem machen, wer er ist, und ihn von allen anderen Menschen unterscheiden.

Augen- und Haarfarbe, Geschlecht, Krankheitsveranlagungen – der Code, der bestimmt, wie unser Körper aussieht und funktioniert, sitzt im genetischen Bauplan, der DNA. Nachdem Watson und Crick den Code geknackt hatten, der auch Hinweise auf unsere Vergangenheit gibt, entwickelte sich die Wissenschaft des Abgleichs von DNA-Segmenten zur Bestimmung der Vaterschaft, zur Identifizierung von Vermissten oder von Straftätern zu einem Grundpfeiler der Strafverfolgung und Forensik, um den es auch in einer der erfolgreichsten Krimi-Reihen des Fernsehens geht: »CSI – Crime Scene Investigation«.

1987 wurden eben diese Techniken der Spurensicherung, deren Ergebnisse inzwischen auch vor den höchsten Gerichten beweiskräftig sind, zum zweiten Mal in der Geschichte zur Erforschung der menschlichen Wurzeln eingesetzt. Im Jahr 2000 veröffentlichten Forscher des Human Identification Centre der Universität Glasgow Forschungsergebnisse über ihre Vergleiche von DNA, die von einer als unsere Vorfahren geltenden Spezies stammte, mit der DNA des modernen Menschen.[7] In Zusammenarbeit mit russischen und schwedischen Kollegen wurde die alte DNA eines ungewöhnlich gut erhaltenen Neandertaler-Kindes getestet, das in einer Kalksteinhöhle im nördlichen Kaukasus, im Grenzgebiet zwischen Europa und Asien, entdeckt worden war.

Der außerordentlich gute Erhaltungszustand der kindlichen Überreste ist für sich genommen schon eine geheimnisvolle Geschichte. Normalerweise werden solche exzellent bewahrten Überreste nur in gefrorenen Proben, beispielsweise aus den eisigen Polarregionen, gefunden.

Dank seiner guten Erhaltung konnte die 30.000 Jahre alte DNA des Kindes mit der DNA von heute lebenden Menschen verglichen werden. Zum ersten Mal konnte man diese Tests an einem Körper durchführen, dessen Alter mithilfe der Radiokohlenstoffdatierung bereits bestimmt worden war. Die Studie kam zu dem Resultat, es bestehe nur eine geringe Wahrscheinlichkeit, dass die Neandertaler und der moderne Mensch genetisch miteinander verwandt sind; der moderne Mensch stamme nicht von den Neandertalern ab.[8]

Der wissenschaftliche Genvergleich sollte eigentlich das Geheimnis unserer Herkunft lüften, doch die Ergebnisse werfen eher noch mehr Fragen über unsere evolutionäre Abstammung auf und öffnen die Tür zu »verbotenem« Terrain.

Der Begriff des »frühen modernen Menschen« (engl. »early modern human«, EMH) bzw. des »anatomisch modernen Menschen« (engl. »anatomically modern human«, AMH) hat den Begriff des Cromagnonmenschen als Deskriptor für unseren engsten Verwandten ersetzt. Inzwischen geht die Wissenschaft von so geringen körperlichen Unterschieden zwischen zeitgenössischen Menschen und EMHs aus, dass sie keine unterschiedliche Gruppierung rechtfertigen. Anders ausgedrückt: Diese Frühmenschen wiesen zwar möglicherweise andere Verhaltensweisen auf als wir, aber sie sahen aus wie wir. Oder umgekehrt: Wir sehen immer noch so aus wie sie. Seit dem Auftauchen unserer ersten Vorfahren auf der Erde vor ungefähr 200.000 Jahren hat sich unser Aussehen nicht so stark verändert – ein Problem für jene, die anhand sehr langsamer evolutionärer Veränderungen über sehr lange Zeiträume erklären wollen, wie wir so geworden sind, wie wir sind.

2003 konnten dank neuer, sehr fortschrittlicher DNA-Technologie sogar noch ehrgeizigere Vergleiche von alter DNA durchgeführt werden, und zwar zwischen Neandertalern und unseren ältesten nachgewiesenen Vorfahren, den EMHs. Europäische Wissenschaftler untersuchten die DNA von zwei EMHs, 23.000 bzw. 25.000 Jahre alt, und verglichen sie mit der DNA von vier Neandertalern, die vor 29.000 bis 42.000 Jahren lebten. Die Ergebnisse wurden in »Proceedings of the National Academy of Sciences« veröffentlicht: »Unsere Ergebnisse untermauern frühere Belege aus diversen Bereichen und lassen eine hypothetische Verwandtschaft mit den Neandertalern als sehr unwahrscheinlich erscheinen.«[9] Die Neandertaler, in Filmen und Cartoons als Höhlenmenschen dargestellt, sind also nicht die Vorfahren der EMHs, und das bedeutet wiederum, dass wir evolutionär nicht von ihnen abstammen, sie also nicht unsere Vorfahren sein können.

Das Geheimnis der »verschmolzenen« DNA

Seit der Entdeckung des genetischen Codes geben uns die Chromosomen, durch die sich die Spezies voneinander unterscheiden, ein weiteres Rätsel auf. Alle Mitglieder einer Spezies enthalten in ihren Chromosomen biologische Instruktionen, die beispielsweise die Knochenstruktur, die Größe des Gehirns, den Stoffwechsel etc. bestimmen. Menschenaffen besitzen 24 Chromosomenpaare bzw. insgesamt 48 Chromosomen. Der Mensch hat 23 Paare bzw. insgesamt 46 Chromosomen. Anscheinend »fehlt« uns also im Vergleich zu unseren nächsten Verwandten ein ganzes Chromosomenpaar; doch die »Genkarte« zeigt etwas Interessantes und Merkwürdiges.

Schaut man sich einmal etwas genauer an, an welcher Stelle im menschlichen Genom etwas fehlt, zeigt sich, dass das menschliche Chromosom Nr. 2 nämlich auffallende Ähnlichkeit mit den Chromosomen 12 und 13 des Schimpansen aufweist, ja diesen eigentlich »entspricht« – als wären sie irgendwie zu einem einzigen, größeren DNA-Stück verschmolzen.[10] Das Interessante dabei ist, dass diese »Fusion« nur beim Menschen stattfand.

In der technischen Sprache von »Proceedings of the National Academy of Sciences« (Oktober 1991) wird diese Fusion so beschrieben: »Wir kommen zu dem Schluss, dass der Ort, der in den *cosmids* c8.1 und c29B geklont wird, das Überbleibsel einer alten Verschmelzung der Telomere ist und den Punkt kennzeichnet, an dem zwei Chromosomen von alten Menschenaffen miteinander verschmolzen sind, wodurch das menschliche Genom 2 entstand.«[11]

Die beiden Chromosomen, die dem Anschein nach in unserer DNA fehlen, sind also, wie es aussieht, gefunden worden: Sie wurden zu einem neuen Chromosom verschmolzen, das nur der Mensch hat. Auch andere Merkmale des Menschen und des Schimpansen sehen fast identisch aus.[12]

Doch wie fand diese DNA-Verschmelzung statt? Man weiß es einfach nicht. Aber die Schlussfolgerung aus diesen Studien öffnet eine geheimnisvolle Tür, durch die wir letztlich vielleicht die Antwort auf diese Frage finden. Die Tatsache, dass diese Chromosomen miteinander verschmolzen sind, und die Art und Weise, wie das geschehen ist, ließ die Wissenschaftler zu dem Schluss gelangen, dass nur ein sehr selten auftretender Prozess ein solches genetisches Phänomen ermöglicht haben kann.[13] Die Studien besagen: Die Anordnung der DNA, die das menschliche Chromosom Nr. 2 (und damit uns Menschen) einzigartig macht, ist nichts, was man normalerweise von Darwins Evolution durch natürliche Auslese erwarten würde.

Was könnte also in dieser fernen Vergangenheit geschehen sein? Wodurch entstanden diese Veränderungen am Grundcode des Lebens? Die kurze Antwort lautet: Wir wissen es einfach nicht. Vergleiche zwischen der Physiologie des Menschen und der Primaten weisen jedoch zunehmend darauf hin, dass wir als »Homo sapiens« nicht unbedingt in den herkömmlichen evolutionären Abstammungsbaum passen.

Neue DNA-Daten und die fehlenden fossilen Beweise für die Abstammung des Menschen von den niedrigeren Primaten legen die Vermutung nahe, dass wir tatsächlich eine ganz einzigartige Spezies sind. Wir sind nicht die Nachfahren früherer Primatenformen, sondern unterscheiden uns von ihnen. Vergleiche zwischen Merkmalen der Primaten und jenen der Menschen – beispielsweise die Knochendichte, die Tatsache, dass wir keinen Pelz tragen, sondern behaart sind, und die menschliche Fähigkeit, Tränen zu vergießen und zu schwitzen – unterstützen diese Theorie und sind Zündstoff für die Streitgespräche der Kreationisten sowie der Anhänger der Evolutionstheorie gleichermaßen.

Auch wenn solche Erkenntnisse letztlich mehr neue Fragen aufwerfen als Antworten liefern, lernen wir doch durch jede Forschung etwas über uns selbst und unseren Platz im Universum sowie unsere Rolle in der Schöpfung. Weitere fossile Funde stützen diese Theorien; sie weisen darauf hin, dass wir zwar vielleicht dieselben genetischen Merkmale wie weniger hoch entwickelte Lebensformen aufweisen, uns aber unabhängig davon entlang unserer eigenen genetischen Zeitachse weiterentwickelt haben. Die Spezies Mensch ist vielleicht viel älter, als früher angenommen wurde, und womöglich haben wir uns in dieser Zeit evolutionär nur sehr wenig verändert.

Ganz offensichtlich sind die Informationsquellen, auf die sich die Kreationisten wie auch die Evolutionstheoretiker berufen, unvollständig, sodass mit dem Auftauchen neuer wissenschaftlicher Beweise deren Auslegungen auf den Prüfstand gestellt werden müssen.

Was wir nicht sind

Manchmal wird klar, was in unserem Leben »ist«, wenn wir erkennen, was »nicht ist«. Durch Eliminierung kommen wir dem gesuchten Verständnis näher. Ob es um persönliche Beziehungen zum Partner, zur Familie, zu Freunden und Kollegen oder um Krieg und Frieden zwischen den Nationen geht – anscheinend ist genau das unsere Art und Weise, die wichtigen Lektionen des Lebens zu lernen. Zuerst *erfahren* wir, etwas nicht zu wollen, erst dann *lernen* wir, dass wir es nicht wollen.

So mussten wir beispielsweise nicht nur einen, sondern zwei Weltkriege erleben, bevor wir den Weltkriegen eine Absage erteilten. Erst nach der Erfahrung des unvorstellbaren Völkermords Mitte des 20. Jahrhunderts sagten wir »Nein!« zu solchen Entwicklungen.

Viele etablierte Wissenschaftler, Lehrer und Forscher sind heute aktiv damit befasst, die Entdeckungen der letzten 100 Jahre über die Ursprünge der menschlichen Rasse durchzuarbeiten, um herauszufinden, was davon wahr ist und was nicht. Praktisch tagtäglich werden Entdeckungen in Hülle und Fülle publiziert. Es gibt so viele neue Informationen in so kurzer Zeit, dass Wissenschaftsmagazine wie »Science« dazu übergegangen sind, zusätzlich zu ihrer monatlich erscheinenden Printausgabe wöchentliche Newsletters herauszugeben, um ihre Abonnenten auf dem neuesten Stand der Entwicklung zu halten.

All diese Forschungsarbeiten sollen uns ein besseres Verständnis der Entdeckungen des 20. Jahrhunderts ermöglichen; trotzdem sind viele dieser wichtigen Erkenntnisse, die ausschlaggebende Relevanz für die betreffenden Themen und Bereiche haben, noch nicht in den Schulbüchern und Klassenzimmern angekommen. Damit legen wir die Hoffnungen, das Vertrauen und unsere Zukunftsversprechen in die Hände junger Menschen, deren angelerntes Wissen auf veralteten wissenschaftlichen Ansichten beruht.

So wie das Steuern eines Fahrzeugs keine gute Erfahrung ist, wenn wir zuvor nicht die Verkehrsregeln lernen, können wir keine sinnvollen Lösungen für die aktuellen Krisen finden, wenn wir die Natur auf Atome und Moleküle reduzieren, ohne etwas über unsere Beziehung zu diesen Teilchen zu wissen.

Was würden wir lernen, wenn wir die Essenz all der Entdeckungen, die im 20. Jahrhundert über den Menschen und seine Vergangenheit gemacht wurden, zusammenbrächten? Was sagt uns die beste Wissenschaft unserer Zeit darüber, wer wir sind und wer wir nicht sind?

Die nachstehende, nicht vollständige Liste gibt eine Vorstellung, in welche Richtung die neue Wissenschaft geht.

Tatsache ist:

1. Die Theorie, lebende Zellen würden über längere Zeitspannen hin willkürlich mutieren (sich entwickeln), liefert keine Erklärung für den Ursprung bzw. die Komplexität des menschlichen Lebens.

2. Das biologische Bindeglied zwischen Menschen und früheren menschenähnlichen Lebensformen in unserem Stammbaum ist abgeleitet und keineswegs nachgewiesen.

3. DNA-Studien haben den Nachweis erbracht, dass wir nicht von den Neandertalern abstammen, wie früher geglaubt wurde.

4. Seit den frühen modernen Menschen (EMHs), die vor etwa 200.000 Jahren lebten, haben wir uns nur wenig verändert.

5. Es ist unwahrscheinlich, dass die DNA, die uns zu Menschen und einzigartig macht, sich aufgrund natürlicher evolutionärer Prozesse so entwickelt und gebildet hat.

Jetzt wissen wir also, was wir unter anderem »nicht sind«. Und was sagt die beste Wissenschaft unserer Zeit, wer wir sind? Die Antwort auf diese Frage ist der Schlüssel für die nächsten sechs Kapitel dieses Buches.

Vor 300 Jahren führte das wissenschaftliche Denken, in dem die physikalischen Gesetze von Isaac Newton (1643–1727) eine gewichtige Rolle spielten, dazu, dass das Universum, unsere Welt und unser Körper als Teile einer großen kosmischen Maschine betrachtet wurden – also als riesige und winzige, voneinander getrennte und unabhängige Systeme, die ersetzbar waren.

Vor 150 Jahren stellte Charles Darwin die Vermutung auf, wir seien das Endprodukt einer 200.000 Jahre langen Reise: die Überlebenden eines evolutionären Wettstreits, die in der Vergangenheit bis heute um ihren Platz auf der Erde kämpfen müssen.

Auch die Wissenschaft der letzten 100 Jahre hat zu der Überzeugung geführt, Technik sei die Lösung für unsere Probleme und wir könnten mit ihrer Hilfe die Natur besiegen und alles, was unser Überleben bedroht, überwinden.

Alle diese Vorstellungen basieren auf einer falschen Überzeu-

gung, die sich aus bestenfalls unvollständigen und manchmal auch falschen wissenschaftlichen Informationen ableitete.
Bevor wir eine Antwort auf die Frage geben können, wer wir sind, müssen wir uns ehrlich den Wahrheiten zuwenden, welche die Wissenschaft für uns enthüllt hat. Dann erkennen wir sehr schnell, wie die falschen Annahmen über die Vergangenheit dazu geführt haben, dass wir auf unserer Entdeckungsreise feststecken und nun auf der Suche nach Antworten auf die Geheimnisse des Lebens unsere Zeit verschwenden.

Die in den folgenden Kapiteln vorgestellten Entdeckungen sind real und echt und aus dem Stoff gemacht, der weltweit fette Schlagzeilen machen sollte. Stattdessen werden sie oft in unbedeutende technische Zeitschriften und Newsletters an ein paar wenige technisch interessierte Abonnenten verbannt. Vielleicht können deshalb unsere Schulbücher mit diesen Entdeckungen nicht Schritt halten. Hier zeigt sich, in welche Richtung die nächsten Ausflüge in die Geheimnisse unserer Existenz uns führen können.

Tiefe Wahrheit 1:
Unsere Fähigkeit, die unser Leben und unsere Welt bedrohenden Krisen zu entschärfen, hängt von unserer Bereitschaft ab, die Enthüllungen der Wissenschaft über unseren Ursprung und unsere Geschichte auch zu akzeptieren.

Kapitel 2

Die tiefe Wahrheit über Fehlannahmen: Entdeckungen, die alles verändern

»Manchmal ist ein Konzept nicht deshalb verwirrend,
weil es so tiefgründig ist,
sondern weil es falsch ist.«
< E.O. Wilson, Biologe und Naturforscher >

2008 brachten zwei Brüder einen Film heraus, der ihre Suche nach Antworten auf einige der ältesten und möglicherweise am wenigsten greifbaren Fragen des Lebens dokumentierte, unter anderem: »Wer bin ich?« und »Was ist der Sinn des Lebens?«. Für ihren Film mit dem einfachen Titel »The Human Experience« wurden Clifford und Jeffrey Azize mit bislang 30 Filmpreisen ausgezeichnet.[1]

In dieser bewegenden Geschichte sind vor allem die Bilder über seltene persönliche Begegnungen beeindruckend, seien es nun die verlorenen Kinder von Peru oder die im Stich gelassenen Leprakranken in Ghana. Diese Begegnungen haben das Leben der beiden Brüder verändert und führten sie, ebenso wie so manchen Kinobesucher, auf eine Reise hin zu einem tieferen Verständnis der universellen Erfahrungen, die uns als menschliche Familie miteinander verbinden. Die in diesem Film aufgeworfenen Fragen sind dieselben uralten Fragen, die von Menschen schon immer gestellt werden, seit unsere allerersten Vorfahren vor 200.000 Jahren sich den Kosmos erschließen und die Rolle des Menschen verstehen wollten. Antworten sind bis heute nicht gefunden worden. Immer wieder haben sich die Menschen mit allen ihnen im Wandel der Zeiten zur Verfügung stehenden Mitteln bemüht, die ewigen Fragen über unsere Existenz zu beantworten: *Wer sind wir? Woher kommen wir? Wie kamen wir hierher? Wohin gehen wir?*

In unserem wissenschaftlichen Zeitalter ist das nicht anders. Die Wissenschaft gibt uns eine Möglichkeit an die Hand, die Geheimnisse der Welt und unseres Körpers zu erforschen und den manchmal so sinnlos erscheinenden Dingen im Leben einen Sinn zu verleihen.

Ich habe zwar eine wissenschaftliche Ausbildung genossen und wissenschaftliches Arbeiten gelernt; doch niemand hat mir je genau erklärt, was Wissenschaft eigentlich ist und warum sie so erfolgreich beim Erforschen der Welt helfen kann.

Der brillante Physiker Albert Einstein (1879–1955) beschrieb die Wissenschaft sehr poetisch als den »Versuch, der chaotischen Mannigfaltigkeit der Sinneserlebnisse ein logisch einheitliches gedankliches System zuzuordnen.«[2] Sie gibt uns also eine gemeinsame Sprache an die Hand, mit der wir die Mysterien des Lebens erforschen können.

In ihrer reinsten Form ist die Wissenschaft unabhängig von den Emotionen oder Erwartungen, durch die sich der Blick des Wissenschaftlers auf die Welt verändern kann. Wenn Wissenschaftler Schritt für Schritt mit Vorgehensweisen arbeiten, die andere Kollegen vor ihnen entwickelt haben – die sogenannte wissenschaftliche Methode –, können sie sicher sein, auf festem Boden zu stehen, wenn mit diesen anerkannten Methoden neue Entdeckungen gemacht und verkündet werden.

Ein perfektes Beispiel dafür ist die Datierung einer der ältesten archäologischen Grabungsstätten weltweit. Um das Alter von Göbekli Tepe in der Türkei zu bestimmen, wandten die Forscher die ^{14}C- (Kohlenstoff-14-) Radiokohlenstoffdatierung an – eine etablierte und anerkannte Methode. Als sie damit auf ein Alter von 11.517 bis 11.623 Jahren kamen – also doppelt so alt wie das antike Sumer, das lange Zeit als älteste Zivilisation der Welt galt –, basierten ihre Daten auf einem bewährten Ansatz, und ihre Ergebnisse wurden ernst genommen.

Die wissenschaftliche Methode beschreibt normalerweise eine Abfolge von Schritten, die eingehalten werden muss, damit eine Idee in der wissenschaftlichen Welt Akzeptanz findet. Diese Abfolge ist in Abbildung 2.1 dargestellt.

Die wissenschaftliche Methode

1. Wir sehen etwas, wofür es noch keine Erklärung gibt.
2. Wir entwickeln eine Hypothese (Erklärung).
3. Wir testen die Erklärung anhand eines Experiments zur Faktengewinnung.
4. Wir evaluieren die Fakten.
   a. Werden die Fakten vom Experiment gestützt, erhalten wir eine Theorie.
   b. Werden die Fakten nicht gestützt, müssen wir wieder zu Schritt 2 zurückgehen, eine andere Erklärung aufstellen und den Prozess erneut durchlaufen.

Abbildung 2.1: Die vier Schritte der wissenschaftlichen Methode. Damit werden auf konsistente Weise Fakten aufgestellt; man kann damit auch erkennen, an welcher Stelle bestimmte Gedankengänge eben nicht von solchen Fakten gestützt werden. Die wissenschaftliche Methode ist allerdings immer nur so gut wie die Disziplin und Ehrlichkeit der sie anwendenden Personen.

Ich habe meine Gründe, an dieser Stelle auf die wissenschaftliche Methode einzugehen. Wie die Abfolge in Abbildung 2.1 zeigt, müssen alte Überzeugungen, wenn neue Tatsachen ans Licht kommen, die unser Wissen über diese Gedankengänge verändern, entsprechend auf den aktuellen Stand der Dinge gebracht werden und die neuen Informationen mit einbeziehen. Die Methode ermöglicht, ja geht davon aus, dass mit der Zeit neue Informationen hinzukommen und in den herrschenden Kanon an Ideen und Überzeugungen eingebracht werden. Ein Beispiel: Nach der

Entdeckung, dass das Atom nicht das kleinste Materieteilchen ist, sondern aus noch winzigeren Partikeln besteht, hatten die alten Atommodelle ausgedient und mussten Ansätzen weichen, bei denen auch Quarks, Leptonen, Gluone etc. berücksichtigt wurden. Es bildet den Schlüssel für eine ehrliche, aktuell gehaltene und sinnvolle Wissenschaft, wissenschaftliche Kenntnisse immer wieder durch bestätigte neue Fakten auf den neuesten Stand zu bringen.

Neue, nachgewiesene Fakten einfach abzutun und zu ignorieren, wenn sie klar und deutlich eine herrschende wissenschaftliche Überzeugung nicht stützen, ist also sehr unwissenschaftlich. Aber genau dies passiert heute mit Lehrbüchern und in Klassenzimmern. Die nachfolgenden Kapitel gehen auf neue Entdeckungen ein, die bislang nicht in den Lehrplänen auftauchen, und zwar aus allen möglichen Gründen; unter anderem steht dahinter ein Unwille, alte Modelle und Denkweisen aufzugeben. Doch genau diese Entdeckungen können uns helfen, in der Vergangenheit einen Sinn und eine Bedeutung zu erkennen, und sind der Türöffner für eine weise Entscheidungsfindung, wenn es um unsere Zukunft geht.

Die Wissenschaft bietet nicht nur konsistente Vorgehensweisen beim Erforschen der Natur, sondern gibt auch eine Sprache an die Hand, mit der Entdeckungen aussagekräftig kommuniziert werden können. Sagt ein Biologe beispielsweise, mit einem menschlichen Embryo passiere etwas Mysteriöses nach den ersten drei mitotischen Zellteilungen, dann wissen wir genau, von welcher Entwicklungsphase die Rede ist.

Es gibt natürlich auch andere Sprachen zur Beschreibung des Naturreichs, darunter solche wie die Alchemie und die Spiritualität, die weit älter sind als die noch junge Naturwissenschaft. Sie sind zwar ganz bestimmt nicht »wissenschaftlich« (bauen also nicht unbedingt auf bestätigten früheren Entdeckungen auf, um die Natur zu erklären), helfen der Menschheit aber schon sehr lange erfolgreich, ihre Beziehung zur Welt und zueinander zu verstehen.

Äpfel, Magnete und das Zeitalter der Naturwissenschaft

Nach landläufiger Auffassung schlug im Juli 1687 die Geburtsstunde der modernen Naturwissenschaft, als Isaac Newton sein einflussreiches Werk »Philosophiae Naturalis Principia Mathematica« (»Mathematische Prinzipien der Naturphilosophie«) veröffentlichte, in dem er die mathematischen Zusammenhänge unserer Welt beschreibt, wie wir sie täglich erleben.[3] Über 200 Jahre lang bildeten Newtons Naturbeobachtungen die Grundlage der Naturwissenschaft, die heute als klassische Physik bezeichnet wird.

Neben den Theorien über Elektrizität und Magnetismus aus dem späten 19. Jahrhundert und Albert Einsteins Relativitätstheorie Anfang des 20. Jahrhunderts konnte die klassische Physik äußerst erfolgreiche Erklärungsmodelle für die »großen Dinge« der Welt liefern: die Bewegung der Planeten und Galaxien, vom Baum fallende Äpfel (eine beliebte Geschichte besagt, Newton habe das Gesetz der Schwerkraft entdeckt, nachdem ihm ein Apfel auf den Kopf gefallen war) und so weiter. So erfolgreich also, dass wir anhand der klassischen Physik die Satellitenbahnen berechnen und sogar Menschen auf den Mond schicken konnten.

Doch in den frühen 1900er-Jahren zeigten neue Entdeckungen auch, dass es in der Natur Bereiche gab, wo die Newton'schen Gesetze einfach nicht funktionierten. Von der unendlich winzigen Welt der Partikel in einem Atom bis hin zum Verhalten von Atomen, wenn Sterne in weit entfernten Galaxien entstehen: Manche Phänomene konnten von dieser traditionellen Physik nicht erklärt werden. Bei einer wissenschaftlichen Herangehensweise an Fragen müssen herrschende Denkweisen neu überdacht werden, wenn sie für das, was wir sehen, keine Erklärung liefern, damit neue Beobachtungen und Entdeckungen berücksichtigt werden können. In der Physik hieß dies, der sogenannten Quantenphysik Raum zu geben – also dem Erforschen von Phänomenen, die auf einer winzig kleinen Skala ablaufen, hervorgerufen von Kräften, die auch in unserer physischen Welt wirken.

Seit die Quantenphysik die Bühne der Naturwissenschaft betreten hat, besteht die große Herausforderung darin, zwei sehr unterschiedliche Denkweisen – die klassische Physik und die Quantenphysik – in einer Sicht des Universums und des Lebens zu vereinen und eine ganzheitliche Theorie aufzustellen. Bislang sind diese Versuche gescheitert. Einzelne Teile des Puzzles konnten zwar von Theoretikern gefunden werden, doch das ganze Geheimnis konnte noch niemand lüften. So wie immer wieder neue Risse in einem Damm auftauchen, sobald die alten repariert worden sind, werden durch neue Theorien zwar ein paar Fragen beantwortet, aber auch neue Fragen aufgeworfen – und das zuweilen an Stellen, von denen man nicht einmal wusste, dass es sie gibt.

Ein perfektes Beispiel für eine solche Tür zu neuen Bereichen ist die Entwicklung der String-Theorie. In den 1980er-Jahren herrschte die Meinung vor, durch die Vorstellung eines Universums, das aus unsichtbaren, schwingenden Energiefäden besteht, würde die nächste große Revolution der Physik eingeleitet. Doch je genauer die Physiker diese Theorie erforschten, desto mehr Probleme hatten sie damit. »Die String-Theorie war eine Blase, die nur darauf wartete, angepikst zu werden«, sagt Peter Woit, Mathematiker an der Columbia University. »Die Grundvoraussetzungen waren einfach nicht mehr gegeben.«[4]

Ähnlich lösten sich die Versprechungen der Wheeler-DeWitt-Gleichung (WD-Gleichung), welche die klassische und die Quantenphysik zusammenführen wollte, schnell in Luft auf, nachdem erst einmal das »Kleingedruckte« studiert worden war. Um das scheinbar Unmögliche vollbringen zu können, wurde bei der WD-Gleichung genau der Faktor außen vor gelassen, der die Ursache der Probleme war, nämlich die Zeit. Das erleichterte zwar die mathematischen Berechnungen, änderte aber nichts an der Tatsache, dass Zeit nun einmal ein fester Bestandteil unserer Welt und unseres Lebens ist. Gleichungen, in denen sie nicht berücksichtigt wird, können das Geheimnis, das sie lüften wollen, nicht wirklich repräsentieren.

Die harte Realität sieht immer noch so aus: Vor mehr als einem Jahrhundert hat Max Planck (1858–1947) die Kerngesetze der Quantentheorie aufgestellt. 100 Jahre lang haben sich nun die besten Wissenschaftler der Welt mit den besten mathematischen und physikalischen Theorien auseinandergesetzt und diese in den modernsten Forschungseinrichtungen aller Zeiten überprüft. Da wäre es doch vollkommen vernünftig, davon auszugehen, dass wir inzwischen die großen Probleme, mit denen sich unser naturwissenschaftliches Weltbild herumzuschlagen hat, gelöst haben müssten – wenn wir auf der richtigen Spur wären. Aber genau das ist nicht der Fall, und deshalb müssen wir jetzt auch einmal die Möglichkeit ins Auge fassen, dass wir auf der falschen Spur sind.

Ist die Naturwissenschaft auf dem Holzweg?

Sind die Grundgedanken über die Funktionsweise der Wirklichkeit nicht vollständig, kommen auch keine richtigen Antworten dabei heraus, selbst wenn wir sämtliche klugen Köpfe und Technologien des Universums darauf ansetzen. Ganz egal was in diesen 100 Jahren gelehrt wurde, wie viele Millionen Schulbücher gedruckt und wie viele Menschen ihr ganzes Leben und ihre Karriere in den Dienst dieser Theorien gestellt haben – ganz zu schweigen von den hohen Investitionen, die in den Aufbau und Betrieb modernster Testanlagen geflossen sind: Wenn die Ideen von Anfang an falsch sind, werden sie auch nicht »richtiger«, indem man immer wieder dem Irrweg folgt, der zu diesen Ideen geführt hat.

Dieses Riesenungetüm von Problem steht derzeit bei jeder Wissenschaftstagung, egal wo auf der Welt, im Raum: Befinden wir uns auf dem richtigen Weg? Denken wir richtig und fragen wir die richtigen Fragen, was unsere Beziehung zu unserer Welt angeht?

Der Physiker James Le Fanu stellte 2010 in einem »Prospect«-Artikel mit der Überschrift »Science's Dead End« (»Die Sackgasse der Wissenschaft«) zwei Beispiele vor, warum so viele kritische Stimmen den Wert der modernen Wissenschaft anzweifeln und stattdessen eine Frage aufwerfen, die noch bedrohlicher klingt als

»Befindet sich die Wissenschaft auf dem richtigen Weg?«[5] Mutig, laut und in aller Öffentlichkeit fragt Le Fanu, was andere nur anzudeuten oder hinter geschlossenen Türen zu flüstern wagen: »Ist die Wissenschaft festgefahren?«

Le Fanu erklärt auch, warum man leicht auf diese Idee kommen könnte:

Kosmologen erklären die Geburt des Universums, und Geologen messen die Bewegung der Kontinente bis auf den Zentimeter. Da verwundert es, dass Genforscher uns nicht sagen können, warum Menschen sich von Fruchtfliegen unterscheiden, und dass Neurowissenschaftler nicht wissen, wie wir uns eine Telefonnummer merken können.[6]

Le Fanu hat recht, und sein Beispiel vom Menschen und der Fruchtfliege veranschaulicht das Problem ziemlich perfekt.

Nach dem Abschluss des Humangenomprojekts (HGP) im Jahr 2001 kam die Erkenntnis, dass der genetische Bauplan des Menschen um 75 Prozent kleiner ist als angenommen, für die Wissenschaftler überraschend. Die Diskrepanz ist riesig – etwa 75.000 Gene »fehlen« – und es fiel angesichts früherer Meinungen und Vorstellungen schwer, diese Tatsache anzuerkennen. Bevor die Ergebnisse dieses Projekts vorlagen, ging man davon aus, dass unsere Gene und die Proteine in einem 1:1-Verhältnis stehen bzw. dass jedes Protein im menschlichen Körper von einem einzigen Gen mit Instruktionen für den Aufbau des betreffenden Proteins erzeugt wird.

Doch nachdem das HGP abgeschlossen war, zeigte sich: Die Wissenschaft lag mit dieser Idee nicht nur ein bisschen daneben, sondern völlig falsch! Grund dafür war die Fehlannahme, es gebe einen solchen 1:1-Zusammenhang zwischen Proteinen und Genen; sie wurde Mitte des 20. Jahrhunderts aufgestellt und bildete die Grundlage für ein ganzes Glaubenssystem. Schließlich mussten die Wissenschaftler auch eingestehen: Angesichts der Tatsache, dass der Mensch sich nur durch sehr wenige Gene von einfacheren Lebensformen, beispielsweise der Fruchtfliege oder der gemeinen Feldmaus, unterscheidet, lagen sie auch falsch mit ihren Annahmen hinsichtlich dessen, was uns zu etwas Einzigartigem und Besonderen macht.

Craig Venter, Präsident einer Firma, die sich mit der Erstellung einer genetischen Karte beschäftigte, war dieses Problem sofort bewusst: »Der Mensch hat lediglich 300 spezielle Gene, die die Maus nicht hat.«[7] Venter ging sogar noch einen Schritt weiter: »Das sagt mir wiederum, dass die Gene wohl nicht für alles, was uns ausmacht, eine Erklärung liefern können.«[8]

Das ist ein wunderbares Beispiel für die Zwickmühle, in die wir mit falschen Annahmen geraten. Wenn wir uns von einer gemeinen Maus nur durch 300 Gene unterscheiden, wo wollen wir dann nach dem suchen, was uns so anders macht? Wenn der Unterschied nicht in der DNA liegt – und dafür spricht vieles –, wo liegt er dann? Die Suche nach einer Antwort hat die sprichwörtliche »Büchse der Pandora« geöffnet, und die sich auftuenden Möglichkeiten führen eine Straße entlang, auf der es kein Zurück gibt. Jetzt müssen die Wissenschaftler über die physische DNA hinausschauen, um eine Antwort zu finden. Damit gelangen wir in das Reich unermesslicher Felder und unsichtbarer Kräfte – einen Ort, den die Naturwissenschaft in der Vergangenheit nur widerwillig betreten hat.

Letztendlich finden wir vielleicht heraus, dass der Schlüssel zu dem, was uns von allen anderen Lebensformen unterscheidet, in unseren uralten Traditionen und tiefen Glaubensüberzeugungen liegt. Alle diese Quellen, egal woher sie kommen, besagen, dass wir in uns den besonderen »Funken« einer geheimnisvollen Essenz tragen, der uns für alle Zeiten miteinander und mit etwas verbindet, das über die sichtbare physische Welt hinausgeht. Dieser Funke unterscheidet uns von allen anderen Lebensformen auf der Erde.

Der Kernpunkt von Le Fanus Aussagen und dem Gerede über Fruchtfliegen und Mäuse ist ganz einfach: Falls wir uns wirklich auf der richtigen Spur befinden und die richtigen Fragen stellen, warum haben wir es dann nicht geschafft, ein paar unserer großen Wissenslücken zu füllen? Warum können wir weder das menschliche Bewusstsein erklären noch die klassische Physik mit der Quantenphysik unter einen Hut bringen? Warum ist es für uns immer noch ein Geheimnis, wann das Leben im Mutterleib beginnt? Und wieso wissen wir nicht, wer all die alten Zivilisationen aufgebaut hat, die – wie wir inzwischen wissen – bis zur letzten Eiszeit zurückgehen? Sind wir, was unsere Weltsicht angeht, vielleicht nicht nur auf dem Holzweg, sondern dort auch festgefahren und werden in die Irre geleitet?

Neue Entdeckungen oder Altbekanntes in verbesserter Form?

Diese Wissenslücken sowie die anscheinend immer geringeren »Renditen« aus Investitionen in die naturwissenschaftliche Forschung bringen so manchen Kritiker dazu, die derzeitige »Flaute« an naturwissenschaftlichen Durchbrüchen für eine Art Warteschleife zu halten. Bei Wissenschaftsgebieten wie der Genetik und der Computertechnologie gibt es zwar Fortschritte in der Nutzung zu verzeichnen, doch dabei handelt es sich weitestgehend um den weiteren Ausbau von bereits Bekanntem, auf Basis von wissenschaftlichen Durchbrüchen der Vergangenheit.

Fortschritte, die wir etwa bei der Informationsspeicher- und Telekommunikationstechnologie und der Geschwindigkeit von Mikroprozessoren verzeichnen – ebenso wie die immer kleineren Computer mit ihrer immer größeren Leistungsfähigkeit –, haben weniger mit Durchbrüchen zu tun, die ein neues Licht auf unsere Welt werfen, als vielmehr mit einer Weiterentwicklung von bereits bekannten Prinzipien. Mikrochips sind ein perfektes Beispiel dafür.

Der Mikrochip, die Grundlage eines jeden Computers, wurde im Jahr 1958 entwickelt, und zwar im Rahmen des damaligen wissenschaftlichen Gedankenguts, dem gemäß es sich bei Informationen um Energie handelt; diese Energie muss an einem physischen Speicherort abgelegt und über physische Leitungen gelenkt werden, die physische Geräte miteinander verbinden. Mit diesen Ideen im Kopf brauchte der erste kommerziell gehandelte Mikrochip lediglich einen Transistor, um seine Aufgabe erfüllen zu können. Die moderne, hoch entwickelte Mikrochip-Technologie ist zwar weitaus komplizierter und ausgeklügelter als die ersten Chips des Jahres 1958 (es gibt inzwischen Chips mit über 125 Millionen Transistoren); dennoch sind diese neuen Chips nichts als eine Weiterentwicklung – zugegebenermaßen eine unglaublich beeindruckende und wunderbare Weiterentwicklung mit neuen Materialien –, um die ursprüngliche Idee effizienter umzusetzen, dass Informationen »Zeug« sind, das irgendwo gelagert werden muss.

Doch zur selben Zeit, als die Mikrochip-Technologie auf Basis alter Vorstellungen von Energie weiterentwickelt wurde, zeigten neue Quantenentdeckungen, dass die Welt, in der wir leben, *ganz aus Energie* besteht und die Energie der Welt die *Information* an sich ist. Informationen sind also überall – in der Energie, die alles ist. Dieses profunde Verständnis lässt uns auch begreifen, dass die digitalen Daten unserer Bücher und Kommunikationsgeräte nicht als »Zeug« an physischen Speicherorten abgelegt werden und sich nicht auf einen Chip beschränken müssen; sie können an einem Ort gespeichert werden, den die Quantentheorie als das Fundament der Wirklichkeit beschreibt: im Quantenfeld. Die Eigenschaften, durch die dieses Feld zu dem wird, was es ist (Holografie und Verschränkung) legen die Vermutung nahe, dass die Entfernungs- und Platzbeschränkungen, die für die Hersteller heute noch ein Problem darstellen, aufgehoben wären, wenn es ein voll funktionsfähiges Quanten-Computing gäbe.

Das Wissen darüber ist bereits vorhanden, und auch die Technologie ist bereits verfügbar. Zukunftsgerichtete, visionäre Wissenschaftler wie Seth Lloyd, Professor für Maschinenbau am Massachusetts Institute of Technology (MIT), haben nachgewiesen, dass Quanten-Computing im Labor möglich ist. So wird wohl die Erkenntnis heranreifen, dass die größte Veränderung, die für die flächendeckende Nutzung solcher Möglichkeiten nötig ist, nichts mit der eigentlichen Technologie zu tun hat, sondern in unseren Köpfen passieren muss – unseren Vorstellungen von dieser Technologie. Das Hindernis, warum nicht noch mehr Wissenschaftler Antworten auf die großen Fragen des Lebens und des Universums suchen, liegt in der Beschränkung, Theorien zu akzeptieren, die auf falschen Annahmen beruhen.

Offensichtliches, das wir nicht sehen wollen

Manche Kritiker fragen sich, ob die Naturwissenschaft nicht festgefahren ist, andere, ob sie uns im Stich gelassen hat. Wie bei jedem anderen Glaubenssystem, mit dessen Hilfe wir unsere Welt verstehen wollen, birgt auch dieses eine Reifekurve. Als sich beispielsweise im 3. Jahrhundert die frühchristliche Kirche entwickelte, glaubten die Menschen, die neue Religion könne ihnen Antwort auf die wichtigsten Fragen der menschlichen Existenz geben. Mit zunehmender Reife der Religion und dem Verständnis ihrer Anhänger veränderten sich die Glaubensüberzeugungen. Die Kirche spielt für Familien und Gemeinden zwar immer noch eine wichtige soziale Rolle, ob sie aber wirklich sinnvolle und nützliche Antworten auf die Fragen des alltäglichen Lebens liefern kann, wird inzwischen durchaus hinterfragt.

Man kann wohl sagen, die Welt und unser Leben haben sich dank der Naturwissenschaft und ihrer Errungenschaften zum Besseren verändert. In mancher Hinsicht hat die Wissenschaft es sicherlich richtig gemacht, und wir alle profitieren von wissenschaftlichen Durchbrüchen wie dem medizinischen Fortschritt, der unser Leben um Jahre, wenn nicht sogar Jahrzehnte verlängert. An anderer Stelle dagegen bilden die Wissenslücken und Ungereimtheiten des naturwissenschaftlichen Weltbilds hartnäckige Hürden auf unserer Suche nach Antworten auf die Geheimnisse des Lebens und der Natur. Sie stehen unübersehbar im Raum, und doch will sie niemand sehen: unvollständige Theorien, auf die sich wissenschaftliche Überzeugungen gründen; ungelöste Fragen, die dennoch unsere Denkweise beeinflussen, obwohl sie nicht vollständig geklärt sind.

Neben der bereits erwähnten, von Wissenschaftlern vermuteten 1:1-Beziehung zwischen Genen und Proteinen, die – wie wir inzwischen wissen – nicht existiert, sind wir mit weiteren solcher Riesenrätsel konfrontiert: Die Wissenschaft findet beispielsweise bislang keine Erklärung für das Energiefeld, das die Quantenverschränkung überhaupt erst ermöglicht; ebensowenig kann die Evolutionstheorie die Ursprünge des Lebens und des Menschen darlegen. Beweise für die Existenz hoch entwickelter vergangener Zivilisationen im Rahmen eines zyklischen Zivilisationsmodells werden nicht anerkannt.

Traditionelle Denkansätze konnten die tiefsten Geheimnisse unserer Existenz nicht lösen. Diese Tatsache wirft lange Schatten des Zweifels auf die Fundamente, auf denen unsere Wirklichkeit gründet. Die wissenschaftliche Methode besagt also, es ist Zeit für ein »Umdenken des Denkens«, sobald neue Beweise eine bestehende Denkweise nicht mehr stützen.[9] Da immer mehr neu Entdecktes uns von den Überzeugungen der Vergangenheit wegbringt, kann man auch wissenschaftliche Nachweise, die früher einfach als anomal galten, nicht mehr einfach ignorieren; sie müssen Eingang in die etablierte Wissenschaft finden. Wie im Folgenden noch aufgezeigt wird, fallen bestimmte Annahmen in die Kategorien von Glaubensüberzeugungen, die uns daran hindern, hin zu einer wirklich tragfähigen Sicht der Welt und unserer Rolle in dieser Welt zu gelangen.

Wollen wir einen Weg aus der Wissenschaftskrise mit ihren festgelegten Definitionen finden, müssen wir nun, zu Beginn des 21. Jahrhunderts, das Gleiche tun wie die Physiker vor 100 Jahren: So wie sie damals umdenken mussten, um den Beweisen der Quantentheorie Rechnung zu tragen, müssen wir nun Raum schaffen für jüngste Entdeckungen, die einige der anerkanntesten wissenschaftlichen Glaubensüberzeugungen über den Haufen geworfen haben. Schaffen wir das nicht, sind wir auf die Überzeugungen und Lebensweisen festgenagelt, die uns auf genau dem Weg der Zerstörung weiterführen, den wir derzeit beschreiten.

Die Fehlannahmen der Naturwissenschaft

Die Welt erlebt gerade eine Revolution, die unsere Annahmen über uns selbst hinwegfegt. Wir sind gezwungen, unsere Geschichte neu zu schreiben: die unserer Wurzeln und unserer Vergangenheit, wie lange wir auf der Erde sind und wohin wir gehen. Diese Revolution hat im frühen 20. Jahrhundert begonnen. Die Allgemeinheit, die mit ihrem Alltag beschäftigt war, hat davon keine Notiz genommen – bis auf die Wissenschaftler, die ihr Leben dem Versuch gewidmet haben, zu verstehen, wie das Leben und das Universum funktionieren.

Für die Archäologen beispielsweise, die Mühe haben, die neu entdeckten, hoch entwickelten Zivilisationen der Eiszeit in traditionelle historische Zeitachsen einzupassen, oder auch für die Biologen, die in über 400 begutachteten Studien nachgewiesen haben, dass die Natur auf Kooperation baut und eben nicht »das Überleben des Stärkeren« das Motto ist, fühlt sich diese Revolution an wie ein starkes Erdbeben, das »über die Skala« hinausschießt: Es stürzt einige der heiligsten Überzeugungen der Wissenschaft vom Thron und lässt jede Menge veralteter Lehren zurück, was eine Neubewertung altgedienter Traditionen erfordert und das Erbe von Lebenswerken zerstört. Warum? Neue Entdeckungen haben gezeigt, dass viele wissenschaftliche »Fakten«, anhand derer wir seit Jahrhunderten das Universum und unsere Rolle darin erklären, fehlerbehaftet sind.

Ein inzwischen veraltetes Paradigma des Universums und unserer Beziehung zum Universum beruhte auf diversen wissenschaftlichen Annahmen – Fehlannahmen –, die angesichts neuer Beweise nicht mehr als Fakten gelten können. Hier ein paar Beispiele:

- *Fehlannahme 1:* Die menschliche Zivilisation ist etwa 5000 bis 5500 Jahre alt.

- *Fehlannahme 2:* Die Natur beruht auf dem Prinzip: »Überleben des Stärkeren«.

- *Fehlannahme 3:* Der Ursprung des Menschen kann anhand von evolutionären Zufällen erklärt werden.

- *Fehlannahme 4:* Bewusstsein ist etwas von der physischen Welt Getrenntes.

- *Fehlannahme 5:* Der Raum zwischen Dingen ist leer.

Vieles, was wir im Alltag als altbekannt voraussetzen – wie wir uns um uns selbst und unsere Familie kümmern, Probleme lösen, Entscheidungen treffen –, ist bei genauerem Nachdenken in den Grundüberzeugungen dieser Fehlannahmen verwurzelt: den Überbleibseln einer veralteten Wissenschaft, die ihre Anfänge vor 300 Jahren nahm. Möglicherweise ist es kein Zufall, dass in genau dieser Zeitspanne die schlimmsten Kriege seit Beginn der Geschichtsschreibung ausgefochten wurden und die Menschheit unter den schwersten Krankheiten und anderen Übeln zu leiden hatte. Unsere Vorstellungen von einem eher steril anmutenden Menschheitsursprung und einer relativ kurzen Lebenszeit auf der Erde sowie von unserer Getrenntheit von der Natur haben uns glauben lassen, dass wir nur kleine Staubkörner im Universum sind, eine biologische Randerscheinung im Gesamtbild des Lebens.

Kein Wunder also, dass wir uns oft so ohnmächtig fühlen, wenn wir mit den großen Krisen des Lebens konfrontiert sind und uns selbst und unseren Lieben nicht helfen können. Genau dieselbe Hilflosigkeit legen wir angesichts der schnellen Veränderungen an den Tag, die uns das Gefühl geben, die Welt gerate aus den Fugen. Auf den ersten Blick scheint auch keine andere Betrachtungsweise möglich zu sein; wir können anscheinend nicht glauben, dass wir uns und die Ereignisse unter Kontrolle haben. Schließlich lassen Schulbücher und unsere traditionelle Weltsicht auch keine anderen Schlüsse zu …

Aber nur bis wir uns einmal genauer mit den Entdeckungen beschäftigen, die zum Ausgang des 20. Jahrhunderts gemacht wurden. Die Forschungsergebnisse, die alten Paradigmen den

Garaus machen, wurden zwar in führenden Fachzeitschriften veröffentlicht, allerdings meistens in komplizierter Wissenschaftsterminologie, sodass ihre Bedeutung für Laien nicht offenkundig wird. An »Durchschnittsmenschen« ohne wissenschaftlichen oder technischen Hintergrund gehen die Auswirkungen dieser Entdeckungen vorbei, denn sie werden außen vor gelassen. Genau hier setzt unsere Revolution an.

Denn die neue Naturwissenschaft malt nicht das Bild des Menschen, wie es die klassische Naturwissenschaft seit 300 Jahren tut: Letztere stellt den Menschen als unbedeutendes Wesen dar, der aus einer Reihe von an Wunder grenzender biologischer »Glückstreffern« hervorging und als ohnmächtiges Opfer, getrennt von der harten Umwelt, 5000 Jahre Zivilisation überlebte. Erstere dagegen schlägt eine radikal andere Sichtweise vor. Ende der 1990er-Jahre und Anfang des 21. Jahrhunderts förderten begutachtete Studien folgende Fakten zutage:

- *Fakt 1:* Die menschliche Zivilisation ist mindestens doppelt so alt wie die bislang vermuteten 5000 bis 5500 Jahre.[10]

- *Fakt 2:* Die Natur sichert das Überleben durch Kooperation und gegenseitige Hilfe, nicht durch Konkurrenzdenken.[11]

- *Fakt 3:* Das menschliche Leben weist untrügliche Anzeichen eines »Intelligenten Designs« auf.[12]

- *Fakt 4:* Unsere Emotionen haben unmittelbaren Einfluss auf die Geschehnisse im Meer der Energie, die uns umgibt.[13]

- *Fakt 5:* Das Universum, unsere Welt und unser Körper bestehen aus einem gemeinsamen Energiefeld – einer Matrix –, die Einheit, die sogenannte »Verschränkung«, erst ermöglicht.[14]

Wer »verrückt« ist, macht immer wieder das Gleiche auf dieselbe Weise und erwartet, dass etwas anderes dabei herauskommt. Zu versuchen, die beispiellosen Krisen unserer Zeit zu bewältigen, indem man sie durch die Brille genau derjenigen Überzeugungen betrachtet, die zu diesen Krisen geführt haben, ist wenig sinnvoll, schon gleich gar nicht heutzutage, wo bekannt ist, dass diese Vorstellungen nicht mehr zutreffen.

Wir müssen die Denkmuster der letzten 300 Jahre aufgeben und umdenken, wenn wir die aktuellen Herausforderungen bewältigen wollen. Dazu müssen traditionelle Grenzen überschritten werden, die dazu geführt haben, dass Entdeckungen innerhalb einzelner Wissenschaftsdisziplinen »gehütet« werden und nicht disziplinübergreifend zum Tragen kommen. Dann passiert nämlich etwas Wunderbares.

Die Wissenschaft lag falsch … und dann doch richtig

Die moderne Welt ist über eine Wissenskette mit der Vergangenheit verbunden. Wird diese Kette unterbrochen, geht wertvolles Wissen verloren. Das ist in der durch Aufzeichnungen belegten Geschichte mindestens zweimal passiert: einmal als in Ägypten die Große Bibliothek von Alexandria während der Eroberung durch die Römer in Flammen aufging, und ein weiteres Mal, als die Bibel im 4. Jahrhundert n.Chr. einer Überarbeitung zum Opfer fiel. Ich bin der Meinung, wir können das Wissen unserer Vorfahren am besten verstehen, wenn wir möglichst originale Lehren aus der Zeit zur Verfügung haben, bevor es damals in Vergessenheit geriet.

Den größten Teil meines Erwachsenendaseins habe ich damit zugebracht, an Orten, die von der modernen Welt möglichst wenig berührt werden, nach diesen Quellen alter, indigener Weisheit zu suchen. Diese Reise führte mich zu einigen der erstaunlichsten Plätze, die es auf Erden noch gibt. Von herrlichen Köstern im tibetischen Hochland über die bescheidenen Klöster in den ägyptischen Bergen und im südlichen Peru zu den am Toten Meer gefundenen Texten und den mündlichen Überlieferungen von Urvölkern auf der ganzen Welt – überall habe ich mir Geschichten erzählen lassen und Aufzeichnungen gelesen. So unterschiedlich die verschiedenen Traditionen auch erscheinen: Sie haben doch Themen gemeinsam, durch die sie alle in das kollektive Gewebe unserer Vergangenheit eingebunden sind.

Eines dieser umspannenden Themen ist unsere Beziehung zur Natur und zur Welt, eine Beziehung, deren Tiefe erst in jüngster Zeit auch in der Sprache der modernen Naturwissenschaft bestätigt wurde. Die Frage, die ich mir immer wieder stelle, lautet: Wenn unsere Vorfahren über ein so tiefes Verständnis der Erde und unserer Beziehung zu ihr verfügten und diese Beziehung jetzt auch wissenschaftlich validiert werden kann – welches vergessene Wissen der alten, hoch entwickelten Zivilisationen wartet dann noch auf seine Wiederentdeckung?

Die tiefen Wahrheiten

In einem Gespräch mit Albert Einstein sagte der Physiker und Nobelpreisträger Niels Bohr einmal etwas sehr Widersprüchliches über das, was wir für die »Wahrheit« halten, und beschrieb zwei unterschiedliche Wahrheiten: »Es gibt triviale Wahrheiten und es gibt tiefe Wahrheiten. Das Gegenteil einer trivialen Wahrheit ist einfach falsch. Das Gegenteil einer tiefen Wahrheit ist ebenfalls wahr.«[15]

Die wissenschaftliche Meinung, alles sei von allem anderen getrennt, ist ein Beispiel für eine tiefe Wahrheit, die 1887 im Rahmen des Michelson-Morley-Experiments aufgestellt wurde.[16] Dieses lang erwartete Experiment sollte ein für alle mal klären, ob es ein universelles Feld gibt, das alles und jedes miteinander verbindet. Damals glaubte man, ein solches Feld – wenn es denn existierte – müsse in Bewegung sein und diese Bewegung müsse nachweisbar sein.

Nach damaligem Stand der Wissenschaft wurden die Ergebnisse so interpretiert, dass es kein Feld gibt. Daraus wurde die wissenschaftliche Annahme abgeleitet, alles sei von allem anderen getrennt; ein Ereignis an einem bestimmten Ort habe also keine oder so gut wie keine Auswirkungen auf Ereignisse woanders.

Auf die Resultate des Michelson-Morley-Experiments gründeten sich wissenschaftliche Theorien und Lehrpläne. Mehrere Generationen wuchsen mit der Überzeugung auf, wir lebten in einer Welt, in der alles von allem anderen getrennt ist. Das spiegelt sich in vielen Bereichen des Lebens und der Zivilisation wider: von unserem Selbstbild und unserer Denkweise über unsere Beziehung zur Erde bis hin zu Wirtschaftssystemen, in denen ein paar Menschen auf Kosten anderer profitieren. Fast ein Jahrhundert lang wurden die Annahmen von Michelson und Morley (nach denen das Experiment benannt wurde) als Tatsachen akzeptiert – bis das Experiment 99 Jahre später noch einmal durchgeführt wurde.

1986 wiederholte der Wissenschaftler E.W. Silvertooth das Michelson-Morley-Experiment im Rahmen einer von der US-Luftwaffe geförderten Studie, und die Zeitschrift »Nature« veröffentlichte die Ergebnisse unter der unspektakulären Überschrift »Spezielle Relativität«. Mit Instrumenten, die wesentlich empfindlicher waren als die zur Zeit von Michelson und Morley üblichen, konnte Silvertooth im Feld Bewegung nachweisen – eine Bewegung, die exakt auf die Bewegung der Erde im Weltraum abgestimmt war, wie es Michelson und Morley 100 Jahre vorher vermutet hatten.[17]

Mit diesem Experiment will ich aufzeigen, wie eine einstmals anerkannte tiefe Wahrheit sich mit der Zeit verändern kann.

> Tiefe Wahrheiten sind Aussagen, deren Gegenteil ebenfalls eine tiefe Wahrheit birgt.

Die Spaltung, die sich heute durch alle Gesellschaftsschichten zieht, ist auf die tiefe, geheimnisvolle Beziehung zwischen den tiefen Wahrheiten unserer Vergangenheit (Fehlannahmen, die seit Langem als wahr akzeptiert werden) und den auf neuen Entdeckungen basierenden Wahrheiten (durch die sich frühere Wahrheiten jetzt als falsch erweisen) zurückzuführen. Das zeigt sich in allem: vom Terrorismus und den Kriegen zwischen den Nationen bis hin zu Glaubensvorstellungen, die Familien auseinanderbringen. Werden sie nicht adressiert, stellen sie für unsere Welt eine klare, unmittelbare Gefahr dar.

Später äußerte sich Bohr noch einmal zum Paradoxon der tiefen Wahrheiten: »Jede tiefe Wahrheit zeichnet sich dadurch aus, dass ihre Verneinung auch eine tiefe Wahrheit ist.«[18] Diese »Verneinung« der alten wissenschaftlichen Annahme (also die Entdeckung, dass sie angesichts neuer Beweise nicht mehr stimmt) macht ihr Gegenteil zu einer tiefen Wahrheit. Und genau das führt dazu, dass die Bekanntmachung einer neuen Entdeckung zum sprichwörtlich doppelschneidigen Schwert wird.

Die gute Nachricht lautet: Die neuen Informationen geben uns aktuellere und wohl auch »richtigere« Denkweisen an die Hand. Die schlechte Nachricht ist: Ganze Paradigmen sind auf solchen Fehlannahmen aufgebaut worden. Alles – sowohl die »von oben« abgesegneten Lehrpläne als auch der berufliche Werdegang von Lehrern, Autoren und Akademikern, die ihr Leben lang dieses Paradigma gelehrt haben, sowie die politischen Entscheidungen und Richtlinien, die zu Gesetzen verabschiedet wurden – beruht darauf, was unsere Kultur als »wahr« anerkennt. Es kann gut sein, dass unsere Ansichten über die Erderwärmung beispielsweise in genau diese Kategorie einer tiefen Wahrheit fallen.

Für so manchen ist die Vorstellung, all diese Gesetze sowie die politischen und akademischen Systeme müssten neu angepasst werden, um eine tiefe Wahrheit berücksichtigen zu können, schier überwältigend. Doch wie können wir andererseits die Hoffnung hegen, die großen Krisen unserer Zeit in Angriff zu nehmen, wenn wir es nicht tun? Ganz offensichtlich wird unser Leben und unsere Welt am stärksten von den Überzeugungen bedroht, für die wir kämpfen und sterben, denn sie beruhen auf Annahmen über die Vergangenheit. Und genau deshalb müssen wir die tiefen Wahrheiten unserer innersten Natur aufdecken, wenn wir überleben wollen.

Die Wissenspyramide

In unserer Welt steht alles mit allem in einer sinnhaften Beziehung. Was mit den Meeren geschieht, hat eine Bedeutung für das Gebirgsklima. Was mit einem Fluss passiert, wirkt sich auf das Leben aus, das von diesem Fluss abhängt. Welche Überzeugungen wir daheim am Wohnzimmertisch oder beim Abendessen vertreten, ist für die uns nahestehenden Menschen wichtig, aber auch für Menschen, die auf der anderen Seite des Globus leben. In der Natur gibt es keine Grenzen, die einen Teil des Lebens vom anderen trennen. Genau deswegen war es für mich schon immer ein Rätsel, warum wir beim Studium der Natur und des Universums Grenzen *schaffen.*

Beispielsweise wird Geologie als etwas anderes als Physik betrachtet, und Biologie hat für uns irgendwie nicht recht mit unserem Alltagsleben zu tun. Das erleichtert zwar das Studium von Steinen und Lebewesen, solange man auf der Universität ist, doch irgendwann müssen wir sie als Teil unserer Alltagsrealität sehen, damit sie uns von Nutzen sein können. Hier entwickelt sich für die Naturwissenschaften ein vollkommen neues Paradigma in der Art und Weise, wie Wissen zu anderen Arten von Wissen in Beziehung gesetzt wird.

Die verschiedenen wissenschaftlichen Disziplinen stehen in hierarchischer Beziehung, die man sich als umgekehrte Pyramide vorstellen kann. Der kleinste Teil, der Schlussteil ganz unten, ist der Schlüssel zu allem Darüberliegenden. In den Naturwissenschaften fungiert die Mathematik als dieser Schlussstein. Auch deshalb klingen die Worte von Galileo Galilei, einem der ersten Naturwissenschaftler der Welt, heute noch genauso wahr wie vor 500 Jahren: »Die Philosophie steht in diesem großen Buch geschrieben, dem Universum, das unseren Blicken ständig offenliegt. Aber das Buch ist nicht zu verstehen, wenn man nicht zuvor die Sprache erlernt und sich mit den Buchstaben vertraut gemacht hat, in denen es geschrieben ist. Es ist in der Sprache der Mathematik geschrieben und deren Buchstaben sind Dreiecke, Kreise und andere geometrische Figuren, ohne die es dem Menschen unmöglich ist, ein einziges Wort zu verstehen; ohne diese irrt man in einem dunklen Labyrinth umher …«[19]

Offensichtlich können wir anhand unserer mathematischen Kenntnisse die nachfolgenden Wissensgebiete in der Pyramide beschreiben, wie Abbildung 2.2 veranschaulicht.

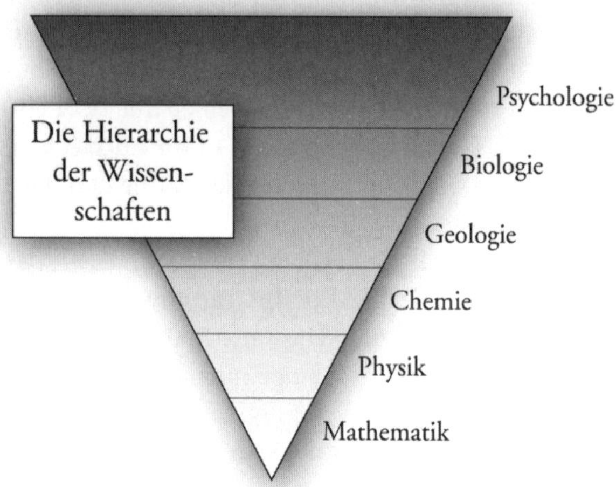

Abbildung 2.2: Die Beziehung zwischen den einzelnen wissenschaftlichen Disziplinen wird in Form einer Wissenspyramide dargestellt, welche die bestehende Hierarchie veranschaulicht. Die Mathematik ist das Fundament, auf dem alle anderen Naturwissenschaften aufbauen. Anhand dieser Beziehung ist einfach zu erkennen, wie sich verändernde wissenschaftliche Anschauungen auf allen Ebenen dieser Pyramide in allen darüberliegenden Wissenschaften Eingang und Berücksichtigung finden müssen, damit ihre wissenschaftliche Natur wirklich erhalten bleibt.

Auf die Mathematik folgt die Physik als nächste Schicht der Wissenspyramide. Sie wendet die Mathematik in Form der »universalen Naturgesetze« auf die Naturkräfte wie die Schwerkraft, die Lichtgeschwindigkeit etc. an, die wiederum in der Chemie, der nächsten Schicht, zum Tragen kommen: Sie befasst sich mit den Auswirkungen dieser Naturkräfte auf die Naturelemente, wodurch die Grundlagen unserer Welt geschaffen werden, die nun Thema der Geologie sind. Was in diesen zugrundeliegenden Wissensfeldern zum Ausdruck kommt, beeinflusst direkt oder indirekt, wie sich Leben in unserer Welt entfaltet. In der Biologie wird dieses Leben untersucht. Direkt darüber folgt die Psychologie, die verstehen will, warum das Leben sich so verhält, wie es nun einmal der Fall ist.

Diese einfache Illustration zeigt zweierlei:

1. Jedes dieser Wissensfelder spielt in der Natur eine entscheidende Rolle und steht in direkter Beziehung zu allen darunterliegenden Feldern.

2. Gerät unsere Denkweise und Weltsicht an der einen oder anderen Stelle dieser Hierarchie durch neue Entdeckungen ins Wanken, muss dieses neue Gedankengut auch in alle darüberliegenden Bereiche einfließen.

Als beispielsweise die sogenannte Nichtlokalität der Quantenmechanik in der Physik postuliert wurde, hätten sich bei allen Wissenschaftsdisziplinen oberhalb der physikalischen Wissensschicht Änderungen ergeben müssen, um diesem Verständnis Rechnung zu tragen.

In der Chemie geht man inzwischen daran, diese Vorstellungen auch in die Lehrbücher aufzunehmen; die Biologie lehrt dagegen immer noch, Biofelder wie beispielsweise das Magnetfeld des Herzens seien lokalisiert und hätten kaum oder gar keine Auswirkungen außerhalb des Körpers.

Das Schubladendenken, mit dem wir unsere Welt studieren, verstrickt die Wissenschaft in eine ständige Jagd: Sie muss sich selbst immer wieder aufholen. Nimmt man die Vergangenheit als Messlatte her, werden die neuen Entdeckungen in einem Wissensbereich umso später integriert, je höher dieser Bereich in der Wissenspyramide angesiedelt ist. Es liegt an uns und unserer weisen und klugen Anwendung des Entdeckten, ob wir die Früchte der wissenschaftlichen Arbeit wirklich ernten können.

Der Evolutionsbiologe E.O. Wilson hat dies vielleicht am besten ausgedrückt: »Wir ertrinken in einer Flut von Informationen und hungern doch nach Weisheit. Die Welt der Zukunft wird von Menschen gelenkt werden, die fähig sind, die richtigen Informationen zum richtigen Zeitpunkt zusammenzubringen, sie kritisch zu überdenken und weise und wichtige Entscheidungen zu treffen.«[20]

Von der Erfindung des Rads (das man für den Transport, aber auch zu Folterzwecken verwenden kann) bis hin zur Erfindung von Waffen (die ganze Gemeinschaften ernähren, aber in Kriegen auch töten können) scheint das Spannungsfeld zwischen Wissen und Weisheit ein Kampf zu sein, den unsere ganze Spezies ausficht, und zwar schon seit sehr langer Zeit.

Im weiteren Verlauf dieses Buches werden die Gründe beleuchtet, warum wir so viel kämpfen und warum mit diesem Gefecht möglicherweise bald Schluss ist. An dieser Stelle soll betont werden: Der Wert und Nutzen der Wissenschaft sollte weniger anhand ihrer Misserfolge und Fehler gemessen werden als vielmehr an der Art und Weise, wie wir sie uns zunutze machen, was wir von ihr erwarten und in welchem Verhältnis wir zu Wissen und Weisheit stehen.

Mehr als Wissen und Weisheit: der gesunde Menschenverstand

Egal welche Messlatte man anlegt: Im 20. Jahrhundert machte die Menschheit eine rasante Entwicklung durch. Zwischen 1900 und 2000 stieg die Weltbevölkerung von 1,6 auf über 6 Milliarden, überlebte zwei Weltkriege, 30 Jahre Kalten Krieg und 70.000 einsatzbereite Atomraketen, entschlüsselte den DNA-Code, betrat den Mond und baute schließlich Computer, welche die ersten

Roboter, mit denen die ersten Menschen den Weltraum besuchten, wie Kinderspielzeug aussehen ließen. In diesen 100 Jahren nahm die Bevölkerung rasant zu, doch wie nie zuvor in den 5000 Jahren menschlicher Geschichtsschreibung war die Menschheit vom Aussterben bedroht. Kein Wunder also, dass viele Historiker das 20. Jahrhundert als das Zeitalter des Wissens betrachten.

Neben naturwissenschaftlichen Entdeckungen über die Natur und das Leben wurden auch großartige Erkenntnisse über unsere Vergangenheit zutage gefördert. Gegen Mitte des 20. Jahrhunderts wurden schriftliche Aufzeichnungen gefunden: Sie geben Aufschluss über Konzepte, die den drei großen Weltreligionen zugrunde liegen. Noch ältere Artefakte – beispielsweise aus Ägypten, Sumer und von der mexikanischen Halbinsel Yucatán – wurden neu interpretiert. Das letzte Jahrhundert stand ganz klar im Zeichen der Wiederentdeckung von altem Wissen über unsere Vergangenheit. Sicherlich werden auch im 21. Jahrhundert weitere Erkenntnisse gewonnen, die unsere Geschichte in einem anderen Licht zeigen, von Menschen, die in einer völlig anderen Welt ein ganz anderes Leben leben als ihre Eltern und Großeltern im letzten Jahrhundert.

Das 21. Jahrhundert wird als Jahrhundert der Weisheit in die Geschichte eingehen: eine Zeit, in der wir gezwungen werden, das Gelernte auch anzuwenden, um in der von uns geschaffenen Welt zu überleben. Das erfordert, dass wir Probleme anders als früher angehen und all unser Wissen auf kreative und innovative Art und Weise nutzen. Dazu benötigen wir aber wiederum eine andere Art von Informationen, von denen in Büchern über wissenschaftliche Theorien, Beweise und Fakten nur selten die Rede ist.

Es gilt, die wissenschaftlichen Fakten – die Daten auf den Datenblättern und die Ergebnisse von computergenerierten Modellen, Diagrammen und Prognosen – mit der nur dem Menschen innewohnenden Fähigkeit zusammenzubringen, die uns von anderen Lebensformen unterscheidet. Wir müssen uns des sogenannten »gesunden Menschenverstands« bedienen, wie das früher hieß. Das klingt wie etwas ziemlich Gewöhnliches, ist es aber nicht. Der Begriff bezieht sich auf eine systematische und organisierte Denkweise, bei der Wissen aus allen möglichen Informationsquellen berücksichtigt, vermischt und sorgfältig gegeneinander abgewägt wird, bevor eine Entscheidung getroffen wird. Und wenn wir kurz vor der endgültigen Entscheidung stehen, kommt der nicht wirklich greifbare »gesunde Menschenverstand« dazu, der oft auf einem »Bauchgefühl« bzw. auf »Instinkt« beruht.

Dieser gesunde Menschenverstand ist eine gute Sache; in der jüngeren Geschichte hat genau diese unbestimmte Qualität der menschlichen Entscheidungsfindung die Welt vielleicht vor dem Untergang bewahrt! Ein Ereignis auf dem Höhepunkt des Kalten Krieges ist ein schönes Beispiel für die Macht des gesunden Menschenverstands:

Am 26. September 1983 hatte Stanislav Petrov, ein hochrangiger sowjetischer Offizier, das Kommando über die sowjetische Satellitenüberwachung, ein Frühwarnsystem, das nach Anzeichen für einen Angriff der Amerikaner suchte. Die Spannungen zwischen den beiden Blöcken waren Anfang September auf einem Höhepunkt angelangt, nachdem die Sowjets einen zivilen Jumbojet abgehört und abgeschossen hatten, wobei alle 269 Insassen ums Leben kamen, unter anderem der US-amerikanische Kongressabgeordnete Lawrence McDonald.

30 Minuten nach Mitternacht geschah, was Petrov und seine Männer hofften, nie erleben zu müssen. Die Warnlichter blinkten, Sirenen heulten, und auf den Computerbildschirmen des ballistischen Frühwarnsystems für Flugkörper waren fünf Atomraketen zu sehen, die von den USA auf die Sowjetunion zuflogen. Innerhalb von wenigen Augenblicken musste Petrov die so gefürchtete Entscheidung treffen – das Feuer erwidern oder nicht –, in dem Wissen, dass in diesem Moment das Schicksal der Menschheit und ein potenzieller dritter Weltkrieg in seinen Händen lag.

Er und seine Männer waren Militärangehörige. Exakt einen solchen Augenblick hatten sie beim Training durchexerziert. Er hatte klare Instruktionen. Im Fall eines Angriffs sollte er auf den Start-Knopf seiner Konsole drücken, um einen Gegenangriff auf die USA in die Wege zu leiten. Ihm war klar, dass er damit ein absolut narrensicheres System eines totalen Krieges in Gang setzen würde, das sich nicht mehr aufhalten ließe, sobald der Knopf gedrückt war, da es dann ohne menschliches Zutun weiterlaufen würde. »Der Hauptcomputer hätte mich dann nicht mehr gefragt [was zu tun wäre]«, erklärte Petrov später. »Er war so konstruiert, dass [nach dem Betätigen des Knopfes] niemand mehr hätte eingreifen können.«[21]

Für Petrov, das Bedienpersonal und den Computer sah es nach einem echten Notfall aus. Alle Daten untermauerten das. Das System schien funktionstüchtig zu sein, und die Radarüberwachung besagte, dass Russland einem Atomangriff ausgesetzt war, mit dem der dritte Weltkrieg eingeläutet würde.

Doch Petrov hatte Zweifel. Irgendetwas schien nicht zu stimmen. Mit nur fünf Raketen konnte die USA keinen »totalen« Krieg führen, das ergab keinen Sinn und entsprach keinem der Szenarien des militärischen Nachrichtendienstes.

Petrov musste auf der Stelle etwas unternehmen, doch vorher musste er sich Klarheit verschaffen, was hier passierte. Spürte er, dass die Sowjetunion von den USA mit Atomraketen angegriffen wurde, oder war es etwas anderes? Innerhalb einer Minute musste er eine Entscheidung treffen.

Petrov meldete die Signale seinen Vorgesetzten und anderen Posten, allerdings gab er sie als »Fehlalarm« aus. Und dann wartete er. Wenn er unrecht hatte, würden die anfliegenden Raketen innerhalb von 15 Minuten ihre russischen Ziele beschießen. Nach 15 Minuten, die ihm und sicherlich auch vielen anderen Befehlshabern in der früheren Sowjetunion wie eine Ewigkeit erscheinen mussten, konnte er erleichtert aufatmen. Nichts war passiert: Das komplizierte Netzwerk aus Satelliten und Computern hatte einen Fehlalarm ausgelöst.

Spätere Untersuchungen ergaben tatsächlich, eine »Störung« des Radars hatte zu dem Alarm geführt.

Was zeigt uns diese Geschichte? Obwohl die ausgeklügelte Technologie einen Angriff auf Russland meldete, obwohl man sich auf dem Höhepunkt des Kalten Krieges befand und obwohl Petrov als Offizier darauf konditioniert war, Befehle zu befolgen und sich an Systeme und Abläufe zu halten, brachte Stanislav Petrov all dieses Wissen mit seinem nicht greifbaren gesunden Menschenverstand und seinem Bauchgefühl zusammen – eine Erfahrung, die man weder in der Schule lernt noch sich mit ein paar Pillen einverleiben kann. In diesem Fall wurde am 26. September 1983 der dritte Weltkrieg wegen des gesunden Menschenverstands eines einzigen Mannes verhindert. Zwanzig Jahre später – im Jahr 2004 – wurde Petrov als »der Mann, der die Welt rettete« für seinen Mut, seinen Instinkten zu trauen, von der Vereinigung der Weltbürgerinnen und Weltbürger (Association of World Citizens) mit dem World Citizen Award ausgezeichnet.[22]

Auch wenn hoffentlich niemand von uns jemals eine so schwerwiegende Entscheidung wie Petrov im Jahr 1983 fällen muss, ist unser gesunder Menschenverstand gefragt, wenn wir das durch die Wissenschaft zugänglich gemachte Wissen bewerten müssen. Wir müssen dieses Wissen umsichtig nutzen und eine großzügige Portion gesunden Menschenverstand hinzufügen; nur so können wir die Lücke zwischen der Wissenschaft und ihrer Umsetzung schließen – die Kluft zwischen dem Zeitalter des Wissens und dem Zeitalter der Weisheit. Und das muss nicht unbedingt im Großen und auf globaler Ebene passieren.

Ein guter Freund von mir hatte die letzten zehn Jahre mehr Verkehrsunfälle als ich in den über vierzig Jahren, seit ich einen Führerschein besitze. Zum Glück hat er sie alle nur relativ leicht verletzt überlebt. Wenn ich mit ihm darüber rede, ist es immer der gleiche Tenor: Er war – wie er sagt – jedes Mal »im Recht«. In seinen Berichten hatte er immer Grün und Vorfahrt an der Kreuzung. Und es gab nie ein Parkverbotsschild, das ihm das Abstellen seines Wagens untersagte.

Rechtlich betrachtet ist ihm also vielleicht in keinem dieser Fälle etwas vorzuwerfen, doch die Umstände waren den von ihm getroffenen Entscheidungen wohl eher nicht zuträglich. Nur weil die Ampel grün ist, heißt das ja noch lange nicht, dass es richtig ist, die Kreuzung zu überqueren. Nur weil kein Schild davor warnt, dass die Bordsteinkante in der Nähe einer Laderampe ein unsicherer Platz zum Parken ist, bedeutet das nicht, dass die Lastwagen, die dort ihre Güter abladen, nicht vielleicht doch ab und zu an den Bordstein geraten. In all diesen Fällen hätte meinem Freund der gesunde Menschenverstand signalisieren können, dass Vorsicht geboten war. Er besteht auf seinem Recht, und er ist tatsächlich im Recht. Aber Recht ist nicht gleich Sicherheit.

Ein dummes Beispiel? Es veranschaulicht aber durchaus, dass Regeln nur Richtlinien und keineswegs Sicherheitsgarantien sind.

Ähnlich ist es, wenn die Regeln der Wissenschaft angesichts neuer Entdeckungen keinen Sinn ergeben; wahrscheinlich stehen dann einfach nicht alle Informationen zur Verfügung. Doch das heißt nicht, dass wir weiterhin auf alten Wegen wandeln sollen, weil »es eben schon immer so gemacht wurde«.

Dem wissenschaftlichen Dogma zu folgen, wenn es uns schadet, ist unsinnig. Doch genau das passiert, wenn Studenten Ideen vermittelt werden, die, wie wir wissen, unwahr sind. Wie wir noch sehen werden, wird es immer wichtiger, Weisheit, Wissen und die wissenschaftliche Methode mit dem gesunden Menschenverstand zu vereinen, wenn wir die Fragen über das Leben, den Krieg und unser Überleben beantworten wollen.

Wenn eine Denkrichtung in eine Sackgasse führt, müssen wir eine Entscheidung treffen: Wollen wir wieder von vorne anfangen oder in der Sackgasse stecken bleiben? Die Genetik geriet nach dem Abschluss des Humangenomprojekts um die Jahrtausendwende herum in eine schlimme Sackgasse. Genau dasselbe könnte auch mit der Suche der Physiker nach dem »Gottesteilchen« passieren.

Seien wir ehrlich: Ich glaube, wir sind auf der Suche nach Antworten, damit wir die Welt verstehen und die Herausforderungen unseres Alltags bewältigen können. Wissen allein reicht dafür nicht aus. Mit dem Beginn des Zeitalters der Weisheit müssen wir alle uns zur Verfügung stehenden Mittel zu Rate ziehen, um durch das unerforschte Land der tiefen Wahrheiten, die vor unseren Augen auftauchen, zu navigieren. Ich bin der festen Überzeugung, die unbestimmte Qualität des gesunden Menschenverstands wird auf dieser Reise eine entscheidende Rolle spielen.

Woher wissen wir, was wahr ist?

Viele Ideen, auf die ich in diesem Buch eingehe, sind »heiße« Themen; sie führten zu den leidenschaftlichsten, gelegentlich sogar gewaltsamen Auseinandersetzungen der Neuzeit. Um nicht mehr die emotionalen Streitereien vor Gericht und in den Medien auszufechten – über die Evolutionstheorie, den Kreationismus und Schulbücher bis hin zur Krisenhilfe für andere Nationen –, ist eine konsistente Auswertung neuer Entdeckungen vonnöten. Was sagen sie uns im Einzelnen? Woher wissen wir, wo die Spekulation aufhört und die Beweise beginnen? Worin liegt der Unterschied zwischen Tatsachen und Theorien? Wie viele Beweise sind erforderlich, damit eine Theorie durch eine neue ersetzt werden kann?

Um eine Antwort auf diese Fragen zu finden und Äpfel mit Äpfeln statt mit Birnen zu vergleichen, sollen zunächst die Begriffe, die im Zusammenhang mit solchen »heißen Eisen« und zur Begründung der diversen Annahmen oft auftauchen – Begriffe wie »Wissenschaft«, »Fakt«, »Theorie« und »Beweis« –, klar definiert werden, und zwar aus wissenschaftlicher Sicht, da viele der in diesem Buch untersuchten Ideen auf wissenschaftlichen Entdeckungen beruhen. Die Definition einer wissenschaftlichen Theorie unterscheidet sich beispielsweise von einer »Theorie« im »normalen Leben«. Mit einem klaren Verständnis der Bedeutung und Verwendung dieser Begriffe gelingt es uns, heiße Themen zu verstehen; damit gewinnen wir eine Art geistiger »Vorlage für die Wahrheit«, um unsere Entdeckungen konsistent zu evaluieren. Los geht's …

Was sind wissenschaftliche Fakten?

Definition: Ein Fakt ist »etwas, dessen reale Existenz nachgewiesen werden kann«.[23]

Beispiel: Wenn wir an einem Donnerstag um 16 Uhr amerikanischer Westküstenzeit (Pacific Standard Time) am internationalen

Flughafen von Los Angeles sind und ein Geschäftspartner uns am Telefon nach unserem momentanen Aufenthaltsort fragt, dann ist es ein Fakt bzw. eine Tatsache, dass wir uns an einem bestimmten Tag zu einer bestimmten Zeit in einer bestimmten Stadt an einem bestimmten Flughafen befinden. Ruft dieser Bekannte am Ticketschalter im Flughafen Los Angeles an und der Mitarbeiter bestätigt, dass wir tatsächlich in der Warteschlange am Schalter stehen, wird diese Tatsache verifiziert, und zwar von einem objektiven Zeugen, der in keiner Weise etwas davon hat, ob wir nun da stehen oder nicht. Fakten sagen aus, was »ist«, können aber nicht unbedingt erklären, wie es dazu kam. Fakten beschreiben also nicht, wann oder wie wir tatsächlich zum Flughafen gelangt sind, obwohl von Wissenschaftlern auf Basis solcher Fakten oft Annahmen abgeleitet werden.

Was ist eine Theorie?

Definition: Im normalen Leben ist eine Theorie meist nicht viel mehr als ein unbewiesener Gedankengang oder eine Mutmaßung. In der Welt der Wissenschaften dagegen ist die Bedeutung für einen Nichtwissenschaftler vielleicht überraschend. Eine Theorie ist hier etwas, das verifiziert und für wahr befunden worden ist. Eine Theorie im wissenschaftlichen Sinne ist eine »Annahme, die auf begrenzten Informationen bzw. Wissen basiert«.[24]

Beispiel: Eine Theorie wird auf Basis von zum betreffenden Zeitpunkt bekannten Tatsachen aufgestellt. Auf das obige Beispiel bezogen, wäre es für den Geschäftsfreund sinnvoll, anzunehmen, dass wir mit einem Nahverkehrsmittel zum Flughafen gefahren sind, da wir uns ja nachgewiesenermaßen dort befinden. Diese Annahme ist seine Theorie darüber, wie wir zum Flughafen gelangt sind. Und es bleibt eine Theorie – sogar eine gute Theorie –, solange ihre Unrichtigkeit nicht nachgewiesen werden kann. Bei Theorien gibt es keine Einschränkungen dahingehend, wann und wie viele neue Beweise auftauchen können. Das ist wichtig für das Verständnis einer Theorie. Sie kann immer wieder geändert werden und auftauchendes Beweismaterial mit einbeziehen. Und was noch interessanter ist: Eine Theorie muss keine Tatsache sein.

Was ist ein Beweis?

Definition: Ein Beweis ist »ein Hinweis oder Argument, das den Verstand dazu zwingt, eine Behauptung als wahr anzuerkennen«.[25]

Beispiel: Die Tatsache, dass der Schaltermitarbeiter bestätigt hat, wir sind am Flughafen Los Angeles, ist der Beweis, der den Kollegen am Telefon davon überzeugt, dass wir tatsächlich am Flughafen sind.

Was macht einen wissenschaftlichen Beweis aus?

Definition: Gemäß obigen Definitionen beruht ein wissenschaftlicher Beweis auf Tatsachen und ist das Ergebnis wissenschaftlicher Entdeckungsmethoden.

Beispiel: Wenn es um die Evolution oder die Geschichte der menschlichen Zivilisation geht und hier von Fakten, Theorien und Beweisen die Rede ist, kann man anhand dieser Definitionen deren Glaubwürdigkeit bestimmen. Die neuen Entdeckungen hinsichtlich der Fehlannahmen der modernen Naturwissenschaft bieten wunderbare Beispiele für Niels Bohrs tiefe Wahrheiten.

Was die Natur der Wirklichkeit und die Rolle des Menschen anbelangt, scheint sich die Wissenschaft in den letzten 100 Jahren in einer Warteschleife zu befinden und kein bisschen voranzukommen – angefangen bei der Überzeugung, alles sei von allem anderen getrennt, bis hin zu der Vorstellung, Emotionen wirkten sich lediglich auf die davon betroffene Person aus, aber nicht auf ihre Umwelt. Jetzt da wir nach Expertenmeinung mit den meisten und schlimmsten Krisen aller Zeiten konfrontiert sind, ist es wichtiger als je zuvor, die Fehlannahmen der Wissenschaft hinter uns zu lassen, die uns bislang daran hindern, effektiv mit Krieg, Terrorismus und dem Klimawandel umzugehen.

Wenn die Wissenschaft tatsächlich »festgefahren« ist, müssen wir weiterforschen und offen eingestehen, dass manche Entdeckungen vielleicht unsere Weltsicht verändern, um uns wieder »loszueisen«.

Die Zeit ist gekommen

Es ist offensichtlich: Wir wissen noch lange nicht alles, was es über das Universum und unsere Rolle zu wissen gibt. Wie in der Analogie von der Straßenkreuzung, die wir überqueren wollen, wenn ein großer Sattelschlepper darauf zurast (siehe Einleitung), kann es zwar sein, dass in Zukunft noch mehr Erkenntnisse zur Verfügung stehen, doch manchmal ist es das Beste, seine Entscheidung auf der Basis dessen zu treffen, was man jetzt eben weiß – damit wir überhaupt weiterleben und das nächste Mal eine noch gründlichere Wahl treffen können.

Sir Martin Rees, Professor der Astrophysik an der Universität von Cambridge und eine einflussreiche Stimme in der wissenschaftlichen Gemeinschaft, schätzt die »Chance, das 21. Jahrhundert ohne größere Rückschläge zu überleben«, auf 50:50 ein.[26] Natürlich hatten wir schon immer mit Naturkatastrophen zu kämpfen, doch nun müssen wir uns auch noch mit dem herumschlagen, was Rees »menschengemachte« Katastrophen nennt.

Neue Studien, von denen beispielsweise auch in einer Sonderausgabe des »Scientific American« unter dem Titel »Crossroads for Planet Earth« (»Der Planet Erde am Scheideweg«, September 2005) berichtet wird, greifen Rees' Warnung auf: »Die nächsten

50 Jahre werden den Ausschlag dafür geben, ob die menschliche Rasse – die sich jetzt in einer bislang nie da gewesenen Situation befindet – für sich ihre bestmögliche Zukunft sichern kann.«[27] Die gute Nachricht von fast allen Experten weltweit lautet allerdings: »Wenn es den Entscheidungsträgern gelingt, einen passenden Rahmen zu schaffen, wird die Zukunft der Menschheit durch Tausende von banalen Entscheidungen gesichert.«[28] In den Details des alltäglichen Lebens werden »die wesentlichen Fortschritte gemacht«.[29]

Zweifellos müssen wir alle schon bald unzählige Entscheidungen treffen. Ich bin überzeugt, dass die tiefreichendste und vielleicht einfachste Entscheidung darin besteht, die Erkenntnisse der neuen Wissenschaft über uns und unsere Rolle in der Welt in unsere Überlegungen mit aufzunehmen.

Wenn wir es schaffen, die überzeugenden Beweise der einzelnen Wissenschaftsdisziplinen zu akzeptieren, anstatt sie zu ignorieren, wird sich alles verändern. Dieser Wandel wir uns erneuern und uns zu einem Teil von allem machen, was wir sehen und erleben, anstatt uns davon zu trennen. Deshalb sind die neuen Entdeckungen, beispielsweise aus der Physik oder der Biologie, so wichtig und bedeutsam. Sie befördern die gesamte Menschheit direkt zurück in die Gleichung des Lebens und des Universums und auch in die Rolle derjenigen, welche die großen Krisen unserer Zeit zu lösen haben, anstatt diese Aufgabe einer zukünftigen Generation oder dem Schicksal zu überlassen. Welche Probleme können wir – die wir ja schließlich die Architekten unserer eigenen Realität sind und die Macht haben, sogar die Atome der Materie neu anzuordnen – nicht lösen? Welche Lösung könnte wirklich außerhalb unserer Reichweite liegen?

Manche Menschen sehen in den Chancen, die sich durch Entdeckungen ergeben, eine erfrischende neue Weltsicht, andere sehen dadurch seit Langem bestehende Traditionen erschüttert. Auch führende Wissenschaftler haben oft ein Problem, jenes zu akzeptieren, was ihre eigene Forschungsarbeit impliziert, wenn dadurch offenbar wird, dass wir tatsächlich Mitschöpfer unseres Universums sind. Manchmal ist es einfacher, bei den falschen

Annahmen einer veralteten Wissenschaft zu bleiben, als Informationen Glauben zu schenken, die alles Bekannte auf den Kopf stellen. Doch dann leben wir mit einer Illusion der Lüge. Wir belügen uns über uns selbst und unsere Möglichkeiten, wir belügen Menschen, die sich darauf verlassen, dass wir ihnen die neuesten und größten Wahrheiten über die Welt vermitteln.

Wenn ich über diese Ironie vor Zuhörern rede, hören sich die Reaktionen oft an wie die weisen Worte des Science-Fiction-Autors Tad Williams: »Wir lügen, wenn wir Angst haben – Angst vor dem, was wir nicht wissen, Angst vor dem, was man über uns herausfindet. Doch bei jeder Lüge wird jenes, wovor wir Angst haben, nur noch stärker.«[30]

Wenn neue Entdeckungen uns heute erzählen, dass die Lehren der Vergangenheit nicht mehr der Wahrheit entsprechen, müssen wir eine Wahl treffen. Wollen wir die falschen Grundsätze weiterhin lehren und unter den Konsequenzen von Fehlannahmen leiden? Wenn ja, müssen wir eine Antwort auf eine noch tiefer gehende Frage finden: *Wovor haben wir Angst?* Was ist so bedrohlich für unsere Lebensweise, wenn wir die Wahrheit auf die Fragen kennen, wer wir sind, wie wir hierhergelangt sind und wie lange wir schon auf der Erde leben?

Das herauszufinden wird sich vielleicht als die größte Herausforderung unserer Zeit erweisen. Können wir der Wahrheit, die wir entdecken wollen, ins Auge sehen? Haben wir den Mut, zu akzeptieren, wer wir sind und welche Rolle wir in diesem Universum spielen? Falls wir diese Frage mit Ja beantworten, müssen wir auch die Verantwortung übernehmen, die mit dem Wissen einhergeht, dass wir die Welt verwandeln können, indem wir uns selbst verändern.

Wie wir bereits gesehen haben, können weit verbreitete Überzeugungen, die zu Hass, Abspaltung und Angst führen, unseren Körper und unsere Welt schneller zerstören, als wir uns je vorgestellt haben. Alles was wir brauchen, ist vielleicht eine kleine Veränderung unseres Selbstbildes, damit wir die große Wahrheit erkennen: dass wir nämlich selbst die Architekten unserer eigenen Erfahrung sind. Wenn die Experten recht haben, hängt nichts weniger als das Überleben der Menschheit und der menschlichen Zivilisation von den Entscheidungen ab, die wir in den nächsten paar Jahren treffen. Für diese Entscheidungsfindung ist ein Umdenken und eine vollkommen neue Betrachtungsweise über uns und unsere Beziehung zueinander sowie zur Welt vonnöten.

Nur wenn wir bereit sind, die tiefen Wahrheiten des Lebens zu akzeptieren, können wir dafür sorgen, dass unsere Kinder unsere Entscheidungen überleben und eine Chance haben, die nächste tiefe Wahrheit zu erforschen, wenn sie erwachsen sind.

Tiefe Wahrheit 2:
Die etablierten Bildungssysteme tun sich schwer, Entdeckungen zu integrieren und neue Theorien zu untersuchen; damit stecken wir in veralteten Überzeugungen fest, mit denen es nicht gelingt, die größten Krisen in der menschlichen Geschichte zu bewältigen.

Kapitel 3

Leben am Rande der Katastrophe: Überleben am Wendepunkt des Wandels

»Jede große Schwierigkeit trägt ihre eigene Lösung in sich.
Sie zwingt uns, unsere Denkweise zu verändern,
damit wir diese Lösung finden können.«
< Niels Bohr, Physik-Nobelpreisträger >

Wir laufen große Gefahr, alles zu verlieren, was wir persönlich und als Zivilisation schätzen. Wissenschaftler egal welcher Fraktion sagen klar und deutlich: Wir sind fast an dem Punkt angelangt, an dem es kein Zurück gibt und die natürlichen, lebenswichtigen Systeme endgültig der Zerstörung anheimfallen. Gleichzeitig haben wir mit den Auswirkungen des Klimawandels zu kämpfen, der viel schneller kam, als man je glauben wollte. Gerne werden nun all diese Krisen »in einen Topf« geworfen und auf die gleiche Art und Weise und aus derselben Perspektive angegangen.

Im Großen und Ganzen hält man all diese Wendepunkte für menschengemacht. Nach allgemeiner Ansicht haben wir all diese Probleme selbst verursacht – vom Klimawandel über den unhaltbaren Bevölkerungszuwachs bis hin zu extremer Armut, Nahrungsmittel- und Trinkwasserknappheit – und müssen sie nun auch beheben. Doch in Wahrheit sind wir zwar für einige dieser

Probleme verantwortlich, aber nicht für alle. In der Landwirtschaft und bei der Nutzung von Rohstoffen können wir anders vorgehen und uns um die Versorgung der wachsenden Bevölkerung kümmern, und das tun wir ja auch. Doch der Klimawandel muss aus einer anderen Perspektive betrachtet werden.

Genau die Wissenschaft, die den Wandel des Erdklimas festgestellt hat, hat auch aufgezeigt, dass *nicht wir* die Ursache dafür sind. In den 420.000 Jahren Erdgeschichte gab es auf diesem Planeten aufgrund seiner jeweiligen Position im Weltraum immer wieder zyklische Phasen der Erwärmung und erneuten Abkühlung; der Anstieg der Treibhausgase hinkt sogar ein paar Hundert Jahre hinterher.

Ironischerweise sind die besten Köpfe unserer Zeit damit beschäftigt, dieses Phänomen der zyklischen Veränderung der Erdtemperatur zu stoppen – einen Lebensfaktor, den wir eben nicht kontrollieren können.

Wer so nah am Rande des Zusammenbruchs lebt – und das auf vielen Ebenen –, hat guten Grund und die seltene Chance, seine Denk- und Lebensweise zu verändern. Hier müssen alle Menschen und politischen Führer zusammenwirken und wie nie zuvor gemeinsam Möglichkeiten finden, sich an die uns bevorstehenden Veränderungen anzupassen – Veränderungen, die jenseits unserer Kontrolle liegen.

Wenn wir uns für diesen Weg entscheiden, anstatt durch Schuldzuweisungen und wirtschaftliche Strafmaßnahmen eine Atmosphäre des Misstrauens und des Getrenntseins zu schaffen, werden wir nicht nur die vielen Krisen überleben, sondern auch besser mit ihren Ursachen umgehen können.

Die Vorteile einer weltweiten Kooperation führen zu einer Zivilisation, die Bestand hat und auf einem gesunden, nachhaltigen und von gegenseiter Hilfe geprägten Lebensstil beruht. Die nachfolgend ausgeführten Gründe motivieren uns, genau dies in Angriff zu nehmen.

Die großen Probleme lösen

Wir bilden es uns nicht bloß ein, und es ist auch keine unausgesprochene kollektive Angst, die uns befürchten lässt, dass etwas unsere Welt verändert – etwas sehr Großes und Reales. Renommierte Think Tanks (»Denkfabriken«) wie das 1974 gegründete Worldwatch Institute, das sich der unabhängigen Erforschung kritischer globaler Probleme widmet, sowie das 1982 gegründete World Resources Institute, das sich auf umweltpolitische Studien konzentriert, aber auch die UNESCO (Organisation der Vereinten Nationen für Erziehung, Wissenschaft und Kultur)[1], beschäftigen sich inzwischen nicht mehr mit den Warnungen der Umweltschutzbewegungen aus den 1960er- und 1970er-Jahren. Vielmehr mahnen sie, dass genau diese Warnungen sich bald bewahrheiten werden.

Auch die Sonderausgabe »Crossroads for Planet Earth« der Zeitschrift »Scientific American« stellte fest: Wir leben in einer ungewöhnlichen Zeit, und die menschliche Rasse »befindet sich jetzt in einer ganz besonderen Phase ihrer Geschichte.«[2] Diese Sonderausgabe ging auf eine Reihe globaler Krisen ein, die – falls sie nicht unter Kontrolle gebracht werden – zum Aussterben der Menschheit, wie wir sie heute kennen, führen könnten. Angesichts neuer, bislang unheilbarer Krankheiten, des Raubbaus, den die Staaten mit hohem Energieverbrauch mit unseren begrenzten Rohstoffen betreiben, einer nie gekannten weltweiten Armut und der fehlenden Sorgfalt beim Umgang mit Meeren, Flüssen und Regenwäldern kommen alle zu ein und demselben Schluss: Wir können es uns nicht leisten, unser altes Leben weiterzuführen, wenn wir die nächsten 100 Jahre überleben wollen. Der Planet Erde ist mit unseren Lebensgewohnheiten überfordert.

Organisationen wie die bereits genannten wollen der Allgemeinheit einen Punkt klarmachen: In all den von ihnen beschriebenen Szenarien werden Katastrophen dargestellt, die derzeit passieren. Die Autoren solcher Sonderausgaben und Berichte stehen mit ihrer Lagebewertung nicht allein. Universitätsprofessoren und Wissenschaftler, Forschungsgruppen des CIA und sogar das

Pentagon, die diese weltweiten Krisen als nationales Sicherheitsproblem betrachten – sie alle äußern ihre Sorgen und Bedenken ausdrücklich und sagen, dass wir bereits mitten drin stecken.

Der Wendepunkt ist schon erreicht; wir riskieren, die Tiere die Meere, Wälder und klimatischen Bedingungen zu verlieren, die das Leben in unserer Welt gewährleisten. Wir haben bereits den Punkt erreicht, an dem Nichtstun keine Option mehr ist. Wenn wir das drohende Unheil und Leid verhindern wollen, müssen wir unsere Denk- und Lebensweise verändern.

Das alles wird durch einen drohenden neuen Weltkrieg noch verschlimmert, der im Unterschied zu den Weltkriegen des vorigen Jahrhunderts teilweise von solchen Krisen getrieben wird, über die in der Sonderausgabe des »Scientific American« berichtet wird, und weniger von Grenzen und Machtkämpfen.

E.O. Wilson nennt diesen besonderen Moment der Geschichte einen »zeitlichen (bzw. ökologischen) Engpass«, wo einerseits Ressourcen, andererseits Lösungsmöglichkeiten an ihre Grenzen geraten.[3]

Jeffrey Sachs, Direktor des Earth Institute an der Columbia Universität, fasste 2003 die Situation ernüchternd und unmissverständlich zusammen:

Es gibt fast sieben Milliarden Menschen, die alle Nahrung, Wasser und Energie für die wirtschaftliche Entwicklung benötigen. Insgesamt ist die globale soziale Situation jedoch bereits jetzt unhaltbar. Klimawandel, Wasserbelastung, Umweltverschmutzung, Artensterben – all das bedroht uns auf immer gefährlichere und schmerzhaftere Weise.[4]

Sachs ist davon überzeugt, die wissenschaftlichen und technologischen Potenziale von rohstoffreichen Nationen könnten die extreme Armut, die in so vielen Entwicklungsländern einer der Krisenverursacher ist, beseitigen: »Erstmals in der Geschichte des Menschen besteht die Möglichkeit, durch den weltweiten wirtschaftlichen Wohlstand, der durch ständige wissenschaftliche und technologische Weiterentwicklung und Selbstverstärkungseffekte steigt, die extreme Armut endgültig zu beseitigen.«[5]

Mir gefallen Sachs' Ideen und seine Denkweise. Ich habe selbst eine wissenschaftliche Ausbildung genossen, und auch ich glaube, dass wissenschaftlich entwickelte Technologien – wie Wasserreinigung, Stromerzeugung und -verteilung und zur Verfügung stehende wirksame Medikamente gegen Malaria, HIV/Aids und Hepatitis – dem Leiden von Millionen Menschen in den Entwicklungsländern ein Ende bereiten könnten.

Ich hoffe wirklich, dass Sachs' Optimismus, Macht und Einfluss zu der anderen Welt führt, die er sich vorstellt, aber ich bin auch praktisch veranlagt.

Mir ist klar: Bevor die Vision einer Welt und Technologienutzung, wie Sachs, ich und andere sie sich vorstellen, realisiert werden kann, müssen erst einmal Denkweisen etabliert werden, in denen diese Ziele Priorität haben. Ein solches Denken erfordert eine radikale Abwendung von den Glaubensüberzeugungen und Fehlannahmen, welche die Ursache vieler Krisen sind. Kriege zu führen, den Abbau begrenzter Rohstoffe bis zur Erschöpfung voranzutreiben und sich nicht um die wachsende weltweite Armut zu kümmern – das sind keine Optionen mehr, wenn unsere Zivilisation das nächste Jahrhundert erleben soll. Wenn wir auf der Erde bleiben wollen, müssen wir unsere Lebensweise verändern, und das setzt ein Umdenken voraus, eine völlig neue Sichtweise der Welt und des Menschen.

Die kontroverse Debatte über die Erderwärmung zeigt anschaulich, was ich meine.

Klimawandel im Wohnzimmer

Im Jahr 2006 sorgte der ehemalige US-Vizepräsident Al Gore dafür, dass das Thema »Klimawandel« weltweit Eingang in Wohnzimmerdiskussionen und Schulen fand. Der Dokumentarfilm »Eine unbequeme Wahrheit« von Gore und Regisseur Davis Guggenheim wurde erstmals auf dem Sundance Film Festival gezeigt und schließlich unter anderem mit zwei Oscars ausgezeichnet. Im Jahr 2007 erhielt Al Gore gemeinsam mit dem Weltklimarat der Vereinten Nationen den Friedensnobelpreis.

Der Film wurde gelobt, es wurde viel darüber geredet, aber auch gestritten. In dem Dokumentarfilm präsentierte Gore überzeugende Statistiken und Bilder: von riesigen, brechenden Eisklippen, die ins Südpolarmeer stürzten, und erschöpften Eisbären, die verzweifelt am fast eisfreien Nordpol herumschwammen, auf der Suche nach festem Untergrund (Eis), auf dem sie sich ausruhen konnten. Damit wurden über die Welt zwei Aussagen getroffen: 1) Der Klimawandel passiert bereits. 2) Der Mensch ist sein Verursacher. Ganz plötzlich stand der Klimawandel auf den globalen politischen Agenden ganz oben. Und da gerade (2008) US-Wahlen bevorstanden, wirkte er sich auch entscheidend auf das Rennen um das US-Präsidentenamt aus.

Scheinbar über Nacht war das Thema »Erderwärmung« nicht mehr bloß ein interessantes Problem für die Experten. Was die dramatischen Veränderungen des Erdklimas verursacht hat und wie man dagegen vorgehen könnte, ist inzwischen Gesprächsstoff nicht nur in politischen Kreisen, sondern auch im Alltag. Auf der ganzen Welt hängen Wahlentscheidungen unter Umständen von den Ansichten der jeweiligen Kandidaten zum Thema »Klimawandel« ab.

Vielen Menschen ist bewusst, dass sich das Wetter verändert, aber die Meinungen darüber – warum es passiert, was es bedeutet, in welche Richtung es geht – driften weit auseinander. Ausschlaggebend für die ganzen Debatten sind die Antworten auf zwei wesentliche Fragen:

1. Gibt es wirklich einen Klimawandel?

2. Erzeugt der Mensch die von Treibhausgasen wie Kohlendioxid verursachten Veränderungen?

Selbst Wissenschaftler haben mit dem Wust an Daten, die als Begründung für die eine oder andere Antwort herangezogen werden, zu kämpfen, ganz zu schweigen vom normalen »kleinen

Mann von der Straße«; er ist schlichtweg überfordert. Anscheinend braucht man erst einmal einen Hochschulabschluss, um die Unmenge an Berichten überhaupt lesen zu können, bevor man sich dann daran machen kann, darüber nachzudenken. Doch genau diese Informationen zeigen uns die richtige Richtung und die Tatsachen auf, damit wir verstehen, was wirklich geschieht, und fundierte Entscheidungen treffen können.

Um sagen zu können, ob die derzeitigen klimatischen Extreme anomal sind, müssen wir zuerst das heutige Erdklima mit früheren Wetterbedingungen vergleichen; außerdem müssen wir Bewertungen anstellen, welche Varianten, beispielsweise die Durchschnittstemperatur unter- und oberhalb des Äquators, sich wirklich grundlegend von den Werten vor Hunderttausenden von Jahren unterscheiden, und – noch wichtiger – erkennen, ob die heutigen Temperaturveränderungen Teil eines natürlichen Zyklus sind. 1999 wurde in einer Pressemitteilung der erfolgreiche Abschluss eines wissenschaftlichen Projekts bekannt gegeben, das uns ein solches Fenster in die Vergangenheit an die Hand gibt.

Seit Hunderttausenden von Jahren »friert« sich das Erdklima jährlich im Rahmen eines natürlichen Prozesses auf der Erde ein. Mit dem Wechsel der Jahreszeiten und sinkenden Temperaturen bildet sich eine neue Eisschicht auf den Eiskappen der Erde. Dabei bleiben neben Regen, Schnee, mikroskopischen Lebensformen und Staub auch Sauerstoff, Kohlendioxid sowie andere Elemente und chemische Verbindungen erhalten. Das alles wird Jahr für Jahr in dieser Schicht versiegelt – dauerhafte Aufzeichnungen, die mit der Dicke des Eises immer umfangreicher werden.

Solange das Eis an den Erdpolen gefroren bleibt, steht uns also in Tausenden von Schichten eine virtuelle Bibliothek über die Erdgeschichte zur Verfügung. Wissenschaftler können daraus die weltweiten Temperaturen, die Sonneneinstrahlung, den Stand des Meeresspiegels und die Dicke der Eiskappen in der weit zurückliegenden Vergangenheit ablesen. Anhand dieser Aufzeichnungen lässt sich auch bestimmen, ob die derzeitigen Klimabedingungen wirklich »außerhalb der Skala« der normalen klimatischen Zyklen liegen.

Im Juni 1999 wurde in der Antarktis ein Tiefbohrungsprojekt abgeschlossen, bei dem sich ein internationales Forschungsteam bis zur dicksten Eisschicht des unter dem Eis liegenden Vostok-Sees durchgebohrt hatte. Die Eisproben öffnen ein Zeitfenster in die Vergangenheit, das unglaubliche 420.000 Jahre zurückreicht.[6] Die aus den Eisbohrkernen gewonnenen Informationen sowie weitere Daten von den Eisdecken Grönlands bieten jetzt wichtige Aufschlüsse über das Klima der Vergangenheit und helfen herauszufinden, ob die heute ablaufenden Veränderungen tatsächlich außerhalb der normalen Naturzyklen liegen.

In meinem Buch »Fractal Time« habe ich anhand der 1999 zusammengestellten Datenbank über die Eisbohrkerne die Vergangenheit mit unseren heutigen Temperaturbedingungen, der Stärke des Magnetfeldes, der Intensität der Sonneneinstrahlung und der Dicke der Eisschicht verglichen. Auf Basis dieser Informationen können wir die zwei großen Fragen über das Erdklima beantworten:

Frage 1: Findet ein Klimawandel statt?
Antwort 1: Ja, ganz bestimmt.

Frage 2: Hat der Mensch diesen Klimawandel verursacht?
Antwort 2: Nein, ganz bestimmt nicht.

Wir haben also die Antworten. Woher kommen sie?

Wir wissen, dass ein Klimawandel stattfindet. Die nächste Frage lautet dementsprechend: Findet eine Erderwärmung statt? Hier lautet die Antwort: Jein. Kühlt sich die Erde ab? Die Antwort auf diese Frage lautet: Ganz bestimmt – jein.

Beide Fragen lassen sich mit Ja und Nein beantworten, denn in der fraglichen Zeit hat sich die Erde sowohl erwärmt als auch abgekühlt. In den letzten Jahren des 20. und den ersten Jahren des 21. Jahrhunderts durchlief die Erde nicht nur Rekordminus- und Rekordhöchsttemperaturen, sondern wurde auch von anderen Wetterextremen wie Hurrikanen, sintflutartigen Regenfällen, Blizzards, Eisstürmen, Tornados und allen möglichen anderen meteorologischen Phänomen heimgesucht.

So erlebten die Bewohner der USA im Januar 2011 arktische Kälteeinbrüche; die Menschen konnten während der Kälterekorde nicht ins Büro und zur Schule fahren: In Tallahassee/Florida wurden –4 °C gemessen, in Bridgeport/Connecticut –18 °C. In Westaustralien wiederum versanken Gebiete in unablässigen Regenfällen: fast 135 Zentimeter in nur einem Monat. Dass die Wetterverhältnisse extrem sind, ist also offensichtlich. Die Frage ist nicht, ob ein Klimawandel stattfindet, sondern wer oder was ihn verursacht – und ob die Erderwärmung bzw. -abkühlung daran schuld ist. Hilfreich ist hier ein besseres Verständnis der klimatischen Geschichte und der Zyklen, die solche Veränderungen auslösen.

Streitereien über die Erderwärmung ergeben sich aus der Interpretation von Temperaturaufzeichnungen aus zwei Quellen. Erst vor 130 Jahren – genau gesagt im Jahr 1880 – begann man mit einer zuverlässigen Erfassung des Klimas der »modernen« Ära. Daten vor dieser Zeit stammen aus indirekten Messungen, beispielsweise die bereits erwähnten Eisbohrkerne, aber auch Jahresringe an Bäumen und Sedimente auf dem Meeresboden. Die Forscher arbeiten mit beiden Quellen und bringen unser Verständnis des Erdklimas ständig auf den neusten Stand.

Heute werden vor allem drei Quellen als Informationsgrundlage für das Erdklima der Vergangenheit herangezogen:

- das »National Climatic Data Center«, die »National Oceanic and Atmospheric Administration«
- Remote-Sensoren der Universität von Alabama in Birmingham
- die Klimaforschungsabteilung der Universität von East Anglia in England

Auch das NASA Goddard Institute for Space Studies verfügt über eine entsprechende Datenbank, in der Daten gesammelt und gepflegt werden. Diese Datenbanken werden von Forschern größtenteils hergenommen, um ein Bild von klimatischen Trends der Vergangenheit zu zeichnen und zukünftige Klimamodelle zu entwickeln. Alle diese Quellen lassen kaum Zweifel daran, dass sich die Erde in den letzten 120 Jahren tatsächlich erwärmt hat, genauer gesagt fand zweimal eine solche Erwärmung statt: einmal in der Zeit zwischen Mitte der 1930er- und Ende der 1950er-Jahre und ein weiteres Mal seit Ende der 1970er-Jahre (siehe Abbildung 3.1). Ob die bislang letzte Erwärmungsphase noch andauert, ist unter Experten nicht einhellig entschieden, ebenso wenig, ob die darauf folgende zyklische Abkühlung bereits begonnen hat.

Eine globale Abkühlungsperiode gab es in den späten Jahren des 19. Jahrhunderts und Mitte des 20. Jahrhunderts. In den 1960er- und 1970er-Jahren wurden Warnungen über eine globale Erwärmung durch plötzliche Kälteeinbrüche abgeschwächt.

Man muss also beide Fragen – Erderwärmung und -abkühlung: ja oder nein? – ehrlicherweise mit Ja beantworten. Das ist aber wohl nicht die eigentlich zentrale Frage. Der andere Teil der Klimawandel-Gleichung besteht darin, eine Antwort zu finden, wie solche kurzen Erwärmungs- und Abkühlungszyklen in das umfassendere Bild der Erdgeschichte passen. Und hier erzählen die vergangenen Klimazyklen eine sehr interessante Geschichte.

Abbildung 3.1 kann allerdings nicht das umfassendere Bild der Zeit unmittelbar vor 1880 vermitteln. Die im linken Teil des Diagramms zu findenden Temperaturen zeigen quasi die letzten Phasen einer Abkühlung auf, die von ca. 1400 n. Chr. bis in die Mitte der 1860er-Jahre andauerte. Diese Periode liegt zwar vor der Zeit der modernen Temperaturmessung, ist aber durchaus schriftlich belegt, und die Daten werden durch Berichte und technische Aufzeichnungen von Seefahrern sowie durch Tagebücher von Pionieren bestätigt.

Weltweite Temperaturschwankungen an Land und im Meer

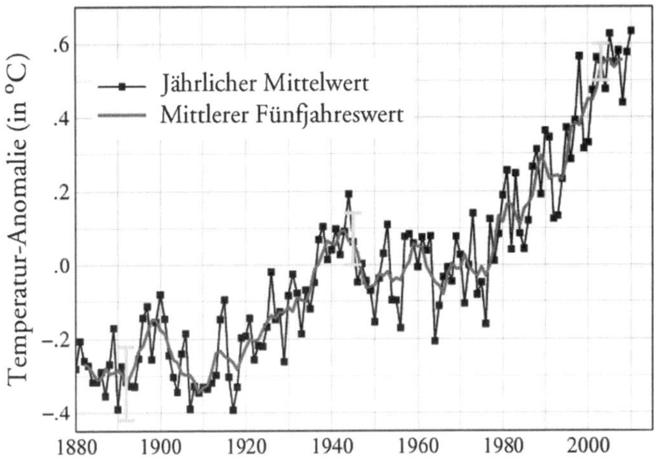

Abbildung 3.1: Zu sehen sind hier die weltweiten mittleren Temperaturschwankungen an Land und im Meer zwischen 1880 (Beginn der kontinuierlichen Aufzeichnungen) und 2010. Die vertikalen Balken stehen für nicht sicher belegbare Bereiche, die Verbindungslinien zwischen den Punkten stellen den globalen Mittelwert dar, und die durchgehenden Linien stehen für den mittleren Fünfjahreswert (Quelle: NASA Goddard Institute for Space Studies).

Diese wie auch andere Informationsquellen, beispielsweise die Jahresringe von Bäumen, erzählen von einer sehr strengen Periode, der sogenannten »Kleinen Eiszeit«, einer weltweiten Abkühlungsphase, die sich vor allem in den nördlichen Breiten bemerkbar machte und die man für die sehr großen Veränderungen der Lebensweisen verantwortlich macht. Die Kleine Eiszeit könnte unter Umständen für die große Hungersnot in Irland ab 1845 verantwortlich gewesen sein (ihr fielen bis zu ihrem Ende sechs Jahre später über eine Million Menschen zum Opfer), ebenso für andere Missernten, Viehsterben und den Verlust von Tierkolonien in Grönland.

Die gut 130 Jahre der modernen Temperaturaufzeichnungen mögen lang erscheinen, doch mit erdgeschichtlichen klimazyklischen Maßstäben gemessen ist es eigentlich eine sehr kurze Zeitspanne, ja nicht mehr als ein kurzes Aufflackern. Wenn neue politische Richtlinien und Gesetze erlassen werden und die Erdbewohner aufgefordert werden sollen, ihre Lebensweise zu verändern, ist es durchaus zweckmäßig, sich auch einmal dieses größere Bild anzuschauen. Da es keine unmittelbaren Aufzeichnungen über die globalen Erdtemperaturen vor 1880 gibt, werden die klimatischen Bedingungen vergangener Zeiten mit anderen Mitteln bestimmt. Und hier kommen die bereits erwähnten Eisbohrkerne ins Spiel.

Tiefgefrorene Beweise

Dank der erfolgreichen Tiefbohrungen in das antarktische Eis bei Vostok können wir jetzt auf erdgeschichtliche Daten zugreifen, die 420.000 Jahre zurückreichen, und sie mit den heutigen Klimaphänomenen vergleichen, um die wahre Geschichte des Klimawandels zu erfahren – und dieser Vergleich ist ernüchternd. Eines wird aus den Temperaturdaten der antarktischen Eisbohrkerne, die in Abbildung 3.2 zu finden sind, sofort offensichtlich: Erwärmung und Abkühlung der Erde unterliegen mit Sicherheit einem Rhythmus, und dieser beruht auf jeweils ca. 100.000 Jahre anhaltenden Zyklen. Im Rahmen dieser sehr langen Perioden laufen wiederum kleinere Zyklen ab; es handelt sich um verschachtelte Zyklen – also Zyklen innerhalb von Zyklen innerhalb von Zyklen … Und diese Zyklen basieren auf prognostizier- und berechenbaren Faktoren. Dies hat mit der genauen Position der Erde im Weltraum zu tun: ihrer Verkippung, ihrem Axialschlag und ihrem Winkel in Bezug auf die Sonne und das Zentrum der Milchstraße.

Nach Meinung der Forscher werden die ca. 100.000 Jahre währenden Temperaturzyklen vor allem von der sich nach und nach verändernden Form der Erdumlaufbahn um die Sonne verursacht – ein natürliches Phänomen, die sogenannte Exzentrizität, das heißt die Abweichung der Ellipse von der Kreisform. Manchmal ähnelt der Weg der Erde um die Sonne einem langen Oval bzw. einer Ellipse, manchmal eher einem Kreis. Im Laufe von 100.000 Jahren verändert sich diese Bahn und damit auch die Entfernung der Erde von der Sonne.

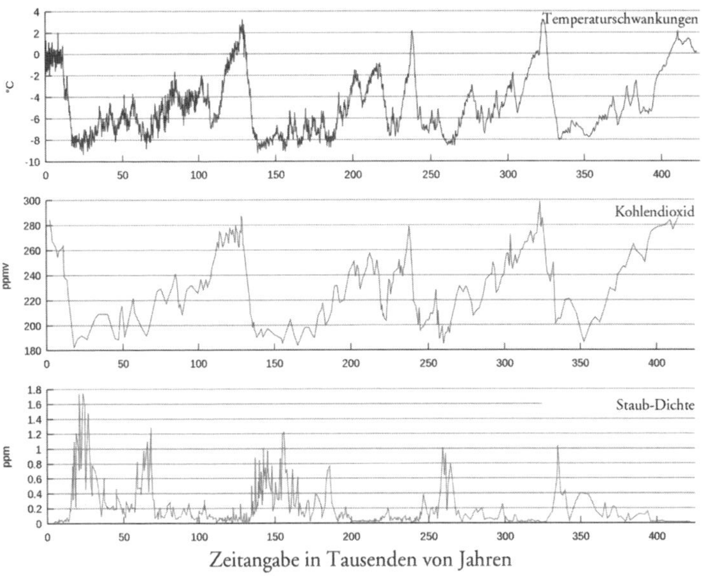

Abbildung 3.2: Der in den antarktischen Eisbohrkernen festgestellte Anstieg und Abfall der Temperatur weist zweifelsfrei darauf hin, dass sich die Erde seit mindestens 420.000 Jahren in zyklischen, regelmäßig verlaufenden Zeitspannen von ungefähr 100.000 Jahren erwärmt und abkühlt (Quelle: Petit/NOAA/GNU-Lizenz für freie Dokumentation).

Im Rahmen der 100.000-Jahre-Periode gibt es eine Reihe kleinerer, 41.000 Jahre dauernder Zyklen, die mit der Verkippung der Erde bzw. Neigung der Erdachse zusammenhängen. Diese

Kippbewegung bringt die Erde 1,5 Grad näher an die Sonne heran bzw. weiter von ihr weg. Innerhalb der Zylen laufen wiederum kleinere Zyklen von ca. 21.000 Jahren mit noch kleineren, 11 Jahre währenden Sonnenfleckenzyklen ab.

In der obersten Zeile von Abbildung 3.2 (»Temperaturschwankungen«) ist der zyklische Temperaturanstieg bzw. -abfall entsprechend den Hinweisen aus den antarktischen Eisbohrkernen dargestellt. Ein ähnlicher Rhythmus ist für dieselbe Zeitspanne für die CO_2-Entwicklung zu erkennen (mittleres Diagramm, »Kohlendioxid«-Zeile). Im nächsten Abschnitt wird näher auf den Zusammenhang zwischen Temperatur und Kohlendioxid eingegangen. Allein aus den Daten in Abbildung 3.2 können zwei wichtige Erkenntnisse über den Klimawandel abgeleitet werden:

1. Anstieg und Abfall der Temperatur erfolgt in Zyklen.

2. Jeder große Zyklus besteht aus kleineren, ineinander verschachtelten Erwärmungs- und Abkühlungszyklen.

Treten wir einen Schritt zurück und betrachten uns die verschachtelten Zyklen im größeren, Jahrtausende umfassenden Zusammenhang, dann wird klar, dass die derzeitigen Temperaturveränderungen Teil eines etablierten Musters sind. Innerhalb dieses Musters liegen diese sogenannten »Anomalien« durchaus im Rahmen dessen, was man für unsere Zeit erwarten würde. Und genau das ist der Punkt: Wenn wir die Zyklen der Vergangenheit kennen, können wir auch einigermaßen sicher prognostizieren, wann sie sich wiederholen.

Mit einem besseren Verständnis der natürlichen Rhythmen relativieren sich die extremen klimatischen Verhältnisse unserer Zeit. Und das Erwärmungs- und Abkühlungsmuster ist nur einer von mehreren zyklisch ablaufenden Faktoren. Dazu zählen beispielsweise die Stärke des Magnetfelds der Erde, die Intensität der Sonneneinstrahlung und die Stärke der polaren Eiskappen.

Was also zeigen uns diese Zyklen, und welche Bedeutung können wir daraus ableiten?

Wie Abbildung 3.2 zeigt, sind die zyklischen Erwärmungsphasen befristet und dauern 15.000 bis 20.000 Jahre; dann kühlt die Erdtemperatur wieder ab. Lässt man einmal nicht vorhersehbare Katastrophen wie Meteoriteneinschläge, Sonneneruptionen von Riesenausmaßen, weltweite Erdbeben oder galaktische »Superwellen« mit elektromagnetischen Impulsen aus dem Zentrum der Milchstraße außen vor, gibt es für die Annahme, dass die zukünftigen Zyklen anders verlaufen als die Zyklen der Vergangenheit, keinen stichhaltigen Grund.

Vielleicht wollten uns unsere Vorfahren in der Sprache ihrer Zeit genau das sagen. Sie verfügten zwar nicht über GPS, Satelliten oder Computer wie wir heute, aber auch sie erlebten die Zyklen und die mit ihnen einhergehenden Veränderungen. Wir Menschen von heute leben in einer Zeit, in der ein Zyklus (nämlich ein Erwärmungszyklus) sich dem Ende zuneigt und der nächste (ein Abkühlungszyklus) seinen Anfang nimmt.

Ist der Mensch schuld an der Erderwärmung?

Die Politik der letzten Jahre hat sich auf direktem Kollisionskurs mit wissenschaftlichen Interpretationen und der öffentlichen Meinung befunden, wenn es darum ging, ob die Erderwärmung und der Anstieg von Treibhausgasen miteinander zusammenhängen. Anders ausgedrückt: Sind wir Menschen und unsere vom Industriezeitalter geprägten Lebensgewohnheiten der letzten 100 Jahre (mit) schuld an den Temperaturen, wie wir sie heute erleben?

Ich bin zwar ausgebildeter Geologe und habe von Mitte der 1970er- bis Mitte der 1980er-Jahre diesen Beruf ausgeübt, aber ich bin ganz bestimmt kein Klimaforscher. Die Beweise für die Erwärmungszyklen beruhen zwar auf eindeutigen geologischen Daten, aber ich verlasse mich lieber auf dieselben Informationsquellen wie andere interessierte Menschen, die wissen wollen, ob der Mensch tatsächlich signifikant zur stattfindenden Erwärmung beiträgt. Dazu greife ich auf Daten über den CO_2-/Kohlendioxid-

und CH_4-/Methan-Gehalt der Atmosphäre in der Vergangenheit zurück.

Die ersten langen Eisbohrkerne von Vostok lieferten eine bislang nie da gewesene Fülle von Daten über 150.000 Jahre Erdgeschichte bzw. zu den Gasanteilen in der Erdatmosphäre, unter anderem Treibhausgase. Durch das Tiefenbohrungsprojekt von 1999 wurde diese Zeitspanne auf 420.000 Jahre erweitert. Dank dieser Proben gewinnen die Forscher jetzt Einblick in das große Bild (150.000 Jahre Erdgeschichte) sowie das ganz große Bild (420.000 Jahre) und können genau erkennen, wie sich die zyklischen Temperaturveränderungen abspielen und was das mit den Treibhausgasen zu tun hat. Und dieses Bild ist wahrlich verblüffend.

Das Diagramm in Abbildung 3.3 zeigt Informationen, die sich aus der Analyse der Eisbohrkerne von Vostok ergaben. Drei verschiedene Arten von Daten werden miteinander verglichen, um den Zusammenhang zwischen Kohlendioxid (CO_2), Methan (CH_4) und Temperatur festzustellen, falls es überhaupt einen solchen Zusammenhang gibt. Temperatur und CO_2 hängen definitiv zusammen – wenn auch anders, als es die Warner vor der Erderwärmung gerne hätten.

Laut dem Magazin »CO_2 Science« machten die Forscher bei der Analyse der Eisbohrkerne eine bemerkenswerte Entdeckung, die für den Streit um die Erderwärmung ausschlaggebende Bedeutung hat: »Veränderungen des CO_2-Gehalts der Atmosphäre gehen niemals Veränderungen der Lufttemperatur voraus, wenn die Erde aus einer Eiszeit in eine Zwischeneiszeit tritt; umkehrt, beim Eintritt von einer Zwischeneiszeit in eine Eiszeit, hinkt die CO_2-Konzentration der Temperaturveränderung sogar hinterher.«[7]

Eine andere, im Magazin »Science« veröffentlichte Studie lässt keinerlei Zweifel daran, was diese Ergebnisse bedeuten: »Hochauflösende Aufzeichnungen aus antarktischen Eisbohrkernen zeigen, dass die Kohlendioxidkonzentration 600 ± 400 Jahre nach der Erwärmung der letzten drei Abschmelzungen um 80 bis 100 Teile pro Million an Volumen gestiegen ist.«[8] Eine technische Anmerkung zeigt, wie stark die Korrelationen zwischen Treibhausgasen und Temperatur wirklich auseinandergingen: »Die Zeitspanne zwischen dem Anstieg der CO_2-Konzentration und der Temperaturveränderung liegt im Bereich von 400 bis 1000 Jahren während aller drei Übergangsphasen von Eiszeit zu Zwischeneiszeit.«[9]

Temperatur und CO_2-Aufzeichnungen

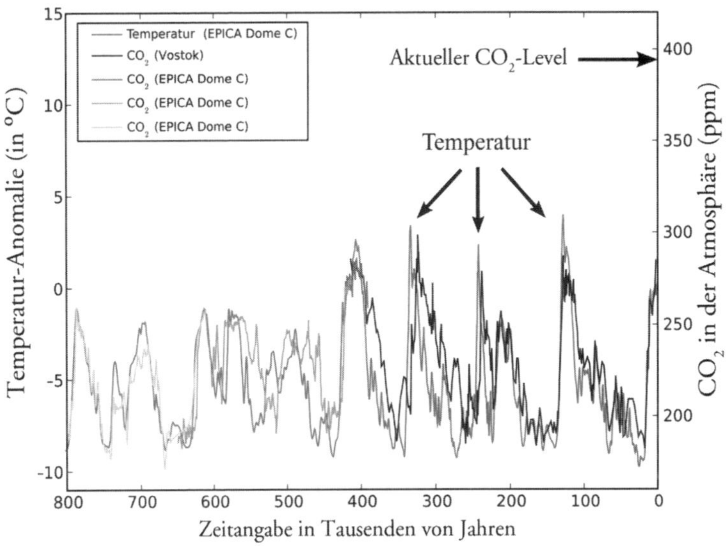

Abbildung 3.3: Vergleich von CH_4-/Methan- und CO_2-/Kohlendioxid-Gehalt von Zyklen mit den Temperaturen der letzten 800.000 Jahre. Diese aus den antarktischen Eisbohrkernen gewonnenen Daten zeigen, dass der CO_2-Gehalt sogar hinter dem Temperaturanstieg zurückliegt und nicht die Ursache für die Erwärmung sein kann (Quelle: LeLand McInnes/GNU-Lizenz für freie Dokumentation).

Wie lautet also das Fazit unter Berücksichtigung all dieser Daten über den Klimawandel? Welche Antworten können wir auf die eingangs gestellten Fragen geben? Ist der Klimawandel eine Tatsache? Sind wir schuld an der Erderwärmung? Auf Grundlage derzeit verfügbarer Daten und mangels weiterer anders lautender

Informationsquellen heißt die tiefe Wahrheit über die Erderwärmung wie folgt:

1. Die Erderwärmung unserer Zeit ist eine Tatsache.

2. Auch der Abkühlungszyklus, der auf die Erwärmung folgt, ist in unserer Zeit eine Tatsache.

3. Wie die Eisbohrkerndaten zeigen, sind Treibhausgase, insbesondere CO_2, nicht die Ursache der Erderwärmung, denn die Temperaturen hinken dem Gasgehalt 400 bis 1000 Jahre hinterher.

4. Die aus den Eisbohrkernen gewonnenen Daten weisen darauf hin, das der CO_2-Gehalt die letzten 400.000 Jahre genauso hoch oder sogar höher war als heute. In dieser weit zurückliegenden Vergangenheit gab es aber keine uns bekannten industriellen Quellen, die dafür verantwortlich gemacht werden könnten.

5. Wir befinden uns in einem allgemeinen Erwärmungszyklus, der vor etwa 18.000 Jahren, nach dem Ende der Eiszeit im Pleistozän, begann. Solche Erwärmungszyklen dauern 15.000 bis 20.000 Jahre, mit kurzen Abkühlungsperioden wie der Kleinen Eiszeit Mitte des 19. Jahrhunderts. Auf Basis der Zyklen und vorliegenden Daten ergeben sich Hinweise darauf, dass wir uns gerade in einem Zeitfenster befinden, in dem es wieder zu einer – eventuell gerade beginnenden – Abkühlung kommen kann.

Der Normalverbraucher verlässt sich bei der Informationsbeschaffung auf die etablierten Medien und »offiziellen« Stellungnahmen von Behörden auf der ganzen Welt, unter anderem dem Weltklimarat. Ich wundere mich über all die Leute, die auf meinen Veranstaltungen in den USA erscheinen und meinen, die Erderwärmung sei eine klare Sache, etwas aus der jüngsten Vergangenheit, vom

Menschen verursacht, und jetzt müssten wir entsprechend dafür zahlen, um es wieder aus der Welt zu schaffen. Ich wundere mich darüber, aber wirklich überrascht bin ich eigentlich nicht.

Denn eben die Medien, die das Thema »Erderwärmung« so »populär« gemacht haben, haben auch sehr bestimmt verbreitet, wir, die Menschen, seien daran schuld. In »Eine unbequeme Wahrheit« sagt Al Gore ganz klar, jeder Einzelne von uns trage zur Erderwärmung bei, könne sich aber entscheiden, seine persönliche Kohlendioxidbelastung zu reduzieren.[10]

Ich finde zwar Gores Ideen hinsichtlich eines veränderten Lebensstils gut (ganz sicher müssen wir schleunigst mehr Umweltbewusstsein an den Tag legen), doch seine Gründe, um dies zu rechtfertigen, erregen einigen Widerstand. Entgegen der landläufigen Meinung, Forscher aus der ganzen Welt seien sich einig, dass Treibhausgase und die vom Menschen gemachte Industrie die Erderwärmung verursacht haben, herrscht hier keine Einigkeit. So viele Quellen behaupten, der Mensch habe die Erderwärmung ausgelöst. Deshalb möchte ich an dieser Stelle ein paar wenige, jedoch anerkannte Wissenschaftler zu Wort kommen lassen (Nennung des jeweiligen Forschers, seines Fachgebiets und seiner Arbeitsstelle), die für Wellen der Empörung sorgten und sogar ihre berufliche Karriere aufs Spiel setzten, weil sie nicht guten Gewissens den allgemeinen Ansichten zu diesem Thema zustimmen konnten.

Fast alle Wissenschaftler anerkennen die Tatsache, dass sich die Erde erwärmt hat; aber sie halten den Menschen nicht unbedingt für die Ursache.

Sallie Baliunas, Astronomin, Harvard-Smithsonian Center for Astrophysics: »Die in jüngster Vergangenheit bemerkte Erwärmung der gemessenen Oberflächentemperaturen ist nicht auf einen Anstieg der vom Menschen verursachten Treibhausgase in der Luft zurückzuführen.«[11]

Khabibullo Abdusamatov, Mathematiker und Astronom, Pulkovo Observatorium der Russischen Akademie der Wissenschaften: »Die Erderwärmung ist nicht auf den Ausstoß von Treibhausgasen in die Atmosphäre zurückzuführen, sondern auf eine ungewöhnlich hohe Sonneneinstrahlung und eine – fast das ganze letzte Jahrhundert hindurch – andauernde Zunahme der Strahlungsintensität […] Der Erdatmosphäre einen ›Treibhauseffekt‹ mit den entsprechenden Eigenschaften zu bescheinigen, ist wissenschaftlich nicht belegt. Erhitzte Treibhausgase, die durch Ausdehnung leichter werden, steigen in die Atmosphäre hoch und geben die absorbierte Hitze dort ab.«[12]

William M. Gray, Professor Emeritus, Leiter des Tropical Meteorology Project, Department of Atmospheric Science, Colorado State University: »Diese leichte Erwärmung ist wahrscheinlich auf die natürlichen Veränderungen von globalen Meeresströmungen aufgrund des schwankenden Salzgehalts zurückzuführen. Über diese Veränderungen der Meeresströme weiß man bislang nicht viel. Der Mensch hat mit diesen seit Kurzem zu beobachtenden Temperaturveränderungen nichts oder nur wenig zu tun. So viel Einfluss haben wir nicht.«[13] Und: »Meiner Meinung nach ist dies [die Erderwärmung] einer der größten Bären, die den Amerikanern jemals aufgebunden wurden.[14]

George V. Chilingar, Professor für Ingenieurwesen, Erdgas- und Erdöltechnik, University of Southern California: »Die nachfolgend genannten globalen Naturgewalten wirken sich auf das Erdklima aus: 1) Sonneneinstrahlung; 2) das sogenannte Ausgasen, das für einen Großteil der Gase in den Weltmeeren und der Atmosphäre verantwortlich ist; und möglicherweise 3) mikrobielle Aktivitäten […] Quantitative Schätzungen hinsichtlich ihres Effekts auf das Erdklima […] zeigen, dass die menschengemachten Klimaveränderungen gering und zu vernachlässigen sind.«[15]

Ian Clark, Geologe, Professor der Geowissenschaften, Universität von Ottawa: »Jene Wissenschaftler, welche die Erderwärmung dem CO_2 zuschreiben, verlassen sich auf die Hypothese, ein steigender Gehalt an CO_2, das tatsächlich eines der weniger wichtigen Treibhausgase darstellt, löse eine sehr viel stärkere Wasserverdampfung aus und erwärme so die Atmosphäre. Das wurde bislang ausschließlich in mathematischen Modellen getestet, die eine verstärkte Erwärmung prognostizieren und von komplexen Wolkenformationen beeinflusst werden – was einen Kühleffekt bewirkt [...] Wie wir wissen, hat dies [die Sonne] in der Vergangenheit Klimaveränderungen ausgelöst und wird ganz sicher auch bei den Klimaveränderungen in der Gegenwart und Zukunft die entscheidende Rolle spielen. Und interessanterweise [...] nimmt die Sonnenaktivität seit Kurzem wieder ab.«[16]

Chris de Freitas, außerordentlicher Professor für Geologie und Umweltwissenschaften, Universität von Auckland: »Für die Erderwärmung gibt es Beweise [...] Aber diese Erwärmung beweist nicht, dass das Kohlendioxid daran schuld ist. Es gibt ständig Klimaerwärmungen und -abkühlungen. Es gibt Theorien, welche die Erwärmung auf natürliche Schwankungen zurückführen. Um wirklich tragfähige und stichhaltige Argumente zu finden, dass sie von Kohlendioxid verursacht ist, müsste man zwischen natürlicher und menschengemachter Erwärmung unterscheiden. Das ist bislang nicht der Fall.«[17]

David Douglass, Professor für Physik und Astronomie, Universität von Rochester: »Das beobachtete Erwärmungsmuster durch Vergleich von Oberflächen- und Atmosphärentemperatur zeigt nicht die für den Treibhauseffekt charakteristischen Erwärmungsmerkmale auf. Daraus lässt sich unweigerlich schließen, dass der Mensch nicht maßgeblich zu dieser Erwärmung beiträgt und dass der Beitrag des beobachteten Anstiegs von Kohlendioxid und anderen Treibhausgasen zur Erderwärmung geringfügig ist.«[18]

Don Easterbrook, Professor Emeritus für Geologie, Western Washington University: »Die seit 1900 stattfindende Erderwärmung hätte auch durchaus ohne CO_2 stattfinden können. Wenn die Zyklen wie in der Vergangenheit ablaufen, müsste der derzeitige Erwärmungszyklus eigentlich bald auslaufen und die Temperaturen bis etwa 2035 weltweit wieder leicht zurückgehen.«[19]

Solche fundierten Meinungen gibt es viele, und deshalb besteht eine so große Unsicherheit darüber, wie und womit das Klimawandelproblem gelöst werden kann. Infolge dieser Unsicherheit kommt es wohl auch nicht überraschend, wenn sich der nächste Schritt, was denn nun unternommen werden soll, zu einem beweglichen Ziel entwickelt hat, das selbst den einflussreichsten und mächtigsten Menschen dieser Welt immer wieder aus den Händen gleitet.

Die Hoffnung

Große Hoffnungen wurden auf den Klimagipfel im Jahr 2010 in Kopenhagen gesetzt, bei dem die politischen Führer der Welt zusammenkamen, um Lösungen für das sich wandelnde Klima der Erde zu finden. In einer ganzen Reihe von Zusammenkünften sollten Initiativen besprochen und hoffentlich auch verabschiedet werden, ähnlich wie Staatsabkommen, die helfen sollten, den drohenden Veränderungen angemessen zu begegnen.

Zu Beginn der Konferenz zeigten die Führer (und nicht nur ihre Vertreter) eine vielversprechende Kooperationsbereitschaft; Präsidenten, Premierminister, Könige und Königinnen, aber auch Diktatoren wollten gemeinsam ein Problem lösen, das quer durch sämtliche politischen Richtungen alle gleichermaßen betraf. Doch gegen Ende der Konferenz wich die Hoffnung der Enttäuschung und schließlich der Verzweiflung ob der erreichten Resultate. Obwohl die besten Köpfe unserer Zeit die Forschungsergebnisse für diese Zusammenkünfte auf politischer Führungsebene zusammengestellt hatten und die höchsten diplomatischen Kanäle angeblich bereits auf Abkommen und Vereinbarungen eingestellt waren, war die weltweite politische Führungselite letztlich nicht in der Lage, einen gemeinsamen Lösungsweg zu finden.

Dieses Buch ist meiner Meinung nach auch wegen dieser Geschehnisse so wichtig. Das Gipfeltreffen stellt eine tragische vertane Chance dar, und zwar aus folgendem Grund.

Die Chance

In Kopenhagen hatten die politischen Führer der Welt die seltene Gelegenheit, sowohl ihrem eigenen Land als auch sich gegenseitig zu zeigen, dass alle Nationen und Völker durch ein Band verbunden sind, das stärker ist als alle Unterschiede – Grenzen, Regierungen, Kulturen und Glaubensüberzeugungen –, die uns früher voneinander getrennt haben. Sie hätten sich beispielsweise gemeinsam darauf einigen können, dass der Klimawandel schlichtweg eine Tatsache ist, auch wenn wir nicht genau die Ursachen kennen, und dass dies für unsere Zivilisation, wie wir sie kennen, eine große Bedrohung darstellt. Ganze Küstenstriche verschwinden, Großstädte auf aller Welt werden durch extreme Wetterbedingungen zerstört, Völker und Lebensweisen sind vom Untergang bedroht; und in der nördlichen Hemisphäre, wo die meisten Menschen leben, können immer weniger Lebensmittel angebaut werden.

Ebenso hätte man sich darauf einigen können, dass sich die Völkergemeinschaft trotz unbekannter genauer Ursachen verpflichtet, mit den verfügbaren Rohstoffen, Geldmitteln, militärischen und technologischen Möglichkeiten und der gemeinsamen Arbeitskraft diesen Übergang zu erleichtern. Irgendetwas in diese Richtung hätte man verabschieden können – aber unsere politischen Führer haben es nicht geschafft.

Immer wieder war von Konferenzteilnehmern zu hören, die reicheren Länder hätten einfach ihre Hausaufgaben nicht gemacht. Sie hätten kein Verständnis für die Denkweise der ärmeren Länder, die allein im Jahr 2008 wegen des Klimawandels Tausende von Toten und wirtschaftliche Verluste in Milliardenhöhe zu beklagen hatten. In diesem Jahr forderte der Zyklon Nargis in Myanmar beispielsweise mindestens 100.000 Todesopfer. Viele Menschen wurden innerhalb von wenigen Stunden obdachlos. Der Sturm machte ganze Dörfer dem Erdboden gleich. Danach zerstörten vier Stürme (Fay, Gustav, Hanna und Ike) auf der Insel Haiti einen Großteil der Infrastruktur; um die 200.000 Menschen waren von den schweren Regenfällen und Überflutungen betroffen. Dadurch konnte das verheerende Erdbeben nicht einmal zwei Jahre später in dem nun erst recht gefährdeten Land umso stärker wüten. Der Taifun Hagupit kostete in China 70.000 Menschen das Leben; nach einem Erdbeben der Stärke 7,9 im selben Jahr gab es mindesten 18.000 Vermisste.

Laut Meinung des britischen Wirtschaftswissenschaftlers Nicolas Stern, Vorsitzender des Grantham Research Institute on Climate Change and the Environment, ist das enttäuschende Ergebnis des Klimagipfels in Kopenhagen zumindest teilweise auf die Haltung der reicheren Länder zurückzuführen. Es gab zwar, wie er sagte, »weniger Arroganz als früher, aber die reichen Länder hätten das viel besser hinkriegen können.«[20]

Die Chance vertan

Anstatt das Problem anzuerkennen und zuzugeben, dass das letzte Wort über die Gründe für den Klimawandel noch nicht gesprochen ist (wenngleich die Daten über Erwärmungs- und Abkühlungszyklen für mich sehr überzeugend aussehen), versuchten die Konferenzteilnehmer als Erstes, bestimmte Länder und Wirtschaftszweige als Sündenböcke auszumachen; als Zweites wurden Schuldzuweisungen an bestimmte Nationen laut, und schließlich versuchte man, dieser angeblichen Schuld mit Geldstrafen beizukommen. Ganz offensichtlich kam in Kopenhagen nicht nur *eine* Agenda zum Tragen.

Ich persönlich habe das Gefühl, hier geht es im Wesentlichen um die verpasste Chance der vielen Führer; sie werden von ihrem Volk sehr unterstützt, haben so viel gemeinsam, es steht so viel auf dem Spiel – und dann kommen sie mit leeren Händen nach Hause. Das erklärt auch, warum die Konferenz kein wirklich sinnvolles Rahmenwerk vorzeigen konnte, mit dessen Hilfe die vielen Krisen – und die gibt es, da sind sich ja alle einig – angegangen werden könnten. Das ist zwar traurig, aber wohl keine große Überraschung.

Der Klimpagipfel in Kopenhagen ist ein perfektes Beispiel aus der wirklichen Welt, das aufzeigt, warum ich dieses Buch geschrieben habe. Er veranschaulicht eine Denkweise, die auf wissenschaftlichen Fehlannahmen beruht. Dass kein sinnvoller Maßnahmenkatalog ausgearbeitet werden konnte, ist direkt auf die dahinterstehenden wissenschaftlichen Annahmen zurückzuführen, die Konkurrenzkampf und Getrenntsein über Kooperation und Gemeinschaft stellen.

Insbesondere baut unsere Zivilisation auf bereits angesprochenen Fehlannahmen auf: Die Natur funktioniere nach dem Prinzip »Überleben des Stärkeren«, alles sei von allem anderen getrennt und das Bewusstsein sei etwas von der physischen Welt Getrenntes.

Hätten die politischen Führer dieser Welt und ihre Vertreter die tiefen wissenschaftlichen Wahrheiten verstanden und umgesetzt – nämlich dass das Universum, der Planet Erde und unsere Körper aus einem gemeinsam genutzten Energiefeld bestehen, einer Matrix, welche die einende Verschränkung überhaupt erst möglich macht; dass die menschlichen Emotionen einen direkten Einfluss auf die Geschehnisse in dieser Matrix haben; und dass die Natur ihr Überleben auf Zusammenarbeit und nicht auf Konkurrenzkampf ausrichtet –, dann hätten sie sicherlich andere Entscheidungen getroffen. Und sehr wahrscheinlich wäre dem Klimagipfel in Kopenhagen 2010 dann mehr Erfolg beschieden gewesen.

Wenn die Konferenzteilnehmer Tatsache Nummer 1 (die Zivilisation ist mindestens doppelt so alt wie die bislang angenommenen 5000 Jahre) als bewiesen hingenommen hätten, wäre ihnen auch klar gewesen, dass die veränderten klimatischen Bedingungen, die überhaupt erst zu dem Gipfel geführt hatten, zyklischer Natur sind. Es gab sie in der Vergangenheit und es handelt sich dabei um genau die Art von Veränderungen, die für unsere Zeit in einer zyklisch verlaufenden Historie fällig wären.

Die tiefen Wahrheiten legen uns fundierte wissenschaftliche Gründe in die Hand, um eben jenes Denken zu beenden, das einst zu den (die derzeitige Krise auslösenden) Entscheidungen geführt hat. In Bezug auf den Klimagipfel in Kopenhagen hieße das, die

Welt nicht mehr als einen einzigen Kuchen mit einer begrenzten Anzahl von Stücken zu betrachten, die einigen abgenommen werden, damit die anderen davon profitieren ... Vielmehr müssten wir erkennen, dass wir verschiedene Kuchen backen könnten, auch ganz neue mit allen möglichen Geschmacksrichtungen, damit die ganze große Erdenfamilie ihre Bedürfnisse stillen kann.

Kopenhagen ist ein Beispiel dafür, wie ein gelindes Umdenken zu radikal anderen Ergebnissen führen könnte. In den nächsten Abschnitten wird das gleiche Prinzip anhand anderer Krisen beleuchtet. Anders als beim Thema »Klimawandel und Erderwärmung« haben diese Krisen jedoch direkt damit zu tun, welche Wahl wir getroffen haben. Deshalb bieten sie die einmalige Chance, das Denken und die Handlungsweisen, die zu diesen Krisen geführt haben, zu verändern.

Wo sind all die Arten geblieben?

In meiner Kindheit in Nord-Missouri freute ich mich immer am meisten auf die tagelangen Wanderungen während der langen Sommerferien. Von frühmorgens bis spät am Tag wanderte ich alleine über das Wegenetz, das sich durch die dichten, grünen Wälder am Steilufer des Missouri erstreckt. Immer wieder staunte ich, weil ich beim Hochschauen durch die verschlungenen Äste, Blätter und Kletterpflanzen keinen Himmel sehen konnte.

Diese Streifzüge durch die Wälder in Missouri waren für mich eine abenteuerliche Zeitreise zurück in die Dschungel der prähistorischen Zeit. Jeden Moment rechnete ich damit, dass plötzlich ein Tier aus grauer Vorzeit aus dem Nichts auf den Pfad sprang, nur um mich wissen zu lassen, dass es immer noch existierte, um dann wieder in seinem mystischen Versteck zu verschwinden.

Was an dieser Geschichte wichtig ist? Ich dachte, den Wald mit allen seinen Pflanzen und Kreaturen habe es immer gegeben und werde es immer geben, sodass ich auf ewig meine Freude an ihm haben würde. Ich konnte mir gar nichts anderes vorstellen.

Heute erzählen der Missouri und sein Ökosystem eine der tragischsten Geschichten der modernen Technik. Dank des »Fortschritts« – in Form von Dämmen, Wasserumleitungssystemen und künstlichen Kanälen, die den Wasserlauf verändern – entwickelte sich der Missouri zum größten Wasserspeicher im Land. Inzwischen ist er einer der am stärksten »gefährdeten« Flüsse der Vereinigten Staaten; dasselbe gilt für die Tiere, die ihrem Überleben zuliebe auf diesen Fluss angewiesen sind.[21]

Mindestens drei Arten des Missouri-Ökosystems stehen kurz vor dem Aussterben: zwei Vogelarten und eine Fischart. Jedes dieser Tiere trägt wesentlich dazu bei, die sensible Nahrungskette des Ökosystems zu erhalten. In einem Bericht empfiehlt nun der US-amerikanische »Fish and Wildlife Service«, die menschengemachten Steuerungseinrichtungen am Fluss zu ändern. Damit sollen Temperaturen und Wasserstände, von denen die gefährdeten Tierarten in diesem Gebiet abhängen, wieder in natürlichen Rhythmen steigen und fallen.[22]

Erst als ich in der siebten Klasse an einem naturwissenschaftlichen Exkurs in der Nähe dieser Wälder teilnahm, in denen ich so gerne gewandert war, erfuhr ich die traurige Wahrheit über diese wunderschönen Plätze. Die Geschichte zeigt, dass sie aus allen möglichen Gründen nicht ewig bestehen. Auch in der Vergangenheit geschah manchmal das Undenkbare: Eine Katastrophe führte dazu, dass eine bestimmte Pflanze oder Tierart komplett ausgerottet wurde; sie starben aus.

Das hatte manchmal natürliche Ursachen: klimatische Veränderungen oder ein Asteroid (wie vor 65 Millionen Jahren), der auf die Erde schlug. Es schockte mich allerdings doch sehr, als ich erfuhr, dass auch etwas anderes, viel Vertrauteres, daran schuld sein konnte: der Mensch. Wir Menschen haben die Katastrophe verursacht, durch die ganze Arten ausgelöscht wurden oder vom Aussterben bedroht sind.

Ein klassisches Beispiel dafür ist das Schicksal des Dodo, der einstmals auf der Insel Mauritius im Indischen Ozean lebte. Sein Aussterben ist der Archetypus einer vom Menschen verursachten Ausrottung.

Der Dodo war ein großer, flugunfähiger Vogel; er wog etwa 20 bis 22 Kilogramm und ist, wie DNA-Untersuchungen aufgezeigt haben, mit der Familie der Tauben verwandt. Als im Jahr 1507 die ersten portugiesischen Eroberer auf der Insel landeten, gab es von diesen Vögeln angeblich so viele, dass man sie nicht zählen konnte.

Vom Menschen verursachte Gründe – Abholzung, durch die sich die Nistplätze für den Dodo verringerten; Hunde, Schweine und andere räuberische Tiere, die von den Eroberern auf die Insel gebracht wurden; die Jagd, denn die Vögel nisteten auf dem Boden und waren eine leichte Beute – führten dazu, dass die Dodo-Population sehr schnell dezimiert wurde und schließlich nicht mehr überlebensfähig war. Laut Lehrbüchern wurde der letzte Dodo nachweislich im Jahr 1662 gesichtet, laut Augenzeugenberichten wurden 1693 noch welche gesehen.

Die traurige Tatsache: Innerhalb von 150 Jahren, nachdem der Mensch auf diese furchtlosen, flugunfähigen Vögel traf, hat er mit seinem Tun den Dodo ausgerottet. Dies ist der erste Fall in der Geschichte der Neuzeit, der beweist, dass lebende Populationen nicht unerschöpflich sind und dass der Mensch in der Lage ist, einer Spezies den Garaus zu machen.

Leider weiß auch die neuere Geschichte davon zu erzählen: Die Population des amerikanischen Büffels ging von 75 Millionen in den 1870er-Jahren auf unter 1000 im Jahr 1900 zurück. Der Blauwal, das größte Säugetier, das jemals auf der Erde gelebt hat, wurde von 350.000 Tieren vor dem Beginn des kommerziellen Walfangs auf heute gerade einmal 8000 bis 14.000 dezimiert. Viele andere Arten wurden so lange gejagt, bis sie vom Aussterben bedroht waren. Sowohl für den amerikanischen Büffel als auch den Blauwal gilt, dass wir ihre Existenz durch ein Umdenken bewahren können – wenn die Anzahl der bedrohten Arten nicht so groß ist, dass wir uns unmöglich mit speziellen Schutzmaßnahmen um eine oder zwei bestimmte Arten kümmern können. Genau an diesem Punkt stehen wir heute.

Nach landläufiger Meinung haben wir schon alle Lebensformen auf der Erde entdeckt. Doch nichts könnte von der Wahrheit weiter entfernt sein! Jedes Jahr werden geschätzte 18.000 neue Arten identifiziert, manche an überraschenden Orten, wo man eine solche Entdeckung am wenigsten erwarten würde. Im Juli 2010 entdeckten Forscher beispielsweise elf neue Insektenarten, und zwar an einem Platz, den Millionen Menschen jährlich besuchen: im Mercantour Nationalpark in Frankreich.

Doch während man zwar jedes Jahr neue Arten entdeckt, werden gleichzeitig immer mehr Spezies in rasantem Tempo ausgerottet: Bis zu 26.000 Arten verschwinden jedes Jahr vom Angesicht der Erde, manche noch bevor wir sie überhaupt entdeckt haben. Aus diesem Grund gibt der Generalsekretär der Vereinten Nationen, Ban Ki-moon, folgenden Rat: »Um gegen die Grundursachen vorzugehen, welche die Biodiversität bedrohen, müssen wir der Artenvielfalt in allen Bereichen, in denen Entscheidungen zu treffen sind, sowie in allen Wirtschaftssektoren eine höhere Priorität einräumen.«[23] Das immer schnellere Aussterben so vieler Arten ist eine deutliche Botschaft an uns, die wir auf diesem Planeten am meisten Veränderungen verursachen. Die Frage ist nur: Hören wir auf diese Botschaft?

Sind wir als Nächstes an der Reihe?

Evolutionsbiologen verdienen ihren Lebensunterhalt, indem sie uns durch einen Blick in die Vergangenheit ein besseres Verständnis der Gegenwart ermöglichen, sodass wir die Trends erkennen können, die unsere Zukunft gestalten. Obgleich über die Gründe für Massenaussterben alle möglichen Theorien kursieren, sind sich die Biologen doch einig, dass es dieses Phänomen in der Vergangenheit immer wieder gab.

Vergangene Massenaussterben sind eine Tatsache – laut biologischer Forschung traten in der Geschichte der Erde mindestens fünf davon auf; dazwischen lagen jeweils Millionen von Jahren. Das erste Massenaussterben lässt sich beispielsweise etwa 440, das zweite 370, das dritte 245, das vierte 210 Millionen Jahre zurückdatieren. Während des letzten Massenaussterbens vor etwa 65 Millionen Jahren wurde das Leben auf der Erde um 60 bis 80 Prozent dezimiert. Das liegt zwar alles ewig lange zurück, ist aber für uns heute dennoch wichtig, denn das nächste Massensterben betrifft auch uns.[24]

Die Biologen sagen klar und deutlich: Wir befinden uns mitten im sechsten Massenausterben. Für die Forscher ist es keine plötzliche Erkenntnis, dass ungeheuer viel Leben auf der Erde ausgelöscht wird. E.O. Wilson schätzt, dass auf der Erde bereits im frühen 20. Jahrhundert jährlich bis zu 30.000 Arten ausstarben. Neuere Angaben lassen sogar noch Schlimmeres vermuten. Das klingt beunruhigend und ist sicherlich eine schlechte Nachricht. Die gute Nachricht lautet: Es gibt einen Schlüsselfaktor, durch den sich »unser« Massenaussterben von den früheren unterscheidet. Das ist unser Hoffnungsstrahl.

Im Sommer 2008 war ich zusammen mit meinem Freund und hoch geschätzten Kollegen Bruce Lipton auf einer Lesetour in Europa. Wir hatten beide unlängst bei Hay House unsere neusten Bücher veröffentlicht: »The Biology of Belief« (2008; dt. Ausg.: »Intelligente Zellen: Wie Erfahrungen unsere Gene steuern«, 2009) bzw. »The Divine Matrix« (2007; dt. Ausg.: »Im Einklang mit der göttlichen Matrix: Wie wir mit allem verbunden sind«) und wollten in den deutschsprachigen Ländern unser Material gemeinsam vorstellen. An einem langen Reisetag, im Zug von Zürich nach Frankfurt, hatten Bruce und ich endlich einmal Zeit, einfach dazusitzen, die Schönheit der europäischen Landschaft zu genießen, miteinander zu essen und uns über das Leben, die Liebe und das Schicksal der Erde auszutauschen – in eben dieser Reihenfolge.

Als wir mit dem Mittagessen fast fertig waren, packte ich die Gelegenheit beim Schopf, Bruce endlich etwas zu fragen, für das all die Jahre nie die dem Thema angemessene Zeit geblieben war:

»Unter uns gesagt: Wie schlimm steht es wirklich insgesamt um die Biologie und das Leben auf der Erde?«

Seine Antwort erschütterte mich. Bruce, den ich als Freund liebe und dessen professionelle Integrität ich sehr schätze, gab mir die einfache, elegante und laserscharfe Art von Antwort, die seine Unterweisungen so zugänglich und beliebt macht. Mit der Bildsprache unserer Ahnen beschrieb er, wie unsere Heimat hier auf der Erde im Wesentlichen ein riesiger »Garten« ist, so groß wie der ganze Planet.

»Alles auf der Erde ist Teil dieses Gartens«, sagte er, »auch wir, die Menschen. Mutter Erde hat so ihre eigene Art und Weise, mit Dingen zu verfahren, die nicht in ihren Garten passen: Sie werden hinausgeworfen!« Dann drehte er sich um und schaute mich über den Tisch hinweg an. Mit glänzenden Augen, in denen zu lesen war, dass er in den vielen Jahren des Lernens auf etwas unglaublich Tiefgründiges gestoßen war, fasste er unsere Situation in wenigen Worten zusammen: »Entweder wir lernen, wie wir im Garten der Natur in Frieden leben können, und kümmern uns um diesen Garten, oder wir werden zum Mulch, mit dem der Garten dann gedüngt wird!«

Bruce hatte auf seine unnachahmliche Weise mit seiner Garten-Metapher unsere Situation beschrieben: was uns bevorsteht, wenn sich nicht ganz schnell etwas ändert. Seine Beschreibung hielt aber noch eine zusätzliche Erklärung parat: den Unterschied zwischen den Massensterben der Vergangenheit und unserer Zeit. Die ersten fünf Massensterben hatten anscheinend natürliche Ursachen (Asteroiden, Klimaveränderungen etc.), nicht jedoch das unsere. Dieses sechste Massensterben auf der Erde, von dem auch der Mensch betroffen ist, wird vom Menschen verursacht.

Laut Niles Eldredge, früherer Chefkurator der »Hall of Biodiversity« (»Halle der Artenvielfalt«) im American Museum of Natural History, »gibt es kaum Zweifel, dass die Menschen durch Aktivitäten wie landschaftliche Umgestaltung, Raubbau und Übernutzung von bestimmten Arten, Umweltverschmutzung und die Einführung von gebietsfremden Spezies direkt für die Belastung der Ökosysteme und die Ausrottung der Arten in der modernen Zeit verantwortlich sind.«[25]

Mit dieser Meinung steht Eldredge nicht allein. Das Millennium Ecosystem Assessment ist eine von der UNO initiierte Studie über den globalen Zustand der Ökosysteme und dessen

Auswirkungen auf das »Wohl der Menschen.« Der erste von sieben geplanten Berichten wurde 2005 veröffentlicht. Auch wenn die Studien noch andauern und weitere Daten gesammelt werden, sind die Implikationen offensichtlich: »Durch die anhaltende Verschlechterung von 15 der insgesamt 24 untersuchten Ökosystemleistungen – unter anderem Süßwasser, Fischfang, Luft- und Wasserregulierung, Regulierung des regionalen Klimas, Naturgefahren und Schädlinge – steigt die Wahrscheinlichkeit potenziell und plötzlich auftretender Veränderungen, die das Wohl der Menschen ernsthaft beeinträchtigen können.«[26]

Insbesondere beschreibt der Bericht die zu erwartenden Krisen, falls sich die Vorschriften über die Nutzung von Land und Rohstoffen nicht ändern. »Plötzlich auftretende Veränderungen« – das können auch neue Krankheiten sein, eine abrupt schlechtere Wasserqualität, »Todeszonen« an den Küsten, der Zusammenbruch von Fischgründen und regionale Klimaveränderungen. Das Fazit des Millennium Ecosystem Assessment kann man in einem einzigen, ernüchternden Satz zusammenfassen: Die harte Wirklichkeit sieht so aus, dass eine Spezies (der Mensch) inzwischen eine Gefahr für die zehn Millionen anderen Arten auf dem Planeten und für sich selbst darstellt.

Vor den Krisen die Augen verschließen – bis es nicht mehr geht

Als ein bekannter Finanzberater nach dem Zeitpunkt der nächsten Wirtschaftskrise gefragt wurde, antwortete er auf ähnliche Weise wie ich auf die Frage »Wann kommen denn nun all die befürchteten Krisen der alten Prophezeiungen?«. Er stellte nämlich selbst ein paar kurze, prägnante Fragen:

Was muss denn geschehen, bevor Sie sagen, dass wir uns bereits in einer Krise befinden? Wie hoch müssen die Gaspreise klettern, bevor Ihre

Nachbarn bemerken, dass da etwas schiefläuft? Wie hoch müssen der Gold- und der Silberpreis denn steigen? Wie viele Banken müssen untergehen? Wie hoch müssen die Arbeitslosenzahlen sein? Wie viele Städte müssen Bankrott anmelden? Wo ist denn für Sie die Grenze? Wie schlimm muss es werden, damit Sie erkennen, was wirklich geschieht?[27]

Genau um diese Art der Antwort geht es in diesem Abschnitt.

Die klügsten Köpfe unserer Zeit sagen, die Krise ist bereits da und wir sind im Grunde gleichzeitig mit mehreren kritischen Situationen konfrontiert – hier und jetzt. Wie knapp müssen die Süßwasservorräte denn noch werden, damit wir das Problem erkennen? Wie viele Banken müssen noch den Bach hinuntergehen? Wie oft muss sich die Bevölkerungszahl noch verdoppeln – bei immer knapper werdenden Rohstoffen? Wie kurz muss ein weiterer Weltkrieg bevorstehen?

Meine neue, bessere Antwort auf die »Wann«-Frage wäre wohl: »Wie schlimm muss es werden, damit wir endlich erkennen, dass wir uns bereits mitten in mehreren gleichzeitigen Krisen befinden und noch größeren Ärger bekommen, wenn wir nicht endlich umdenken?«

Für keinen der Leser dieses Buches dürften die erwähnten Krisen als Überraschung kommen. Dennoch zeichnet sich der Mensch durch einen seltsamen Charakterzug aus, wenn es um schlechte Nachrichten geht – je schlechter, desto deutlicher: Wirklich verheerende Informationen gehen wir anscheinend auf zwei Weisen an: Entweder wir reden sie so klein, bis sie unwichtig sind, oder wir ignorieren sie völlig und verschließen die Augen vor der Wirklichkeit. Dieses Verhalten ist am stärksten bei Menschen ausgeprägt, die nie zuvor in eine ähnlich extreme Situation geraten sind.

Wer beispielsweise noch die große Depression in den 1930er-Jahren mitgemacht hat, weiß, was es bedeutet, wenn fast 25 Prozent Arbeitslosigkeit herrschen, man in ewig langen Reihen an der Suppenküche anstehen muss und stundenlang auf einen Laib rationiertes Brot wartet. Diese Menschen wissen auch, wie schnell es zum Allerschlimmsten kommen kann. Sie sind immer darauf vorbereitet, dass es noch einmal passieren kann. Für die jungen Amerikaner dagegen ist die große Depression so etwas wie ein dunkles Märchen. Die alten Schwarz-Weiß-Fotos rücken es in eine antiquierte, ferne, unmögliche Vergangenheit. Sie können sich einfach nicht vorstellen, dass so etwas wieder passieren könnte.

Die Reaktionen auf Gerüchte über den Holocaust des Zweiten Weltkriegs zeigen beispielhaft auf, wie dieses Ausblenden der Wirklichkeit funktioniert:

Als 1944 ganze Güterwaggons voller Menschen am helllichten Tag die Ghettos in Ungarn und Polen verließen und von allen gesehen werden konnten, waren jene, die zurückblieben, fest davon überzeugt, die »Glücklichen« würden umgesiedelt und könnten in ihrer neuen Heimat ein besseres Leben führen. Obwohl man sich flüsternd Geschichten über die schrecklichen Geschehnisse in den Konzentrationslagern erzählte, schenkte niemand diesen Gerüchten Glauben. Man *wollte* sie nicht glauben, also glaubte man sie nicht. Sie wurden einfach ignoriert.

2009 erzählte Kitty Williams, die das Konzentrationslager der Nazis überlebte, zum ersten Mal seit ihrer Befreiung aus dem Lager zu Kriegsende ihre Geschichte.[28] Bevor sie und ihre Familie selbst auf einen Güterwaggon verfrachtet und nach Auschwitz-Birkenau gebracht wurden, hatte sie – wie so viele andere – Geschichten darüber gehört, was passierte, konnte aber einfach nicht glauben, dass sie der Wahrheit entsprachen:

Ich erinnere mich, wie junge Polen und wohl auch Tschechen an unsere Tür klopften und sagten, sie wollten versuchen, über Ungarn nach Israel zu entkommen, und natürlich gaben wir ihnen immer etwas zu essen und ein paar Vorräte mit. Wenn sie von den Gräueltaten erzählten, haben wir ihnen eigentlich nicht recht geglaubt. Der menschliche Verstand kann sich nicht vorstellen, dass so etwas passieren kann. Es ist eine Übertreibung, kann nicht wahr sein, es kann einfach nicht sein.[29]

Und dann wurden Kitty, ihre Familie und andere, die den Gerüchten so lange keinen Glauben schenken wollten, selbst zu Opfern dieses grauenhaften Holocaust, von dem sie gehört hatten. Kitty überlebte und konnte ihre Geschichte erzählen; viele ihrer Freunde und Familienangehörigen dagegen kamen um, wie insgesamt etwa 5,8 Millionen Menschen. Und der Punkt hier ist: Sie wurden gewarnt, konnten jedoch die Tatsachen, die ihnen täglich vor Augen standen, nicht akzeptieren bzw. nicht glauben.

Unsere Welt steckt in Schwierigkeiten – auch das ist kein Geheimnis. Viele Leute unternehmen nichts, weil sie die Probleme als zu groß empfinden und Lösungen für unwahrscheinlich halten. Wenn wir uns überwältigt fühlen, ist es oft einfacher, die Krisen zu ignorieren. Die Wirtschaftskrise 2007 ist ein perfektes Beispiel für diese Haltung – wenn auch keineswegs vergleichbar mit dem unendlichen Leiden, das der Holocaust verschuldet hat.

Trotz Warnungen der Analysten und Experten wollte niemand wahrhaben, was da mit den weltweiten Finanzsystemen geschah und in welche Richtung es mit der Wirtschaft ging. »Das Ganze ist so groß, dass es einfach nicht schiefgehen kann« – so der trügerische Glaube. »Sie [die Regierungen] könnten niemals zulassen, dass alles zusammenbricht« – so dachte man. Und gemäß diesem Denken wurden in den USA Kredite vergeben und Geld ausbezahlt und ausgegeben.

Im Juli 2008 telefonierte ich mit einem Finanzberater, der die gesamten Ersparnisse einer pensionierten Freundin der Familie verwaltete. Die Familie hatte mich gebeten, ihr dabei zu helfen, ihr Vermögen sicherer anzulegen. Ich fragte also den Berater, wie wir am besten einen Teil der Ersparnisse aus den Aktien und Anlagefonds absichern könnten. Das Gespräch verlief nicht wie erwartet.

Als ich etwas von finanzieller Sicherheit erwähnte, nahm die Stimme am anderen Ende des Telefons sofort einen empörten, ja ablehnenden Klang an. »Ich bin ein professioneller Finanzberater«, sagte er. »Ich verdiene damit meinen Lebensunterhalt.« (Jetzt war mir klar, dass es ein schwieriges Gespräch werden würde.) »Was könnte denn sicherer sein als diese Anlagefonds und diese

Spitzenaktien? Es gibt sie schon ewig. Langfristig können sie gar nicht verlieren.«

»Ich höre, was Sie sagen«, antwortete ich, »und früher wäre ich Ihrer Meinung gewesen. Aber diese Papiere sind nur so sicher wie der Markt. Und mit dem Markt stimmt etwas nicht. Die traditionellen Indikatoren bedeuten nicht mehr das, was sie einmal bedeutet haben – alles geht ›hoch‹. Sachwerte wie Gold, Silber und Erdöl sollten aber nicht steigen, wenn die Aktien steigen. Es gibt keinen vernünftigen Grund dafür, dass der Markt so hoch ist, in so vielen Sektoren hochgeht und so lange oben bleibt. Etwas muss nachgeben, und wenn das passiert, verliert Mary [Name geändert] alles, wofür ihr Mann die ganzen Jahre vor seinem Tod gearbeitet hat.«

Was ich dann hörte, konnte ich kaum glauben. »Der Markt kann gar nicht versagen«, sagte der Berater. »Er ist so groß und stark. Im Moment ist er nur zu dynamisch.«

Doch nicht einmal acht Wochen später brach der Markt zusammen, er stürzte ab. Erstaunt sah ich im Fernsehen, wie die Zahlen den ganzen Tag fielen. Die Anzeige des Dow-Jones-Index bestand nur noch aus roten verschwimmenden Zahlen, die innerhalb von Sekundenbruchteilen, mit dem freien Fall der Kurse, nach unten gingen.

Es war der 29. September 2008, und das Undenkbare war geschehen. Im Gegensatz zu den Aussagen des Beraters nur zwei Monate vorher am Telefon gingen große Institute wie Freddie Mac, Fannie Mae, Lehman Brothers, Goldman Sachs und Bear Stearns, von denen man gedachte hatte, sie wären viel zu groß, um Fehlschläge zu kassieren, den Bach hinunter.

Am Ende des Tages hatte der Aktienmarkt 777,68 Zähler verloren – der höchste Tagesverlust in der Geschichte. Die 1,2 Billionen Dollar an Verlusten bedeuteten riesige persönliche Verluste für fast alle Investoren; dies läutete den Wandel ein, dessen finanzielle Auswirkungen seitdem fast alle Menschen weltweit zu spüren bekommen haben.

Ich rief Mary am nächsten Tag vom Flughafen aus an, und sie hatte schlechte Nachrichten. In weniger als 48 Stunden hatte sie fast die Hälfte der Ersparnisse, die sie zusammen mit ihrem Mann in ihren mehr als 40 Ehejahren zur Seite gelegt und gespart hatte, verloren. Noch entmutigender war, dass sie sich jetzt die Pfleger nicht mehr leisten konnte, die sie im Alltag brauchte.

Voller Erstaunen sah ich also zu, wie an diesem Tag unglaubliche Summen aus der amerikanischen Wirtschaft abflossen, aber überrascht war ich nicht – ebenso wenig wie jene, die aus nationalem Interesse, wegen der Staatsschulden oder ihrer Bauspardarlehen das wirtschaftspolitische Geschehen verfolgt hatten. Denn diese Trends waren seit Jahren zu beobachten, und die untrüglichen Anzeichen für einen bevorstehenden Zusammenbruch wurden mindestens 14 Monate vor dem tatsächlichen Kollaps erkannt. Am 13. Juni 2007 veröffentlichte Richard C. Cook für das Centre for Research on Globalization einen Bericht, und schon der erste Satz erzählt eigentlich die ganze Geschichte: »Jetzt ist es offiziell: Der Niedergang der US-Wirtschaft hat begonnen.«[30]

Cook zitierte in seinem Bericht zwei der weltweit führenden Ökonomen, die unter die Oberfläche des boomenden Aktienmarktes schauten. Steven Pearlstein, Pulitzer-Preisträger und Kolumnist der »Washington Post«, und Robert Samuelson, Mitherausgeber von »Newsweek« und der »Washington Post«, hatten beide die Spekulationsblase erkannt, und zwar gleichzeitig. Sie hissten die rote Flagge, als ihnen klar wurde, dass immer mehr Unternehmen im Vergleich zu ihren Einkünften eigentlich überschuldet waren.

»Überall werden die Aktienkurse und Unternehmensbewertungen nach unten gehen«, sagte Pearlstein. »Banken werden schmerzhafte Abschreibungen ankündigen, einige Hedgefonds werden ganz dichtmachen. Und es wird zu Bankrotterklärungen bzw. Umstrukturierungen kommen.«[31]

Die Botschaft von Pearlstein, Samuelson und anderen war eindeutig: Im Jahr 2007 braute sich ein perfekter Sturm über der weltweiten Wirtschaft zusammen, und als er schließlich ausbrach, wurde die US-Wirtschaft voll davon getroffen. Natürlich wussten nicht einmal Pearlstein und Samuelson zu dem Zeitpunkt, als sie dieses Szenario prognostizierten, wie schlimm es wirklich werden bzw. wie lange die Krise andauern würde.

Warum erzähle ich das? Ich möchte aufzeigen, wie Krisen gerne kleingeredet oder ganz ignoriert werden, bis sie auf einmal vor der Tür stehen und es zu spät ist, etwas dagegen zu unternehmen. In diesem Fall bekamen alle die Auswirkungen am eigenen Geldbeutel zu spüren. Und plötzlich wurde die eigentlich offensichtliche Frage gestellt: »Was ist passiert? Und warum ist es passiert? Und wie konnte es so schnell passieren?« Hierin liegt der Schlüssel zum Verständnis dieser Ausführungen.

Der Zusammenbruch der globalen Wirtschaft war kein »plötzliches«, losgelöstes Ereignis. Er kann nicht vom größeren Rahmen, den vielen Wendepunkten, isoliert betrachtet werden, mit denen die Weltgemeinschaft konfrontiert ist. Und so wie der Klimawandel von Politikern und der Öffentlichkeit größtenteils ignoriert wurde, bis die Eiskappen der Pole abzuschmelzen begannen und Inseln unter dem steigenden Meeresspiegel verschwanden, waren im Vorfeld der Wirtschaftskrise für diejenigen, die einen Schritt zurücktraten und das Gesamtbild vor Augen hatten, entsprechende Signale zu erkennen, eine Art »Erd-Code«, der zeigt, wie nicht mehr zukunftsfähige Systeme nicht länger aufrechtzuerhalten sind.

In meinem Buch »Fractal Time« habe ich aufgezeigt, dass ökonomische Systeme denselben natürlichen Rhythmen folgen wie die Natur und das Klima mit ihren zyklischen Mustern. Muster können errechnet und ihre immer wiederkehrenden Voraussetzungen prognostiziert werden. Deshalb ist es keineswegs überraschend, dass die weltweiten Voraussetzungen für einen wirtschaftlichen Zusammenbruch zeitlich wieder mit anderen nicht zukunftsfähigen Krisensystemen zusammenfallen: mit dem Bevölkerungswachstum, der Rohstoffknappheit, den Kriegszyklen etc.

Eine Welt, in der alles zusammenbricht

Jeder lernt auf seine Weise – der eine durch stundenlanges Wiederholen, der andere mit nur einem Blick auf die entsprechenden Informationen. Wie wir Informationen »aufnehmen« und was wir danach unternehmen, hat viel mit unserem Lernverhalten zu tun. Und eben weil dies von Mensch zu Mensch unterschiedlich ist, ist es gut, dass so viele verschiedene Menschen den Ruf nach weltweiten Veränderungen auf so unterschiedliche Weise formulieren.

Was für den einen überhaupt keinen Sinn ergibt, stellt für den anderen vielleicht einen Weckruf dar und umgekehrt. Der Aufruf erfolgt zwar in unterschiedlichen Worten – mit eher technischen im »Scientific American« und im Worldwatch Institute oder in der Alltagssprache von Al Gores »Eine unbequeme Wahrheit« –, doch die Botschaft, dass unsere Lebensweise brüchig ist und auf tönernen Füßen steht, wird in der ganzen Welt vernommen.

Lester Brown, Umweltschützer, Autor und vormaliger Chef des Worldwatch Institute sowie eine der einflussreichsten Stimmen im Bemühen um Aufklärung der breiten Öffentlichkeit für einen bewussten Wandel der Lebensweise, spricht von einem Wettlauf zwischen Natur und politischen Systemen.[32] In seinem meisterhaften Buch »Plan B 3.0: Mobilizing to Save Civilization« (2008; dt. Ausg.: »Plan B 3.0: So retten wir die Welt«)[33] spricht er eine deutliche Sprache und beschreibt, wie schlimm es stand, als er das Buch schrieb, und wie viel schlimmer es noch werden könnte. Seitdem haben sich viele seiner Warnungen leider als nur zu wahr entpuppt.

Unter anderem geht er darauf ein, wie zu kritischen Zeitpunkten in der Natur – beispielsweise wenn die Population einer bestimmten Spezies rückläufig ist – das entsprechende System einen Punkt erreicht, an dem es kein Zurück gibt. Brown beschreibt den Zustand von verschiedenen, aber miteinander verbundenen Systemen auf der Erde sowie deren derzeitigen Status hinsichtlich dieses »Punktes ohne Wiederkehr«.

Seine Einschätzung ist ernüchternd, aber notwendig, beleuchtet die jeweiligen Probleme und lässt auf einen Aktionsplan hoffen. Zweifellos verändert »Plan B 3.0« unsere Weltsicht. Für viele Organisationen und Behörden, aber auch Privatpersonen ist Browns Buch inzwischen eine Bibel, die potenzielle Lösungen bereithält.

Von der Veröffentlichung von Plan »B 3.0« bis hin zu den Initiativen des Worldwatch Institute: Es gibt offensichtlich eine

Bewegung, welche die allgemeine Öffentlichkeit auf die lebens- und zivilisationsbedrohenden Zustände aufmerksam machen will und die immer stärker wird. Im Detail sind sich die einzelnen Studien, Berichte, Bücher und Institutionen zwar nicht immer einig über die Krisen und eventuellen Lösungsansätze, doch über bestimmte Problembereiche herrscht Konsens.

Man kann diese Krisen wie folgt kategorisieren:

- *Krise Nummer 1:* Zu hohe Weltbevölkerung, die langfristig nicht ernährt werden kann
- *Krise Nummer 2:* Klimawandel
- *Krise Nummer 3:* Zunehmende Verknappung von Nahrung und Süßwasser
- *Krise Nummer 4:* Auseinanderdriftende Schere zwischen Wohlstand und Armut, Gesundheit und Krankheit, Bildung und Analphabetismus
- *Krise Nummer 5:* Wachsendes Kriegsrisiko und erneut ein drohender Atomkrieg

Insgesamt unterscheidet sich unsere Zeit von vergangenen Zeiten durch die schiere Anzahl, den Umfang und das zeitliche Auftreten der Probleme, denen wir heute gegenüberstehen. Jeder der genannten Wendepunkte stiftet für die Menschen unter Umständen großes Leid und bringt unsere Welt, wie wir sie kennen, zum Erliegen – falls wir das Problem ignorieren und nichts unternehmen. Und klar ist auch: All diese Probleme sind bereits da und haben sich zu den Krisen ausgeweitet, die schon vor fast 40 Jahren von Umweltschützern, Forschern und Wirtschaftsfachleuten vorausgesagt wurden.

Damit sind wir wieder bei der wichtigen Frage, die schon gestellt wurde: Was muss noch alles geschehen, damit wir einsehen, es ist bereits schlimm und wir stecken schon mitten in der Krise?! Das ist die Antwort, die auch nicht weiter erklärt werden muss. Die restlichen Kapitel dieses Buches beleuchten die einzelnen Krisen, die anscheinend wiederum weitere Krisen auslösen.

Da ist zunächst einmal **Krise Nummer 1:** die schiere Masse der Menschen, die die Welt bevölkern. Schon durch diesen einen Faktor wird **Krise Nummer 3,** die zunehmende Verknappung von Nahrung und Trinkwasser, verstärkt, ebenso **Krise Nummer 4,** die immer größer werdende Kluft zwischen Armut und Wohlstand, Krankheit und Gesundheit, Analphabetismus und Bildung.

Alle diese Krisen haben ihre Ursachen in einem System, das bereits zusammengebrochen ist; doch die Belastung durch den Klimawandel, **Krise Nummer 2,** bringt die nun untragbaren, nicht zukunftsfähigen Lebensweisen seit ein paar Jahren an die Belastungsgrenze.

Dadurch wurde auch die **Krise Nummer 5** verschärft: das wachsende Kriegsrisiko und ein erneut drohender Atomkrieg (auf diese Krise wird in Kapitel 6 eingegangen: Krieg funktioniert nicht mehr).

Bei der Betrachtung der Krisen helfen neue Entdeckungen, Fehlannahmen von Tatsachen zu unterscheiden.

Menschen, Menschen und noch mehr Menschen!

Das 20. Jahrhundert hat viele »Premieren« erlebt, ein paar gute, ein paar weniger gute und ein paar schlichtweg irre. Seit 1900 kam die Welt in den Genuss des ersten Flugzeugs und des Fernsehens sowie der ersten Computer und erlebte, wie der erste Mensch den Mond betrat – ganz zu schweigen von Mikrochips, der Entdeckung der DNA und der Atomspaltung. Außerdem erlebte die Welt eine bislang nie gekannte Bevölkerungsexplosion.

Vom Ende der letzten Eiszeit bis etwa zum Jahr 1650 lebten auf der Erde laut Schätzungen immer weniger als 500 Millionen

Menschen. Das muss man sich einmal vorstellen: In den letzten 9000 Jahren lebten von den verfügbaren Ressourcen ungefähr halb so viele Menschen auf der ganzen Welt wie heute in Indien.

Das änderte sich nach 1650. Abbildung 3.4 zeigt, wie schnell die Erdbevölkerung in nur 350 Jahren angewachsen ist, ebenso in welchem Zeitraum sie sich jeweils verdoppelt hat.

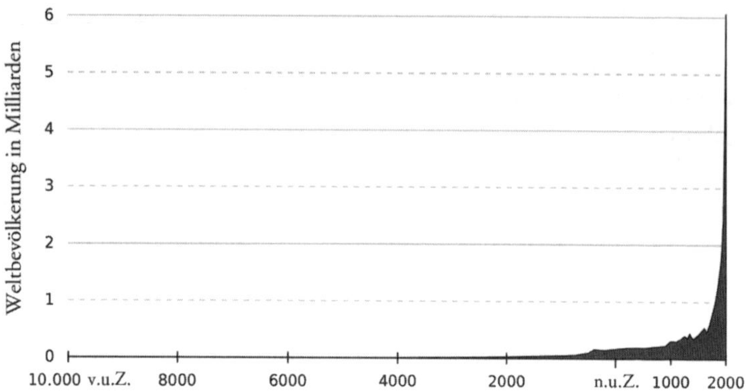

Abbildung 3.4: Die geschätzte Gesamtbevölkerung der Erde von 10.000 v.Chr. bis 2000 n.Chr. Der steile Anstieg bis zum Jahr 2000 begann mit dem Erreichen der Milliardengrenze im Jahr 1804. Seit dieser Zeit wurde ein bislang nie da gewesener dramatischer Bevölkerungszuwachs verzeichnet, der wesentlich für diverse Krisen mit verantwortlich ist, beispielsweise die Nahrungsmittel- und Süßwasserknappheit und die abnehmenden landwirtschaftlichen Nutzflächen für die Ernährung der Weltbevölkerung (Quelle: EI T, öffentliche Domain.)

Zwischen 1650 und 1804 wuchs die Erdbevölkerung, die so lange nicht einmal 500 Millionen betrug, sprunghaft auf 1 Milliarde Menschen an. Nach nur 123 Jahren war die 2-Milliarden-Grenze erreicht.

Danach gab es kein Zurück mehr. Mit jeder weiteren Milliarde – 3, 4, 5 und schließlich 6 Milliarden – verkürzte sich die Zeitspanne, bis die nächste Milliarde erreicht war: von Hunderten von Jahren auf 33, 14, 13 und 12 Jahre. Im Jahr 2010 wurde ein Rekordstand von 6,89 Milliarden erreicht, Tendenz weiter steigend, allerdings nicht mehr ganz so schnell. Laut Schätzungen der Vereinten Nationen erreichte man im Jahr 1989 den Höchstwert der Wachstumsrate mit 88 Millionen Menschen pro Jahr; derzeit beträgt die Rate 75 Millionen.[34]

Die Zuwachsrate der jüngsten Vergangenheit und die Richtung, in die es anscheinend geht, hat Regierungen, Universitäten, Institutionen und Behörden alarmiert, die mit solchen Informationen zu tun haben. Der Trend, den die oben genannten Daten belegen, ist unhaltbar und nicht zukunftsfähig: eine Verdoppelung der Weltbevölkerung in einem Zeitrahmen, der einem prognostizierbaren zyklischen Rhythmus folgt. Der derzeitige Trend lässt zwar darauf schließen, dass die nächste Verdoppelung der Weltbevölkerung von 4 Milliarden im Jahr 1974 auf 8 Milliarden gegen 2025 erreicht wird; die Experten gehen aber davon aus, dass dies bis zum 22. Jahrhundert das letzte Mal ist, falls es überhaupt passiert.

Noch einmal wird sich die Bevölkerungszahl in diesem Jahrhundert wohl nicht verdoppeln, schon allein wegen der Anzahl von Menschen, die sich in dieser Zeit den diversen Krisen ausgesetzt sehen. Ob nun eine Seuche, Nahrungs- und Wassermangel oder der Tribut, den der Krieg fordert, eine weitere Verdoppelung verhindern, ist ungewiss. Sicher ist jedoch, all diese potenziellen Krisen stellen eine überaus reale Bedrohung dar, die – wenn sie tatsächlich eintreffen – sehr schnell sehr viele Menschen betreffen würde. Ein solcher dramatischer Bevölkerungsschwund ist zwar selten, kam aber in der Vergangenheit durchaus vor.

Man denke nur an die Krankheiten des 14. Jahrhunderts. Zwischen 1348 und 1351 wütete der »Schwarze Tod« in weiten Teilen Europas. Aufgrund der wenigen Aufzeichnungen aus dieser Zeit ist es zwar schwierig, genaue Zahlen zu nennen, aber laut Schätzungen wurden zwischen 75 und 200 Millionen Menschen von der Pest dahingerafft.

Dank moderner Antibiotika ist eine so hohe Sterblichkeitsrate heute unwahrscheinlich; doch auch diese Medikamente helfen nur gegen bakterielle Infektionen. Die Zahl neuer, bislang unheilbarer Viruserkrankungen ist im Steigen begriffen; Flugreisende können innerhalb weniger Stunden von infizierten Gebieten in Großstädte mit hoher Bevölkerungsdichte reisen; damit wird dies eine sehr reale Bedrohung.

Aus diesen Gründen ist die Prognose von Bevölkerungstrends sehr nützlich, um unter den Bedingungen einer sich verändernden Welt den Lebensbedarf der steigenden Weltbevölkerung zu prognostizieren.

Der CIA beschreibt den Bedarf an solchen Informationen folgendermaßen: »Die Wachstumsrate [der Bevölkerung] ist ein Faktor zur Bestimmung der Belastung eines Landes durch sich ändernde infrastrukturelle Anforderungen (z. B. Schulen, Krankenhäuser, Straßen), erforderliche Ressourcen (z. B. Nahrung, Wasser, Strom) und Arbeitsplätze. Nachbarstaaten können den Bevölkerungszuwachs eines Landes als bedrohlich empfinden.«[35]

Joel E. Cohen, mathematischer Biologe und Chef des Laboratory of Populations an der Rockefeller University, bestätigt im »Scientific American«: »Die schnellste Bevölkerungszunahme – ca. 2,1 Prozent pro Jahr – wurde zwischen 1965 und 1970 verzeichnet. Vor dem 20. Jahrhundert gab es nie ein so schnelles Wachstum und es wird wohl auch nie wieder dergleichen geben.«[36]

Die gute Nachricht bei Cohens Bewertung lautet: Die Bevölkerungsexplosion hat ihren Höchststand wohl vor etwa 40 Jahren erreicht. Die Kehrseite: Fast all die Menschen, die in dieser Zeit geboren wurden, leben noch und brauchen Nahrung, Wasser, Unterkunft und Arbeit, wenn sie die weltweit auf 67 Jahre geschätzte Lebenserwartung wirklich erreichen wollen. Hier kommen Politik, Technologie, Lebensstil und uralte Sitten zusammen und bilden eine Brutstätte für all die Krisen, mit denen wir heute konfrontiert sind.

Der Millennium Ecosystem Assessment Synthesis Report der UNESCO

Um diesen Krisen angemessen begegnen zu können, muss man sie erst einmal klar und deutlich identifizieren. So können Probleme, die anscheinend nicht zu bewältigen sind, in kleinere, besser handhabbare »Teilprobleme« heruntergebrochen und nacheinander angegangen werden.

Der »Millennium Ecosystem Assessment Synthesis Report« wurde von 1300 Wissenschaftlern aus 95 Ländern erstellt. Ich habe ihn wegen seiner Klarheit für eine Zusammenfassung herangezogen, um einige der wesentlichen kritischen Punkte in einen Zusammenhang zu bringen. Die Ergebnisse beschreiben, wie der Mensch mit seinen Aktivitäten wichtige Ökosysteme beeinflusst, auf die wir angewiesen sind, und wie durch schwindende Ressourcen unsere Lebensqualität beeinträchtigt wird. Durch den gewaltsamen Kampf um diese Rohstoffe werden bereits bestehende internationale Spannungen und das Kriegsrisiko weiter verschärft.

Hier die vier wichtigsten Ergebnisse des UNESCO-Reports:

1. In den letzten 50 Jahren haben die Menschen Ökosysteme schneller und umfangreicher verändert als jemals zuvor in vergleichbaren Zeiträumen in der Menschheitsgeschichte – hauptsächlich um die schnell wachsende Nachfrage nach Nahrung, Wasser, Holz, Fasern und Energie zu befriedigen. Dies hat zu einem substanziellen und weitgehend irreversiblen Verlust an Diversität des Lebens auf der Erde geführt. Zwischen 10 und 30 Prozent der Säugetier-, Vogel- und Amphibienarten sind derzeit vom Aussterben bedroht.

2. Die Veränderungen von Ökosystemen haben zu erheblichen Nettogewinnen für das menschliche Wohlbefinden und die wirtschaftliche Entwicklung beigetragen, allerdings wurden diese Gewinne mit wachsenden Kosten in Form der Degradation vieler Ökosystemleistungen, zunehmender Risiken von nicht linearen Veränderungen und der Ver-

schlimmerung der Armut von Teilen der Bevölkerung erzielt. Nur vier Ökosystemleistungen konnten in den letzten 50 Jahren verbessert werden: höhere landwirtschaftliche Erträge, eine höhere Nutztierhaltung und Aquakulturproduktion sowie eine höhere Kohlenstoffbindung für die globale Klimaregulierung. Der Bedarf an zwei Dienstleistungen – Fangfischerei und Süßwasser – ist inzwischen so hoch, dass die derzeitige und erst recht die zukünftige Versorgung nicht mehr gewährleistet werden kann. Werden diese Probleme nicht in Angriff genommen, wird sich der Nutzen, den künftige Generationen aus Ökosystemen ziehen können, wesentlich verringern.

3. Die Degradation von Ökosystemleistungen könnte sich in der ersten Hälfte dieses Jahrhunderts signifikant verschlechtern und ist eine Barriere hinsichtlich der Erreichung der Millennium-Entwicklungsziele. Alle vier von den Wissenschaftlern untersuchten Szenarien lassen zwar einen Rückgang der Hungersnöte erwarten, allerdings viel langsamer, als es erforderlich wäre, um bis 2015 die Zahl der Hungernden zu halbieren. Die Experten warnen davor, dass Veränderungen des Ökosystems – beispielsweise durch Abholzung – Einfluss auf die Zunahme der für Menschen bedrohlichen Krankheitserreger wie Malaria und Cholera haben und auch zu neuen Krankheitsbildern führen könnten. 11 Prozent der Kranken in Afrika leiden zum Beispiel unter Malaria; wäre die Krankheit vor 35 Jahren ausgerottet worden, läge das Bruttoinlandsprodukt um 100 Milliarden Dollar höher.

4. Der Herausforderung, die Degradation der Ökosysteme umzukehren und gleichzeitig die wachsende Nachfrage nach ihren Dienstleistungen zu befriedigen, kann teilweise im Rahmen einiger MA-Szenarien [Millennium Assessment] begegnet werden, aber diese Szenarien erfordern wesentliche Veränderungen in der Politik und den Institutionen sowie Verfahren, die gegenwärtig noch nicht in Vorbereitung sind. Es gibt zahlreiche Möglichkeiten, spezifische Ökosystemleistungen zu bewahren oder auszubauen, und zwar auf eine Art und Weise, die negative Wechselwirkungen reduziert oder positive Synergien mit anderen Ökosystemleistungen gewährleistet. Der Schutz natürlicher Wälder dient beispielsweise nicht nur der Erhaltung der Tierwelt, sondern sorgt auch für Trinkwasser und reduziert den Kohlendioxidausstoß.[37]

Die Steuerungsgruppe des Millennium Assessment (MA) fasst all die Forschungsarbeiten, das Expertenwissen und die Empfehlungen zusammen und kommt zu folgendem Schluss: »Die menschlichen Gesellschaften haben die Macht, die Belastung der natürlichen Leistungen des Planeten zu mindern und sie dabei auch weiterhin zu nutzen, um den Lebensstandard aller Menschen zu erhöhen.« Und: »Damit das erreicht werden kann, ist allerdings ein radikal anderer Umgang mit der Natur auf allen Entscheidungsebenen erforderlich. Ebenso müssen neue Möglichkeiten der Zusammenarbeit zwischen Regierungen, Wirtschaft und Zivilgesellschaft geschaffen werden. Die Warnzeichen sind für alle klar erkennbar. Jetzt liegt die Zukunft in unseren Händen.«[38]

Der Mensch als Spezies verzeichnet sicherlich eine Lernkurve im Hinblick auf seine Lebensweise. Wir stehen kurz davor, Entscheidungen mit katastrophalen Konsequenzen zu treffen. Wie der Klimagipfel 2010 in Kopenhagen gezeigt hat, war unsere Weltsicht in der Vergangenheit bestenfalls unvollständig und manchmal völlig falsch. Hier kommt ganz groß der gesunde Menschenverstand ins Spiel.

So kriegen wir es hin

Der gesunde Menschenverstand sagt uns, dass wir die schlimmsten Krisen, die der Mensch jemals erlebt hat, nicht lösen können, solange wir das Problem nicht vollständig verstehen. Inzwischen wissen wir, dass vieles, was wir in der Vergangenheit eingesetzt haben, nicht mehr funktioniert und keine effektive Hilfe bei der Lösung von Problemen dieses Ausmaßes bietet. Und diese Probleme werden immer schlimmer. Inzwischen steht unsere Zukunft und unser Überleben auf dem Spiel.

Angesichts des Ausmaßes und der bloßen Anzahl aktueller

Krisen wiegen auch die Konsequenzen einer falschen Entscheidung so schwer wie nie zuvor. Gleichzeitig sind auch die Chancen so klar wie nie. Die Krisen zwingen uns, alte Ideen neu zu überdenken und die Weichen in eine lebensbejahende Richtung zu stellen. Aus genau diesem Grund müssen wir die Kernannahmen, auf denen unsere Beziehungen gründen, sehr genau auf den Prüfstand stellen und uns fragen, warum wir genau das glauben, was wir glauben.

Wo fangen wir am besten mit dem Umdenken an? Unsere weit zurückliegende Vergangenheit ist ein guter Ausgangspunkt.

> **Tiefe Wahrheit 3:**
> Damit wir die Krisen bewältigen, die unser Überleben bedrohen, müssen wir uns gegenseitig partnerschaftlich unterstützen und gemeinsam daran arbeiten, uns an die Veränderungen anzupassen, anstatt mit dem Finger auf andere zu zeigen und uns in Schuldzuweisungen zu ergehen; das erschwert solche überlebensnotwendigen Allianzen.

Kapitel 4

Die verborgene Geschichte unserer vergessenen Vergangenheit: Orte, die es eigentlich gar nicht geben sollte

»Wer sich nicht an die Vergangenheit erinnern kann,
ist dazu verdammt, seine Fehler zu wiederholen.«
< George Santayana (1863–1952), Philosoph >

Während meiner Schulzeit in den 1960er- und 1970er-Jahren lernte ich, dass die Zivilisation vor etwa 5500 Jahren begann. Damals, so die traditionelle Meinung, entwickelten sich die beiden ältesten Zivilisationen, die Sumerer und die Ägypter an der Grenze zwischen Afrika und Asien. Und der Rest ist, wie man so schön sagt, Geschichte.

Diese Geschichte wird auch heute noch gelehrt – außer in ein paar fortschrittlichen Schulbüchern und von einigen vorausschauenden Lehrern. Diese traditionelle Betrachtungsweise unserer Vergangenheit hört sich an, als hätten sich etwa 3100 v.Chr. ein paar primitive Völker an Orten zusammengefunden, wo es Nahrung und Wasser gab, und einfache Unterkünfte für ihre Familien errichtet – Strukturen, die sich im Lauf der Jahrhunderte zu Wolkenkratzern aus Stahl und Glas entwickelten. Eine tolle Geschichte, und sie scheint durchaus sinnvoll zu sein. Allerdings gibt es auch ein großes Problem damit: Sie passt nicht zu den Beweisen, und deshalb ist sie nicht wissenschaftlich fundiert.

Immer mehr wissenschaftliche Beweise aus aller Welt lassen keinen Zweifel daran: Diese angeblich »ersten Zivilisationen« waren gar nicht die ersten. Die Sumerer und die Ägypter traten in die Fußstapfen von älteren und in mancher Hinsicht höher entwickelten Kulturen, die entstanden und wieder vergingen, und zwar schon vor weit mehr als 5000 Jahren.

Vieles ist über diese doppelt so alten Zivilisationen immer noch unbekannt, doch eines ist absolut sicher: Die Geschichte, die in unseren Schulen gelehrt wird, ist lediglich Teil eines viel größeren Bildes.

Die Existenz noch älterer Zivilisationen wirft einige große Fragen auf, die es noch zu beantworten gilt: Wer hat diese Zivilisationen errichtet? Woher kamen sie? Und die heute vielleicht wichtigste Frage: Was ist mit ihnen passiert? Wie konnten riesige Städte, die um die letzte Eiszeit existierten – massiv gebaute Städte mit Tempelanlagen, erbaut mit einer Technologie, die wir heutigen Menschen nicht nachmachen können –, einfach so vom Angesicht der Erde verschwinden?

Die Antworten auf diese Fragen können uns Hinweise geben, wie wir unsere heutigen Krisen überleben können. Deshalb ist unsere alte Geschichte für mich eine der tiefsten Wahrheiten.

Die Vergangenheit bewahren

Ich schloss für einen Moment die Augen und lauschte dem Wind, wie er durch die Äste über mir strich. Die Brise, die durch den dichten Wald sowie durch die Schicht aus Schweiß und Staub auf meinem Gesicht und meinen Armen zu mir drang, war an diesem Morgen eine willkommene Erleichterung. Die Luft war zwar heiß, aber zumindest war sie in Bewegung und unterbrach die drückende Hitze und Feuchtigkeit dieses Spätsommernachmittags in Nord-Missouri.

Ich weiß noch, dass ich dachte, solche Augenblicke sind von zeitloser Qualität. Sicherlich hatten auch die alten Völker, deren Lagerplatz ich an diesem Tag ausgrub, die gleiche Erfahrung gemacht, als sie an der Feuerstelle, die ich Jahrhunderte später freilegte, ihr Essen kochten. Schweiß strömte über mein Gesicht und tropfte auf den Boden, als ich die Augen öffnete, mich über die flache Vertiefung beugte und die nächste Erdschicht wegkratzte.

Nur wenige Wochen zuvor hatte ich mit meinem Anthropologie-Kurs am College eben diese archäologische Grabungsstätte besucht, wo ein altes Dorf freigelegt wurde. Wir sollten bei der Notbergung dieser überraschenden Entdeckung helfen. Überraschend deshalb, weil die ^{14}C-Datierung anhand erster Artefakte darauf hinwies, dass es sich um die Wohnstätte eines indigenen Volkes handelte, das laut Expertenmeinung eigentlich erst später hier lebten. Das Jagdlager unter meinen Füßen diente als der erste Beweis, dass diese Menschen, die alten Hopewell (100–500 n. Chr.), viel früher zu den Steilufern des Missouri gewandert waren als angenommen.

Die Notbergung war nötig, weil sich die Grabungsstätte mitten in einem Gebiet befand, wo ein Highway gebaut werden sollte. Der Zeitplan für den Straßenbau konnte aus allen möglichen Gründen nicht verschoben werden: wegen des bevorstehenden kalten Wetters, das die Bauarbeiten erschweren würde, wegen irgendwelcher Planungen, Prioritäten und Termine. In nur wenigen Wochen würden die Schaufeln der Planierraupen durch den Erdhügel graben, auf dem ich kniete; die Beweise, die Zeugnis für die Existenz dieses Platzes ablegten, würden ganz schnell unter Tonnen von Asphalt und Beton verschwinden … oder für immer zerstört werden.

Vor Beginn der Bauarbeiten wusste niemand etwas von diesem alten Lagerplatz. Wie so oft in der Archäologie wurden die Behörden nicht durch jahrelange Forschung auf den Platz aufmerksam, sondern durch das scharfe Auge eines Baumaschinenführers. Einen Moment lang hatte er beim Heben der Stahlschaufel seiner Planierraupe etwas glitzern sehen. Vielleicht war sein Blick einfach im richtigen Moment auf die richtige Stelle gefallen. Oder vielleicht war er so achtsam, dass er gezielt nachschaute. Warum auch immer, er unterbrach seine Arbeit lange genug, um dem Sonnenstrahl zu folgen, der sich auf einem Stück glatter, glänzender Keramik brach, die seit Jahrhunderten dort vergraben war.

Aufgrund der Entdeckung dieses Bauarbeiters war meine Klasse um Hilfe gebeten worden. Normalerweise wird bei einer solchen Grabung alles fein säuberlich dokumentiert und ordentlich ausgegraben; doch diesmal war es ein Wettlauf gegen die Zeit. In nur wenigen Tagen sollten die Beweise und die Geschichte derjenigen, die hier vor langer Zeit gelebt hatten, endgültig begraben werden.

An diesem Tag war ich alleine am Grabungsort. Das Straßenbauprojekt ging weiter, der Archäologie-Kurs war zu Ende, und aus Zeit- und Geldgründen war auch die offizielle Grabung für beendet erklärt worden. Ich wollte aber möglichst viel von diesem Platz und dem Zeugnis der hier Ansässigen retten und bewahren. Und so legte ich Stücke von Knochen, Keramik, Feuersteinen und Bogenspitzen frei und fragte mich, inwiefern durch diesen einen Fund sich unsere Sichtweise der Geschichte des alten amerikanischen Kernlandes verändern würde.

Dann wandten sich meine Gedanken dem größeren Bild zu, und ich stellte größere Fragen: Wenn sich schon unser Wissen über die lokale Geschichte immer noch verändert – könnte das Gleiche auch auf globaler Ebene passieren? Was haben die Menschen und Kulturen unserer fernen Vergangenheit noch alles erlebt, von dem wir nichts mehr wissen? Gab es vielleicht hoch entwickelte Zivilisationen schon lange vor der von Historikern anerkannten Zeit? Und wenn ja, wodurch hatten sie und ihre Welt sich so dramatisch verändert? Erst Jahrzehnte später fand ich ein paar Antworten auf meine Fragen.

Nach nur ein paar Tagen, in denen wir die nasse, schwarze Erde der alten Wälder wegkratzten, hatte sich durch verkohlte Knochenstücke und Keramikscherben die gesamte Geschichte des nördlichen Missouri mit seinen verwitterten Klippen verwandelt, ebenso wie das, was in den Highschools und Colleges des ganzen Landes gelehrt wurde. Zeitachsen und Karten über die Siedlungen und Wanderbewegungen in der Vergangenheit mussten umgeschrieben werden. Auch die berufliche Laufbahn von

Archäologen und Historikern war davon betroffen: Ihre Arbeit basierte ja bis dahin auf Theorien und Annahmen, die von unvollständigem Wissen abgeleitet worden waren. Alles veränderte sich wegen dieser neuen Beweise.

Physische Artefakte und wissenschaftliche Datierungsmöglichkeiten erzählten den Forschern eine Geschichte, die sie nicht ignorieren konnten. Und so wie die lokale Geschichte der Kulturen, die an den Steilufern und in den Flusstälern des nördlichen Missouri lebten, anhand der neuen Beweise unserer Grabungen überarbeitet werden musste, muss auch die globale Geschichte der Menschheit umgeschrieben werden, um neuen wissenschaftlich fundierten Entdeckungen gerecht zu werden.

Geschichte – ein bewegliches Ziel

»Geschichte ist die Erfindung der Historiker.« Dieses Zitat wird Napoléon Bonaparte (1769–1821) zu geschrieben, dem selbst ernannten Kaiser von Frankreich. Es erinnert uns, dass wir unsere Sichtweise der Vergangenheit immer wieder auf den neuesten Stand bringen müssen, und zwar mithilfe der wissenschaftlichen Methode, auch wenn neue Entdeckungen nicht in die anerkannte historische Zeitachse passen. So bleibt unser Blick auf die Vergangenheit ehrlich und unsere Historiker auf dem aktuellen Erkenntnisstand.

Bis in die Mitte des 20. Jahrhunderts war die Geschichte der menschlichen Zivilisation anscheinend eine klare Sache. Die traditionelle »Geschichte« der Zivilisation besagt: Die Zivilisation hat sich beständig weiterentwickelt und Fortschritte in der Landwirtschaft, in Technik und Kultur verzeichnet (siehe Abbildung 4.1) – eine sehr lineare Geschichte, die sich in einem Buch gut macht: eine Zeitachse mit einfachen Anfängen, die zu unserer heute so komplexen Welt geführt haben. Eine ordentliche, geordnete Geschichte. Und was vielleicht am wichtigsten ist: Sie ist durchaus glaubhaft!

Sooft durch neue archäologische Grabungen ein weiteres Teilchen in das »Puzzle« der traditionellen Geschichte fällt, wird auch ganz schnell dem Rest dieser Geschichte »grünes Licht« gegeben. Das Problem besteht allerdings darin, dass eine zunehmende Anzahl auftauchender Beweise die akzeptierte Geschichte nicht unterstützt. Jedes Mal wenn ein neues Beweisstück entdeckt wird, das nicht in die Zeitlinie der Geschichte passt, und von höchster wissenschaftlicher Stelle auch verifiziert wird, muss die Zeitachse entsprechend angepasst werden. Der Amateur-Archäologe Heinrich Schliemann (1822–1890), der 1870 das antike Troja entdeckte, ist ein gutes Beispiel dafür.

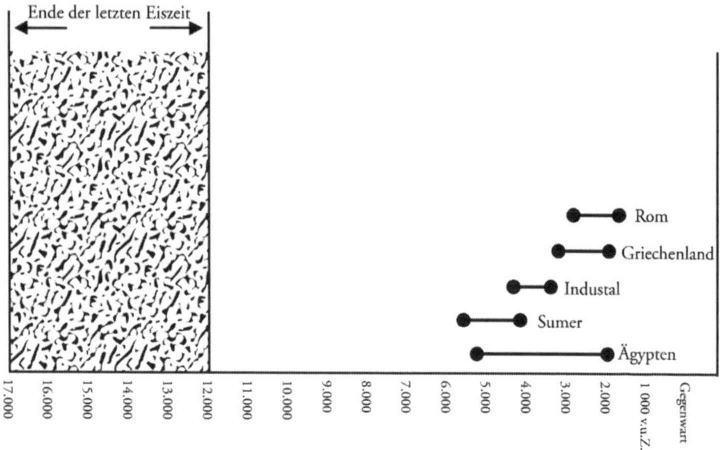

Abbildung 4.1: Traditionelle Zivilisationsgeschichte. Dieses Diagramm setzt sich aus mehreren Quellen zusammen und zeigt den Beginn und das Ende von großen Zivilisationen in Relation. Zu beachten ist, dass die Sumerer traditionell als älteste Zivilisation galten, die vor etwa 5500 Jahren entstand.

Schliemann war schon seit Langem von der »Ilias« fasziniert, Homers Klassiker über den legendären Trojanischen Krieg, und von der List mit dem Trojanischen Pferd, mit der den Griechen gelang, was mit keiner Armee zu schaffen gewesen war: die Eroberung der alten Stadt Troja. Er stellte sich eine einfache Frage: Was wäre, wenn die uralte Legende der Griechen kein Märchen ist? Wenn diese Geschichte wahr wäre? Wenn die »Ilias« ein tatsächliches Ereignis beschriebe, das so lange zurückliegt, dass es nur noch in dieser Erzählung erinnert wird und fortlebt?

Schliemann folgte seiner Intuition und nahm die »Ilias« als Landkarte her, deren Hinweisen er Wort für Wort nachging; so gelang ihm eine der größten Entdeckungen des 19. Jahrhunderts. Unter einem kleinen Erdhügel in Hisarlik (damals Teil des Osmanischen Reiches, heute in der Türkei) grub Schliemann acht Schichten aus, unter denen acht Zivilisationen begraben lagen, und zwar genau dort, wo gemäß der »Ilias« die Schlacht in der Antike stattfand.

In der neunten Schicht der Grabungsstätte fand Schliemann die Stadttore des alten Troja. Jetzt akzeptierte man, dass Troja kein erfundenes Märchen war, sondern wirklich existiert hatte, und die Geschichtsschreibung wurde dieser Entdeckung Schliemanns entsprechend geändert und angepasst.

Auch die Entdeckung von Machu Picchu, die sogenannte »verlorene Stadt« der Inkas, durch Hiram Bingham im Jahr 1911 ging auf das Studium alter Legenden und Mythen zurück.

Nach diesen beiden Funden mussten die Geschichtsbücher und der Geschichtsunterricht entsprechend aktualisiert werden, und auch die Historiker mussten umdenken. Immer mehr wissenschaftlich belegte Funde weisen inzwischen darauf hin, dass wir auch heute in einer ganz ähnlichen Lage sind, allerdings in einem viel größeren Ausmaß.

Neue Funde lassen die traditionelle Geschichtsschreibung unserer frühen Vergangenheit als sehr zweifelhaft erscheinen. Die neu zutage tretende Geschichte erschüttert unsere traditionellen Ansichten und Lehren, die seit fast 300 Jahren Gültigkeit haben, in ihren Grundfesten und könnte uns zeigen, wie wir heutigen Menschen ähnliche Krisen wie diejenigen, die zum Untergang der großen Zivilisationen der Vergangenheit geführt haben, überleben könnten.

Abbildung 4.2:
Links oben: Die Überreste von Machu Picchu, der »verlorenen« Stadt der Inkas in Peru, wie sie 1911 von den Archäologen nach dem Abfackeln der mit dichtem Dschungel überwucherten Grabungstätte entdeckt wurde (Quelle: Hiram Bingham, 1911/öffentliche Domain).
Oben: Heutige Ansicht von Machu Picchu, teilweise rekonstruiert (Quelle: © Jerry Miner/sacredspaces.org).
Links unten: Ein Teil der antiken Stadt Troja, die bis zu ihrer Entdeckung 1870 durch den Amateur-Archäologen Heinrich Schliemann als bloßer Mythos galt (Quelle: iStockphoto: © MaxFX).

Von der Zeit vergessene Zivilisationen?

Schon immer gab es fantastische Geschichten über uralte Zivilisationen und Artefakte, die eigentlich nicht wahr sein konnten (was in vielen Fällen wohl sogar stimmt). Seit Mitte des 19. Jahrhunderts häuften sich Entdeckungen, die in diese Kategorie fallen. Von der mit Radar entdeckten alten Stadt auf dem Meeresboden im Golf von Khambat (Indien) bis hin zu noch nicht ausgegrabenen, aber mit Radar sichtbar gemachten Relikten der ältesten Tempel der Welt: Mithilfe modernster Technologie werden immer mehr Informationen gesammelt, die uns sagen, dass unser Bild der Vergangenheit alles andere als vollständig ist.

Dabei treten natürlich all diese erstaunlichen Funde nicht nur in weit entfernten Gebirgen oder isolierten Regenwäldern zutage. So manche Entdeckung wurde ganz in der Nähe von Großstädten in aller Welt gemacht. Hunderttausende von Touristen spazieren Jahr für Jahr fotografierend und voller Staunen über diese Stätten. Vier dieser Entdeckungen wollen wir hier in den Blick nehmen.

Entdeckung Nummer 1

Wo: Gizeh-Hochebene, Ägypten.

Was: Geologische Nachweise belegen, dass die Große Sphinx gegen Ende der letzten Eiszeit errichtet wurde.

Folge: Der wissenschaftliche Nachweis wurde auf Basis einer validen und zuverlässigen Methode erbracht und beweist ohne jeden Zweifel, dass der Kernkörper der Sphinx bereits während der sintflutartigen Regenfälle existierte, die auf die letzte Eiszeit folgten. Damit wird das Alter des Monuments auf 7000 bis 9000 Jahre datiert. Die von Experten gegengeprüften Daten werden von Geologen als gültig anerkannt. Jetzt haben die Historiker ein Problem: Sie müssen die neuen Daten über die Große Sphinx mit der traditionellen Zivilisationsgeschichte unter einen Hut bringen.

Abbildung 4.3: Erosionsspuren an den Schultern (oben) und am Rücken (unten) der Sphinx zeigen deutliche Symptome einer fluvialen Erosion – Abnutzungsspuren aufgrund großer, schnell fließender Wassermengen über eine lange Zeit hinweg. Zum letzten Mal konnte das in den Wüstengegenden Nordafrikas zur Zeit des Klimawandels gegen Ende der letzten Eiszeit passieren, also vor etwa 8000 bis 12.000 Jahren (Quelle: © Gregg Braden).

Sofern bestimmte Entdeckungen und Funde nicht zur etablierten Geschichtsschreibung passten, hat man diese schon immer gerne einfach als »anomal« abgetan. Womöglich waren ja bei der Datierung der Objekte Fehler passiert; oder die Daten stimmten vielleicht, nicht aber deren Interpretation. Seit den 1980er-Jahren ist die Datierung der Großen Sphinx in Ägypten ein perfektes Beispiel für diese Art von Kontroversen; sie wurde sowohl in den Mainstream-Medien als auch auf wissenschaftlichen Konferenzen ausgiebig diskutiert.

Die Große Sphinx befindet sich auf der Hochebene von Gizeh am Stadtrand von Kairo. Man nimmt traditionell an, dass sie zwischen 2558 and 2532 v. Chr. errichtet wurde, also etwa 4500 Jahre alt ist. Durch die Pionierarbeit des Ägyptologen R. A. Schwaller de Lubicz und die nachfolgenden Untersuchungen des unabhängigen Forschers John Anthony West kamen jedoch Zweifel an dieser Datierung auf.

Eines der Geheimnisse des Tempelkomplexes um die Sphinx herum, der Großen Pyramide (Cheops-Pyramide) sowie anderer Bauten auf dem Gizeh-Plateau besteht darin, dass es auf den eigentlichen Monumenten, anders als an anderen Tempeln am Nil, keine schriftlichen Aufzeichnungen gibt, die etwas über ihre Geschichte erzählen. Zumindest wurden bislang keine gefunden.

Außer vier Buchstaben des griechischen Alphabets in der Nähe der oberen Kammer der Cheops-Pyramide, die nach Meinung der Experten erst Jahrhunderte nach deren Bau angebracht wurden, haben die Archäologen auf der Sphinx bzw. der Pyramide weder eingemeißelte Hieroglyphen gefunden, noch wurden in den Gräbern alte Papyrusrollen entdeckt, die genaue Angaben liefern könnten, wann, wie und von wem diese riesigen Bauten errichtet wurden. Aufgrund dieser fehlenden direkten Nachweise bleiben uns nur Indizien. Und da gehen die Streitereien los.

In den 1980er- und 1990er-Jahren untersuchte John Anthony West noch einmal die früheren Arbeiten des Gelehrten Schwaller de Lubicz, um Hinweise auf das Alter der Großen Sphinx zu finden. Schwaller de Lubicz hatte Anfang des 20. Jahrhunderts 15 Jahre lang die antiken ägyptischen Monumente erforscht und dokumentiert und stellte dabei fest: Was er da mit eigenen Augen sah, passte nicht zu der traditionellen Auffassung, wie und wann Bauten wie die Pyramiden und die Sphinx errichtet worden waren. Und so begann er, die anerkannten Geschichten aus rein geologischer Perspektive anzuzweifeln.

Ägyptologen, Geologen und Historiker gehen im Allgemeinen davon aus, dass der Hauptteil der Sphinx vor Ort aus dem felsigen Untergrund des Gizeh-Plateaus herausgemeißelt wurde. Der natürliche Fels wurde entfernt – es entstand die Figur, die halb Mensch und halb Löwe ist, mit der heute noch zu sehenden ausgehöhlten Mulde darum herum.

Sowohl West als auch Schwaller de Lubicz fielen die teilweise metertiefen Erosionsspuren seitlich und hinter der Sphinx auf. Nun herrscht bei den Experten zwar Einigkeit, dass es sich tatsächlich um Erosionsspuren handelt, aber die Erklärungen dafür gehen auseinander: Nach traditioneller Auffassung wurden sie von losem Sand verursacht, der vom Wind auf die Figur geblasen wurde, sodass im Lauf der Zeit die gut sichtbaren tiefen Furchen auf der Oberfläche der Sphinx entstanden (siehe Abbildung 4.3).

Doch Schwaller de Lubicz, der die Erosionsspuren einer genauen Untersuchung unterzog, kam zu einem anderen Schluss, denn die Spuren sahen eher so aus, als wären sie von Wasser und nicht vom Wind verursacht worden. Gegen Ende des 20. Jahrhunderts schlossen sich auch andere Forscher, die die Sphinx untersuchten, dieser Meinung an.

1989 nahm West die Hilfe des Stratigrafen und Paläontologen Robert M. Schoch von der Universität Boston in Anspruch, um das Geheimnis wissenschaftlich zu beleuchten. 1990 reiste Schoch zum ersten Mal nach Gizeh; es folgten weitere Aufenthalte mit wichtigen wissenschaftlichen Entdeckungen, die dazu beitrugen, das Alter der Großen Sphinx zu enträtseln. Allerdings warfen Schochs Funde wiederum noch mehr Fragen auf und öffneten die Tür zu noch größeren Geheimnissen.

»Ich fand heraus, dass die geologischen Funde nicht zu dem passten, was die Ägyptologen erzählten«, sagte Schoch. »Ich kam zu dem Schluss, dass die ältesten Teile der Großen Sphinx, das was ich als den Kernkörper bezeichne, auf eine frühere Periode (mindestens 5000, eventuell sogar 7000 bis 9000 Jahre v. Chr.) zurückgehen müssen, als das Klima ganz anders war und es mehr regnete.«[1]

Schochs Untersuchungen der natürlichen Strukturen und geologischen Charakteristiken dieser archäologischen Stätte brachten neue Erkenntnisse über die Herkunft und das Alter der Sphinx. Erstens sind die tiefen Erosionsspuren auf der Statue nicht auf vom Wind herbeigewehten Sand zurückzuführen, sondern »weisen stark auf Verwitterung durch Wasser hin.«[2] Und zweitens zeigen die vertikalen Risse im felsigen Untergrund um die Figur herum »typische Symptome einer Entstehung durch Niederschlag und abfließendes Wasser.«[3]

Um festzustellen, wie tief die Erosionsspuren an den unterirdischen Teilen der Sphinx reichen, wurden seismische Untersuchungen durchgeführt, ähnlich wie beim Brunnenbau, wenn man herausfinden will, wie tief man bohren muss, bis man auf Wasser trifft. Dabei pflanzen sich im Prinzip Schallwellen in der Erde fort, werden von in der Erde vergrabenen Objekten reflektiert und an Messinstrumente über der Erdoberfläche zurückgestrahlt.

Die an der Sphinx getätigten Messungen ergaben unterhalb des Bodens teilweise dieselben Erosionsmuster wie oberhalb – eine, wie Schoch sagt, »ungewöhnlich tief reichende unterirdische Verwitterung«.[4]

Die Forscher stimmen weitestgehend darin überein, dass es in Ägypten nach Ende der letzten Eiszeit vor etwa 12.000 Jahren eine Periode mit schweren Regenfällen gab. Gemäß wissenschaftlichen Daten hielten diese Regenfälle ungefähr 4000 Jahre an, bis vor etwa 8000 Jahren damit Schluss war. Die von Schoch gelieferten Daten für die Entstehung der Sphinx bewegen sich zwischen eher konservativ angesetzten 5000 bis 7000 v. Chr., die Sphinx könnte aber auch bereits 9000 v. Chr. entstanden sein (das heißt, sie ist mindestens 7000 Jahre, eventuell sogar zwischen 9000 und 11.000 Jahre alt) – was ziemlich gut zu der Zeit der schweren Regenfälle passt, welche die heutige Ägyptische Sahara damals überschwemmten.[5]

Diese Schlussfolgerungen werden von geologischen Funden belegt und von den Geologen akzeptiert; doch für die Historiker stellen sie ein Riesenproblem dar.

Entdeckung Nummer 2

Wo: Göbekli Tepe, Türkei.

Was: In Göbekli Tepe wurden Überreste eines Zeremonienkomplexes gefunden. Damit wurde die (bislang) älteste nachgewiesene Zivilisation auf der Erde mit wissenschaftlichen Methoden auf ein Alter von 11.500 Jahren datiert, eine Zeit, die bis zum Ende der letzten Eiszeit zurückreicht.

Folge: Damit ist wissenschaftlich zweifelsfrei bewiesen, dass die menschliche Zivilisation mindestens doppelt so alt ist wie früher angenommen. Schon am ersten Tag war dem deutschen Archäologen Klaus Schmidt klar, dass er mit Göbekli Tepe (türkisch: »Nabelhügel« oder »gebauchter Berg«) auf etwas ganz Außergewöhnliches gestoßen war. Auf dem höchsten Hügel der Grabungsstätte steht ein einzelner Baum, und in den Geschichten der Einheimischen ist dieser Baum eine heilige Markierung. Das war auch Schmidt bekannt. Als er ankam, so erzählt er, »dachte ich mir schon, dass wir hier etwas Besonderes finden würden.«[6] Während er seinen Blick über den Grabungsort schweifen ließ, entdeckte er auf dem Hang verstreut viele zerbrochene Feuersteine und Anzeichen einer alten Besiedlung. Er wusste »schon nach wenigen Minuten: Wenn ich nicht auf der Stelle wieder gehe, bin ich den Rest meines Lebens hier zugange.«[7] Und er blieb tatsächlich und ist seit diesem Tag im Jahr 1994, der alles veränderte, mit den Ausgrabungen beschäftigt.

Göbekli Tepe war für die Archäologen keine ganz unbekannte Größe. Doch das unter amerikanischer Führung arbeitende Team, das den Ort ursprünglich 30 Jahre vorher gefunden und dokumentiert hatte, war von der falschen Annahme ausgegangen,

die Erdhügel darum herum seien Begräbnisstätten aus einer viel jüngeren Zeit. Kein Mensch konnte wissen oder ahnen, wie weit diese Vermutung von der Wahrheit entfernt war.

Göbekli Tepe ist nämlich viel, viel älter, als man sich überhaupt vorzustellen wagte – der große Fund, der Traum eines jeden Archäologen. Patrick Symmes, der Journalist, der für das Magazin »Newsweek« im Februar 2010 darüber berichtete, schreibt: »Der Ort ist nicht bloß alt, er definiert den Begriff ›alt‹ neu.«[8]

Abbildung 4.4:
Links: Die Anlage der vertikalen Steinpfeiler, welche die Kreise von Göbekli Tepe bilden (Quelle: © Berthold Steinhilber/laif/Redux).
Oben: Nahaufnahme der Bilder auf den Pfeilern (Quelle: © Berthold Steinhilber/laif/Redux).

Doch wie alt? Gemäß der wissenschaftlich anerkannten Methode zur Altersdatierung von Göbekli Tepe sind die ausgegrabenen Tempel nach aktuellem Stand 11.550 Jahre alt.[9] Um hier einmal einen Vergleich anzuführen: Das heißt, sie wurden 6000 Jahre vor den alten Steinkreisen von Stonehenge in England errichtet.

Göbekli Tepe umfasst eine Reihe unterschiedlich großer, kreisförmiger Tempel, die ähnlich angelegt sind. Jeder Tempel hat zwei große T-förmige Säulen in der Mitte und ist von kleineren Säulen umgeben, die einen Ring formen (siehe Abbildung 4.4). Das Gebiet ist zwar nicht so groß wie Stonehenge und weist nicht die für Stonehenge typischen Deckscheiben auf, die sich hoch über dem Boden befinden, doch als ich erste Bilder der Göbekli-Tepe-Ausgrabungen sah, erinnerten mich die vertikalen, kreisförmig angeordneten Steine sehr wohl an die gen Himmel ragenden Markierungen und andere von Stonehenge vertrauten Merkmale, die an ein Observatorium denken lassen.

Im Frühjahr 2010 waren vier der kreisförmigen Tempel und fünfzig der Säulen ausgegraben. Radarmessungen zeigten, dass unter der Erdoberfläche noch 15 bis 20 weitere Kreise verborgen liegen. Der größte dieser Ringtempel hat einen Durchmesser von etwa 30 Metern, die höchste Säule ist um die 5 Meter hoch. Und noch etwas macht Göbekli Tepe so außerordentlich wertvoll für die Archäologen: Der Ort scheint etwa 8000 v.Chr. mit voller Absicht verschüttet worden zu sein. Der Grund? Das ist ein großes Geheimnis. Doch genau deswegen sind die Pfeiler noch intakt und stehen noch da wie damals, als sie benutzt wurden. Auf fast der Hälfte der bislang freigelegten Pfeiler befinden sich Hochreliefs; die Motive sehen wie Hieroglyphen aus, stellen aber nach Meinung der Experten keine Sprache dar (laut traditionellen Historikern wurde die Schrift als solche erst 6000 Jahre später erfunden).

Auf den Pfeilerreliefs sind Tiere wie Füchse, Kühe und Löwen zu sehen, aber keine Menschen. Doch die Pfeiler selbst haben Ähnlichkeit mit dem Menschen: Sie haben Arme, Hände, Finger, allerdings keine Gesichter oder Köpfe. Manche Historiker haben daraus abgeleitet, diese Pfeiler stellten Gottheiten mit menschlichen Eigenschaften dar. Der Archäologe Glenn Schwartz von der

Johns Hopkins Universität weist in diesem Zusammenhang darauf hin, dass in der Bibel der Mensch als Abbild Gottes beschrieben wird, und in Göbekli Tepe »sind zum ersten Mal Menschen zu sehen, die entsprechend dieser Vorstellung, Gott ähnlich zu sein, abgebildet wurden.«[10]

Als ich zum ersten Mal von Göbekli Tepe hörte, war meine erste Reaktion: Das muss ein Datierungsfehler sein; entweder ist die Methode oder die Interpretation falsch. Die verwendete Methode der ^{14}C-Datierung wird häufig zur Altersbestimmung hergenommen – von Mumien bis hin zu prähistorischen Mammuts aus dem Eis Sibiriens.

Meine Skepsis wegen des genannten Alters kam auf, weil ich als ehemaliger Geologe weiß, dass Steinrelikte an sich nicht datiert werden können. Die Radiokohlenstoffdatierung funktioniert nur für Lebewesen, die in der Vergangenheit gelebt und in dieser Zeit Kohlenstoff aufgenommen haben.

Die vorläufige Datierung von Göbekli Tepe basiert auf Proben aus zwei Quellen: 1) Holzkohlereste von uraltem Holz, die auf der bislang tiefsten Grabungsebene zutage gefördert und als »Hd«-Proben gekennzeichnet wurden; daraus lässt sich ableiten, wann der Ort tatsächlich bewohnt wurde. 2) Kohlenstoffhaltige Ablagerungen auf den Steinpfeilern, die »Ua«-Proben, die lediglich Aufschluss über die Zeit geben, nachdem der Ort verlassen wurde (die Zusatzkennzeichnungen »Hd« und »Ua« für die Proben wurden von den Forschern zwecks Eindeutigkeit hinzugefügt).

Ich habe diese Datierungen selbst überprüft, um ihre Verlässlichkeit sicherzustellen. Ein 2007 erschienener Bericht des Wissenschaftsmagazins »The Holocene« sprach genau meine Bedenken an. Diese detaillierte Studie kam zu dem Schluss: Die Proben, die zur Altersbestimmung von Göbekli Tepe benutzt wurden, können tatsächlich »mit der ^{14}C-Methode genauer bestimmt werden, als man allgemein annimmt.«[11]

Die Radiokarbondatierung wird also als etablierte Methode anerkannt; damit sind die vorläufigen Testergebnisse nichts weniger als atemberaubend. Die in Abbildung 4.5 gezeigten »Hd«-Proben aus den obersten Bereichen der ältesten bislang ausgegrabenen Schichten lassen sich auf 9559 v.Chr. zurückdatieren, plus/minus 53 Jahre, also ein Alter von 11.570 Jahren! Damit sichert sich Göbekli Tepe schon einen Platz als einer der ältesten bekannten Tempel der Welt. Doch vielleicht stellt sich heraus, dass die ältesten Besiedlungsschichten sogar noch viel älter sind. Denn die Proben, die für die vorläufige Datierung hergenommen wurden, stammen aus den oberen Teilen der durch die Grabung freigelegten Besiedlungsschichten. Da die Grabungsstätte noch tiefer reicht, könnten auf diesen tieferen Schichten eventuell noch ältere Besiedlungen zum Vorschein kommen. Laut den Experten vor Ort könnte Göbekli Tepe bis mindestens 11.000 v.Chr. (also ein Alter von 13.000 Jahren) und womöglich sogar noch weiter zurück datiert werden!

Abbildung 4.5 liefert eine kurze Zusammenfassung über die Proben, die zur Datierung dienten. Die Spalte »Alter in Jahren« weist das Alter der jeweiligen Probe aus, in der Spalte »Kalibriertes Datum« sind die Fehlertoleranzen berücksichtigt.

Probennummer für Laborzwecke	Kalibriertes Datum (Jahre v. Chr.)	Alter in Jahren	Beschreibung der Grabungsstätte
Ua-19561	7560–7370	9370–9560	Anhang C
Ua-19562	8280–7970	9970–10.280	Anhang B
Hd-20025	9110–8620	11.110–11.370	Schicht III
Hd-20036	9130–8800	11.370–11.560	Schicht III

Abbildung 4.5: Vier Proben, die für die ^{14}C-Datierung von Göbekli Tepe hergenommen wurden. Die »Hd«-Proben aus den Kohlenstoffresten (siehe Text) stammen aus den neuesten Bereichen der ältesten Besiedlungsschichten, die 11.517 bis 11.623 Jahre zurückreichen.[12] Man geht davon aus, dass auf den tiefsten und damit ältesten Besiedlungsschichten ein Zeitraum erreicht wird, der bis zum Ende der letzten Eiszeit zurückreicht – also etwa 12.000 Jahre.

Die Geheimnisse von Göbekli Tepe sind noch lange nicht gelöst. Wir werden beispielsweise vielleicht nie genau wissen, warum der gesamte Ort ca. 8000 v.Chr. unterging und wer ihn überhaupt erbaute. Unter Umständen dauert es Jahre oder sogar Jahrzehnte, die Glyphen auf den Säulen zu entziffern oder zu enträtseln, ob dies eine Stätte der astronomischen Forschung war wie manche Tempel der Maya oder der Ägypter. Laut Schmidt ist das eine Arbeit von Jahrzehnten und damit für die betreffenden Forscher eine Lebensaufgabe.

Robert Schoch und John Anthony West haben Göbekli Tepe 2010 persönlich erforscht.[13] Jene, die ein Problem damit haben, dass die Sphinx (wie vorab beschrieben) bis in die Eiszeit zurückdatiert wird, fragen: »Wo sind die Tonscherben?« beziehungsweise anders formuliert: »Wo sind die belastbaren, physischen Beweise, dass es ein Volk, eine Technologie und eine Zivilisation gab, die ein Monument wie die Sphinx erbauen konnte?« Nach der Erforschung von Göbekli Tepe sagte West: »Wir brauchen keine Tonscherben. Wir haben eine riesige Zeremonienstätte mit skulptierten Reliefs.«[14]

Eines ist sicher: Es liegen Beweise vor, und die Forscher sind sich einig. Vor 11.500 Jahren ist in Göbekli Tepe etwas passiert, und unser modernes Weltbild kann es nicht mehr ignorieren. Ein Blick auf die neue Zeitachse ergibt ein ganz neues Bild der Historie der menschlichen Zivilisation. Göbekli Tepe ist kein Einzelfall.

Entdeckung Nummer 3

Wo: Golf von Khambhat (Golf von Cambay), Indien.

Was: Auf dem Meeresboden des Indischen Ozeans wurden Relikte einer »untergegangenen« Zivilisation gefunden, die etwa 9500 Jahre zurückreicht.

Folge: Die Meinungen über diesen Fund gehen auseinander, allerdings nur was die Ausgrabungstechniken und die gesammelten

Proben betrifft. An der Tatsache der Entdeckung einer uralten Stadt vor der indischen Küste in 40 Metern Tiefe ändert das nichts. Das impliziert, sie wurde erbaut, bevor das Land unter Wasser verschwand, und hat unter Umständen bereits in der Zeit existiert, als gegen Ende der letzten Eiszeit der Meeresspiegel anstieg.

Ich bringe dieses Beispiel als weiteren Beweis, dass andere alte Zivilisationen aus dieser Zeit wie die in Ägypten und der Türkei keine Einzelfälle und Anomalien sind.

Auch das Auffinden so vieler Zivilisationen in tiefen Gewässern ist eigentlich nicht überraschend. Sie sind bestens vor dem bloßen Auge verborgen und vor den Störungen der modernen Zivilisation geschützt. Und wenn sie dann entdeckt werden, gestaltet sich die weitere Erforschung zudem als höchst schwierig.

Dennoch gab es im ganzen 20. Jahrhundert weltweit immer wieder Berichte über »untergegangene« Städte, die man in Seen und Meeren aufgespürt hatte: In den 1960er-Jahren waren es körnige Bilder von Straßen und Mauern direkt vor der Küste der Insel Bimini und ähnliche Funde bei den Bahamas; 1986 machte Videomaterial auf die massiven pyramidenähnlichen Gebäude vor der japanischen Küste aufmerksam. Keine Frage: Wir sind dabei, eine völlig neue Ära in der Geschichte der Menschheit zu entdecken, die bislang Geglaubtes über die Vergangenheit in heftiges Wanken bringt.

Im Januar 2002 berichtete die British Broadcasting Company (BBC) voller Enthusiasmus über eine archäologische Entdeckung, wie das bei Geschichten über untergegangene Städte und vergessene Zivilisationen eben so üblich ist. Die Schlagzeile verkündete: »Untergegangene Stadt könnte die Geschichte umschreiben.« Beim Lesen des Berichts musste ich an ähnliche Behauptungen über die Schriftrollen vom Toten Meer denken. Der Journalist Tom Housden äußerte Spekulationen, die Entdeckung werde »Historiker und Archäologen unter Umständen dazu zwingen, ihre Meinungen über alte Geschichte von Grund auf neu zu überdenken.«[15]

Je mehr ich las, desto klarer wurde mir, dass sich diese Funde tatsächlich ziemlich stark von vielen anderen Entdeckungen unterschieden.

• *Erstens* spielt der Fundort eine Rolle: An der Westküste Indiens, 40 Meter unter Wasser, würde man keine solchen Funde erwarten. Ich habe selbst während meiner Ozeanografie-Studien am College in diesen Tiefen getaucht und weiß: man hat da so manches sichtbar vor Augen, aber trotzdem wird jahrelang nichts bemerkt.

Einmal suchte ich in den 1970er-Jahren zusammen mit Freunden vor der Ostküste Floridas nach einem alten Schiffswrack. Wir schwammen in den tropischen Gewässern mehrmals direkt über einen Hügel und merkten gar nicht, dass wir nur ein paar Meter von Relikten entfernt waren, die mit Korallen verkrustet waren. Erst als der Leiter uns darauf aufmerksam machte, erkannten wir die Schiffsform und begaben uns zu dem Wrack. Ich bin also keineswegs überrascht, zu hören, dass ein seit Jahrhunderten viel befahrener Ozean so lange sein Geheimnis bewahrte und eine noch unbekannte Zivilisation in seinen Tiefen verbarg.

Laut BBC-Bericht waren die indischen Forscher vom National Institute of Oceanographic Technology (NIOT) gar nicht auf der Suche nach den Relikten einer uralten Stadt, welche die Geschichte der menschlichen Zivilisation umschreiben würde. Sie waren dort zugange, um die Wasserqualität und die Auswirkungen der Wasserverschmutzung zu testen, als sie unerwartete Signale empfingen. Auf dem Radar zeigten sich regelmäßige Formen und Winkel, deutliche Hinweise auf menschengemachte Mauern. Da wussten sie, dass sie eine in Vergessenheit geratene Stadt entdeckt hatten.

• *Zweitens* zeigte mir schon die Größe dieses Unterwasserkomplexes, dies war keine normale archäologische Stätte, die meist durch eine einzige, ungewöhnliche Erhebung mit einem Durchmesser von ein paar Hundert Metern gekennzeichnet ist wie bei dem Schiffswrack in Florida. Wie man inzwischen weiß, umfasst die Stätte im Golf von Khambhat mehrere Kilometer. Laut BBC-Bericht erstrecken sich die Ruinenreste über drei Kilometer in die eine und neun Kilometer in die andere Richtung – aus archäologischer Sicht eine Riesenlänge. Was die Forscher vor der Küste

Indiens entdeckt haben, impliziert also, dass es nicht bloß ein uralter Lagerplatz oder ein einziger Tempel ist. Es sind, so scheint es, die Überreste einer riesigen alten Stadt.

Ich habe mich mit der Archäologie und Geschichte Indiens beschäftigt und weiß, dass die Entdeckungen des NIOT nicht in die normale archäologische Zeitachse passen.

Sofort kamen mir alle möglichen Fragen in den Sinn: Wer hatte diese Stadt erbaut? Warum ging sie unter? Und die wichtigste und offensichtlichste Frage: Wie alt ist sie? Genau hier erhitzen sich die Gemüter.

Auf Basis von Altersbestimmungen der geborgenen Artefakte wie menschliche Knochen, Zähne, Keramik und Perlen wurde das Alter auf sensationelle 9500 Jahre geschätzt – 5000 Jahre älter, als selbst allerfrüheste Datierungen der geheimnisumwitterten, in den 1920er-Jahren im Industal entdeckten Ausgrabungsstätten von Mohenjo Daro und Harappa zugestehen.

Wie schon Göbekli Tepe und die Sphinx gezeigt haben, stellen so weit zurückreichende Datierungen für die Historiker ein Riesenproblem dar. Unter Wissenschaftlern herrscht Übereinstimmung dahingehend, dass die letzte Eiszeit vor etwa 12.000 Jahren zu Ende ging. Wie wir bei der Beschreibung der Erosionsspuren an der Sphinx erfahren haben, kam es danach zu einem Temperaturanstieg und zu einer Zeit heftiger, etwa 4000 Jahre andauernder Regenfälle. Das Eis, das große Teile der nördlichen Hemisphäre bis dahin bedeckt hatte, begann abzuschmelzen, und in der Folge stieg der Meerespiegel. Tief liegende Küstenregionen versanken dadurch im Wasser. Es ist ziemlich unwahrscheinlich, wenn auch nicht ganz unmöglich, dass massive Städte – wie die im Golf von Khambhat entdeckte – ursprünglich unter Wasser erbaut wurden. Das impliziert, dass sie bereits vor den schweren Regenfällen existiert haben mussten, also irgendwann während der letzten Eiszeit erbaut wurden.

In einem Interview mit BBC News Online erklärte der Archäologe Justin Morris vom British Museum, warum das so ein großes Problem ist: »Kulturell betrachtet gab es in diesem Teil der Welt vor 2500 v.Chr. keine Zivilisationen.«[16] Der genannte Zeitrahmen geht auf die traditionelle wissenschaftliche Denkweise zurück – insbesondere auf die vorherrschende Meinung, es gebe überhaupt erst seit etwa 5000 Jahren menschliche Zivilisationen, in Indien bzw. dem heutigen Pakistan erst seit 4500 Jahren. 2500 Jahre v.Chr. wären aber ganze 5000 Jahre später, als die Radiokarbondatierungen der Artefakte aus dem Golf von Khambhat besagen.

Morris kommentiert weiterhin, die Radiokarbonmethode weise durchaus auch Fehlerwahrscheinlichkeiten auf: »Es müssten weitere Untersuchungen stattfinden, bis man den Fundort grundsätzlich einer 9000 Jahre alten Zivilisation zuschreiben könnte.«[17]

Beide Aussagen sind richtig. Die ^{14}C-Datierungsmethode war in der Vergangenheit durchaus umstritten, und bestimmte Umstände können die Exaktheit der Ergebnisse verzerren. Genau deshalb werden für Radiokarbondatierungen normalerweise entsprechende Fehlertoleranzen mit einbezogen.

Die Forschungsergebnisse aus den ersten Berichten, die ich mir angesehen habe, weisen keine solchen Toleranzen und Grenzwerte auf; ich kann zum jetzigen Zeitpunkt also nicht sagen, wie hoch sie angesetzt werden müssten. Sicherlich liegen sie jedoch im Bereich von Jahrzehnten oder Jahrhunderten, ähnlich wie bei den Göbekli-Tepe-Datierungen, und nicht von Jahrtausenden, wodurch ja die gesamte menschliche Zivilisation, wie wir sie kennen, in diese Zeitspanne fallen würde. Hier ist insbesondere Morris' zweiter Kommentar ausschlaggebend.

Die ^{14}C-Datierungsmethode ist zwar wissenschaftlich anerkannt und kommt häufig zum Einsatz; in der Kritik stehen jedoch bei Forschern und Historikern gleichermaßen die Methoden, mit denen die ersten Artefakte nach oben gebracht wurden, um überhaupt datiert zu werden. Sie wurden nämlich – was nicht üblich ist – maschinell ausgebaggert und nicht durch sorgfältigstes Ausgraben auf Basis von genauen und systematisch erforschten Rastern geborgen. Dadurch ist es natürlich schwierig, die exakte Lage der Artefakte anzugeben und sicher zu sagen, ob die Knochen und Zähne beispielsweise aus derselben Zeit und vom selben Fundort stammen wie die Holzstücke.

Sicherlich liegt es auch an der Tiefe des Fundortes und der schlechten Sicht in solchen Tiefen, dass die Artefakte anfangs auf diese Weise geborgen wurden. Die Forscher entgegneten den kritischen Stimmen, sie wollten in dieser Phase erst einmal »nur einen Blick darauf werfen«, um 1) herauszufinden, ob es sich überhaupt um einen archäologischen Fundort handelt, und 2) den Wissenschaftlern eine Vorstellung zu vermitteln, worum es sich womöglich handeln könnte.

Zweifellos wird nach den ersten Ergebnissen am Golf von Khambhat schon bald eine archäologische Ausgrabung mit allem Drum und Dran der traditionellen Unterwasserarchäologie stattfinden. Bis es so weit ist, gilt es wissenschaftlich nicht als bewiesen, dass die bereits datierten Objekte tatsächlich zeitgleich mit den Strukturen entstanden und nicht von Meeresströmungen dorthin getragen und abgelagert wurden. Bis in der nächsten Grabungsphase einige dieser Fragen beantwortet werden, müssen wir diesen Ort als das betrachten, was er ist: ein weiterer Hinweis auf eine Zivilisation gegen Ende der letzten Eiszeit – eine Zivilisation, die irgendwann in Vergessenheit geriet und jetzt 40 Meter unter dem Meer begraben liegt; eine Stadt, die uns zu einem besseren Verständnis unserer weit zurückliegenden Vergangenheit verhelfen kann.

Wenn die Funde am Indischen Golf von Khambhat vorläufige Vermutungen und damit die zunehmenden Beweise für die Existenz hoch entwickelter Kulturen während der letzten Eiszeit bestätigen, müssen vorherrschende Meinungen über die Geschichte der menschlichen Zivilisation erneut auf den Prüfstand gestellt werden. In einem Interview mit der BBC über die Folgen solcher Funde brachte der unabhängige Forscher und Gelehrte Graham Hancock das Problem auf den Punkt: »Das bedeutet, das archäologische Modell über die Ursprünge der menschlichen Zivilisation muss von Grund auf neu entwickelt werden.«[18]

Entdeckung Nummer 4

Wo: Caral, Peru.

Was: Überreste einer »untergegangenen« Zivilisation in Nordperu wurden mit wissenschaftlichen Methoden auf ein Alter von 5000 bis 6900 Jahren datiert.

Folge: Die Entdeckung einer Hochkultur, die zu einer Zeit unterging, in der die traditionelle Geschichtsschreibung den Beginn der Zivilisation ansetzt, zwingt die Historiker, die Geschichte des amerikanischen Kontinents umzuschreiben. Die geborgenen Relikte machen Caral zur (bislang) ältesten Zivilisation Nord- und Südamerikas.

Als wir uns dem Grat näherten, fiel mir zuerst das Fehlen von Farben auf. So weit ich blicken konnte, waren in dem alten Tal, das sich vor meinen Augen erstreckte, weder Bäume noch Maisfelder, noch Felsformationen zu sehen, wie man sie in Peru gewohnt ist. Vom grauen Himmel über uns hin zu den umgebenden Bergen und den gedämpften Farbschattierungen des Bodens – rundum sah alles gleich aus: flach, eintönig und unfruchtbar.

Seit sechs Jahren hatte ich auf diesen Moment gewartet, allerdings ging es mir nicht um diese eintönige Erde. Im Tal unter mir fanden Ausgrabungen statt, die laut traditionellen Archäologen im Grunde gar nicht stattfinden sollten: Was da ausgegraben wurde, »sollte« ja eigentlich nicht existieren und stellte die amerikanische Kulturgeschichte und ihre Vermittlung in allen Highschools auf den Kopf. Vor mir, meinem Führer und meiner Verlobten erstreckte sich über 600.000 Quadratmeter (60 Hektar) die alte Stadt Caral im nördlichen Zentralperu. Und wir kamen an einem sehr günstigen Tag hier an, denn die Ergebnisse der Radiokarbondatierung für diverse Artefakte war abgeschlossen – das Alter der Grabungsstätte wurde bekannt gegeben.

Der Ort, der in Vergessenheit geriet

Wir liefen also noch einen knappen Kilometer zum Hauptgrabungsort, wo mein Führer für uns ein Treffen mit einem der vor Ort arbeitenden Forscher arrangiert hatte.

Sofort war mir klar, wie unterschiedlich unsere Vorstellungen von unserem Gesprächsthema waren.

Der junge Archäologe wollte vor allem darüber reden, was die Ausgrabungen der letzten sechs Jahre ergeben hatten. Interessanterweise traten keine Tonscherben zutage (offizielle Erklärung: Die Töpferkunst sei noch nicht erfunden gewesen), dafür jedoch 32 Flöten aus den Knochen von Vögeln und anderen Tieren. Bei näherem Hinsehen konnte man auf diesen uralten Instrumenten eingravierte Bilder von Tieren, beispielsweise Affen und Vögeln, entdecken. Und was besonders spannend war: Die hier abgebildeten Tiere gibt es nur im Amazonas-Gebiet von Peru, das per Auto Stunden entfernt ist.

Obwohl die Ausführungen des jungen Archäologenfreundes für mich durchaus sehr interessant waren, warf gerade jenes, worüber er bisher schwieg, die mir schon so vertrauten Fragen auf: Wer hatte diese Stadt erbaut? Woher kamen diese Menschen? Stammten sie von den Inkas ab oder handelte es sich um ein Volk und eine Lebensweise, die nichts mit den bekannten Anden-Kulturen zu tun hatte? Was war mit ihnen passiert und wohin verschwanden sie?

Die offizielle Antwort auf all diese Fragen lautete: »Wir wissen es nicht.« Die Fragen waren eigentlich zu erwarten gewesen; trotzdem fiel es dem Archäologen schwer, zuzugeben, dass über diesen Ort, den er hier ausgrub, so wenig bekannt war. Die geheimnisvolle Grabungsstätte von Caral stellt eine Besonderheit dar, und zwar aus diversen Gründen.

Abbildung 4.6:
Links: Gregg Braden an der Ausgrabungstätte von Caral/Peru im Jahr 2010, auf einem der beiden ringförmigen Plätze, die in dem 600.000 Quadratmeter umfassenden Areal entdeckt wurden (Quelle: © Martha Reich).
Unten: Nahaufnahme von einer der fünf Pyramiden, bei denen die Grabungsarbeiten noch nicht abgeschlossen sind (Quelle: © Gregg Braden).

Den Einheimischen war dieser Platz bereits 1905 bekannt, doch erst 1994 erwachte wieder das Interesse daran, sodass ein neues Grabungsprojekt in Angriff genommen wurde, das dieses Geheimnis in der Wüste von Peru entschlüsseln sollte. 1996 wurden unter der Leitung von Ruth Shady Solis, Direktorin des Museums für Archäologie und Anthropologie der National University von San Marcos in Lima/Peru, und in Zusammenarbeit mit Jonathan Haas, MacArthur-Kurator der Anthropologischen Abteilung des Field Museum in Chicago/Illinois, die fünf Pyramiden und die beiden ringförmig angelegten Plätze, die den Großteil der Hauptgrabungsstätte ausmachen, freigelegt und restauriert. Nun konnte man ernsthaft daran gehen, eine wissenschaftliche Datierung vorzunehmen.

Die Ergebnisse dieses Gemeinschaftsprojektes waren in der Tat eine Sensation. Bevor man mithilfe der Radiokarbonmethode das Alter dieses Ortes so weit zurückdatieren konnte, wie es die Archäologen bislang in diesem Teil Perus eigentlich für unmöglich gehalten hatten, hatten die Historiker die Geschichte Nord-, Mittel- und Südamerikas eigentlich als »abgeschlossen« betrachtet, wie es einer der Forscher mir gegenüber ausdrückte. Eine saubere und klare Geschichte: die Olmeken, die Maya, die Azteken und die Anasazi, um nur ein paar der Kulturen zu nennen. Alle lebten zu einer bestimmten Zeit und trugen zur Entwicklung der Zivilisation bei. Diese Geschichte wird überall auf der Welt gelehrt.

Doch die Datierung der Funde aus den Mauern von Caral hat alles auf den Kopf gestellt.

Genau an dem Tag, als wir dort ankamen, sollten also die Ergebnisse einiger ^{14}C-Datierungen bekannt gegeben werden, unter anderem von Pflanzenfasern, die man in den Hohlräumen der Mauern gefunden hatte, aber auch von einer seltenen Knotenschrift, bei der Informationen anhand verwebter Faserknoten festgehalten werden, dem Quipu (Khipu). Trotz der abgeschiedenen Lage waren an diesem Tag die Mobilfunkstationen in dieser Gegend voll ausgelastet. Gegen Ende unserer Führung erhielt auch unser Begleiter einen Anruf. Als er die Stimme am anderen Ende seines Handys erkannte, zeigte sich zunächst ein ahnungsvoller Ausdruck auf seinem Gesicht; er wusste, dass ihm gleich etwas Wichtiges mitgeteilt wurde: entweder die Nachricht, dass es sich hier um eine weitere, bislang unbekannte Inka-Stadt handelte, deren Alter der akzeptierten historischen Zeitachse entsprach – oder dass die Geschichte der Welt gerade umgeschrieben wurde.

Als er die Ergebnisse »aus erster Hand« erfuhr, breitete sich ein strahlendes Lächeln auf seinem Gesicht aus, und er erzählte uns: Die wissenschaftliche Datierung von Caral sei bestätigt worden. Die Tests der unabhängigen Laboratorien hatten alle ein ähnliches Alter ergeben, und die abgeschiedene Stadt Caral wurde mit einem Mal auf die Weltbühne katapultiert: Sie wurde auf 4900 bis 3000 v. Chr. datiert – ist also (heutiger Stand) 5000 bis 6900 Jahre alt und damit offiziell die älteste bekannte Hochkultur (hoch entwickelt in Bezug auf Architektur, Astronomie, Landwirtschaft, Kunst und Mathematik) des amerikanischen Kontinents.[19]

Wie eine hoch entwickelte Zivilisation, die in der Nähe von bekannten Städten des Inka-Reiches liegt, so lange unentdeckt bleiben konnte, ist an und für sich schon ein Mysterium. Vieles ist noch unbekannt, und die Tragweite des Ganzen bereitet den Historikern einiges Kopfzerbrechen.

Vielleicht ist es kein Zufall, dass viele der Geheimnisse von Caral identisch sind mit denen des Chaco Canyons, Weltkulturerbe der UNESCO im wüstenhaften Südwesten der USA. Über beide Plätze gibt es keine schriftlichen Aufzeichungen – zumindest sind bislang keine entdeckt worden. In beiden Fällen geht man davon aus, dass hier viele Menschen gelebt haben müssen, doch bis jetzt hat man nur ein paar jüngere menschliche Überreste gefunden. Eine hoch entwickelte Architektur wurde in Caral und im Chaco Canyon zur Konstruktion von mehrstöckigen Gebäuden eingesetzt, die den Elementen getrotzt haben (in Caral ein paar Jahrtausende). Und in beiden Fällen gibt es zwar ein paar Theorien, aber nach wie vor weiß man nicht mit Sicherheit, warum die Erbauer die Früchte ihrer Arbeit verlassen haben.

Caral ist über 5000 Jahre älter als die Zivilisation der Maya, die in Yucatán/Mexiko beheimatet war; doch es kann gut sein, dass das Geheimnis von Caral und Chaco Canyon mit dem zu tun hat, was die Maya hinterlassen haben: Kalender, die sehr lange Zeitzyklen beschreiben. Das heutige Zeitalter, das in den Maya-Kalendern genauestens definiert ist, begann etwa vor 5000 Jahren, als Caral verlassen wurde, und endet im Dezember 2012; dann beginnt das nächste Zeitalter. Vielleicht zeigt sich, dass das Wissen der alten Andenbewohner über kosmische Zyklen, wie es in Caral gehütet wurde, Teil einer großen Weisheit ist, die jahrhundertelang in ganz Amerika bewahrt wurde, aber im Verborgenen blieb, und die uns vielleicht die heutigen Krisen verstehen lässt.

Die Zeit der Maya

Eines muss man den Maya lassen: Ihre Zeitrechnung und Berechnung der kosmischen Zyklen auf Grundlage ihrer Kalender ist unübertroffen und wohl ihre größte Leistung. Doch die Maya-Kalender zählen nicht einfach nur die Tage zwischen Voll- und Neumond, sie sind weit mehr, nämlich eine Aufzeichnung der Zeitzyklen und der Ereignisse am Himmel während dieser Zyklen.

Der Maya-Kalender wird als die am höchsten entwickelte Methode zur galaktischen Zeitmessung vor dem 20. Jahrhundert betrachtet. Selbst heute noch messen die modernen Nachfahren der alten Maya die Ortszeit wie auch die galaktische Zeit mit diesem System. Laut Michael D. Coe, Autor eines Buches über die Maya (dt. Ausg.: »Die Maya«, 1968), ging in über 25 Jahrhunderten nicht ein einziger Tag verloren.[20]

Der wichtigste Teil des galaktischen Maya-Kalenders war der Tzolkin bzw. der Heilige Kalender, der auf einem 260-Tage-Zyklus basiert; er wurde mit dem Zivilen Kalender (»Vague Year«) kombiniert, der 365 Tage umfasst. Beide Zeitzyklen griffen wie Zahnräder ineinander, bis zu den seltenen Tagen, wenn ein Tag im Heiligen Kalender mit demselben Tag im Zivilen Kalender zusammenfiel: Dann war das Ende eines 52-Jahre-Zyklus erreicht, der wiederum Teil des noch viel längeren »Großen Zyklus« war.

Bislang ist kein Artefakt bekannt, das für sich genommen den Kalender in seiner Gesamtheit darstellt. Moderne Forscher können die Zeitrechnung der Maya nur aus Beschriftungen und Kodizes ableiten.

Doch es gibt ein anderes uraltes Artefakt, in dem die Zeitrechnung der Maya in einem einzigen Kalender bewahrt worden ist und der auch heute noch benutzt wird: der aztekische Sonnenstein (Piedra del Sol) bzw. Kalenderstein, eine uralte Kalenderscheibe (siehe Seite 162, Abbildung 4.7).

Die Originalscheibe, nach der das Motiv in Abbildung 4.7 modelliert wurde, wurde im Jahr 1790 bei Grabungen auf dem Zentralplatz von Mexico City gefunden. In meinem Buch »Fractal Time« gehe ich detaillierter auf die Interpretationen und die wahrscheinliche Bedeutung der Inschriften ein und möchte mich hier nicht wiederholen. Wichtig ist vielmehr, dass die Abbildungen auf der aztekischen Kalenderscheibe noch intakt und lesbar sind und von den Einheimischen Mittelamerikas auch heute noch verwendet werden. Für jene, die die Sprache dieser Scheibe verstehen, ist sie ein wunderschöner Plan, der unsere Beziehung zur Zeit abbildet: durch die Jahrtausende bis zum heutigen Tag.

Die Zeitkarte lesen

Anhand von Berechnungen mit dem Sonnenstein sagten die Maya die Auswirkungen der Himmelskörper-Bewegungen auf unsere Welt und die Menschen über lange Zeiträume voraus – Zeiträume, die wiederum in kürzeren Zyklen beschrieben wurden. Der letzte Zyklus in der derzeitigen Folge findet seinen Abschluss zur Wintersonnenwende am 21. Dezember 2012. An diesem Tag endet der Große Zyklus des derzeitigen Maya-Zeitalters; der Kalender wird zurückgesetzt, und es beginnt der neue Zyklus des nächsten Zeitalters.

Abbildung 4.7: Bislang ist kein Artefakt bekannt, das für sich genommen den Kalender in seiner Gesamtheit darstellt. Der hier abgebildete aztekische Kalender beruht nach Meinung der Experten auf der Zeitrechnung der Maya. Die Themen der vier vorausgehenden Zeitalter sind klar in den vier Kästchen um die Glyphe im Zentrum der Scheibe zu erkennen; diese Glyphe stellt das derzeitige Zeitalter dar (Quelle: Fotosearch Lushpix Value/Unlisted Images, Inc.).

Ähnlich wie ein Kilometerzähler wieder auf Null zurückgesetzt wird, wenn er die 100.000-Kilometer-Grenze überschritten hat, fängt auch der Maya-Kalender mit dem Beginn des Zyklus erneut bei Null an. Die Zeitmesser der Maya verschlüsselten das Enddatum und das Zeitmesssystem in Steintafeln und Tempeln, die sich überall im heutigen Mexiko und Guatemala finden.

Die Maya-Priester verzeichneten also die wesentlichen Daten dieser Zyklen vor über 2000 Jahren in ihren Bauten, doch erst Anfang des 20. Jahrhunderts ergaben deren Bedeutungen im Rahmen des uns vertrauten Gregorianischen Kalenders einen Sinn, sodass die Botschaft der zyklischen Zeitalter klar wurde. Diese Zusammenhänge wurden erstmals von dem Maya-Kenner Joseph T. Goodman (1905) erforscht und von den Archäologen J. Eric S. Thompson (1927) und Juan Martínez Hernández (1928) bestätigt. Die nach ihnen (Initialen ihrer Nachnamen) benannte GMT-Korrelation zwischen dem Maya- und dem Gregorianischen Kalender ergab das Datum, das als Beginn des Großen Zyklus der Maya akzeptiert wird. Auf Basis dieser Berechnungen und unter Berücksichtigung der Traditionen der Maya-Priester setzten die alten Kalender als Anfangsdatum für den letzten Großen Zyklus, das Maya-Datum 0.0.0.0.0, den 11. August 3114 v. Chr. an.[21]

Um derartig lange zurückliegende Zeitangaben überhaupt begreifen zu können, nehme ich mir immer als Referenz etwas anderes her, das im selben Zeitraum passiert ist. Der Große Zyklus des alten Maya-Kalenders beginnt in etwa zur selben Zeit, als im alten Ägypten die ersten Hieroglyphen auftauchten, und umfasst die gesamte Spanne der traditionellen menschlichen Geschichtsschreibung.

Das Geheimnis der Maya ergibt kaum Sinn, wenn man es nicht im Kontext der den Maya vorausgehenden Kulturen betrachtet und die alten Maya als Teil einer Wissenskette begreift, die bis in graue Vorzeiten zurückreicht. Dann lässt sich erkennen, dass die Menschen immer wieder mit einem Ereignis konfrontiert wurden, das die Landschaft und das Leben der davon betroffenen Menschen neu gestaltet hat – ein so seltenes Ereignis, dass keiner, der es in einem Zeitalter erlebt, noch am Leben ist, wenn es im nächsten Zeitalter wieder passiert. Das wussten auch unsere Vorfahren, und so gingen sie vor, wie wir es heute tun: Sie zeichneten ihre Erfahrungen auf – »multimedial«, nämlich eingemeißelt in den Steinen der Tempelwände, als Kodizes auf Papyrus, in Form von Überlieferungen, die von einer an die nächste Generation weitergegeben wurden … Heute sind Audio- und Video-Aufzeichnungen die Multimedia-Mittel, über die unsere Geschichten weitergegeben werden.

Wir tun unser Bestes, alles, was wir in den nächsten Jahren lernen, für die Zukunft zu bewahren: für die nächste Zivilisation, welche die Erderwärmung, Erdabkühlung und Megastürme überlebt, ebenso wie die sozialen Revolten, die auf unsere Ratlosigkeit zurückzuführen sind, was wir tun sollen, wenn unsere seit Jahrhunderten funktionierende Lebensweise auf einmal nicht mehr fruchtet. Der Unterschied zwischen den Aufzeichnungen unserer Vorfahren und unseren Hinterlassenschaften hängt davon ab, ob wir aus der Vergangenheit lernen und Entscheidungen treffen, die unser Überleben sichern. Während Sie, die Leser, diese Zeilen aufnehmen, schreiben wir im wahrsten Sinn des Wortes das letzte Kapitel unseres Zeitalter-Zyklus: Darin stehen die Entscheidungen von uns allen, die gemeinsam die kollektive Antwort unserer Zeit in der Geschichte bilden.

Der Rest der Geschichte

Teile der Geschichte, wie sie heute gelehrt wird, sind durchaus klar und eindeutig, andere ergeben keinen Sinn. Beispielsweise ist es unverständlich, dass die älteren der in Ägypten gefundenen Pyramiden, wie die Cheops-Pyramide von Gizeh, sehr viel komplizierter und raffinierter gebaut sind als jüngere Pyramiden, die »nur« 2000 bis 3000 Jahre alt sind (Ende der 1980er-Jahre versuchte man, eine Replik der Cheops-Pyramide neben dem Originalbauwerk zu errichten gab das Projekt aber nach einem Jahr voller Fehlschläge und technischer Probleme auf).

Egal ob es um die Sphinx von Gizeh in Ägypten oder die Grabungen am Tempelkomplex von Göbekli Tepe in der Türkei geht: Die Beweise für die Existenz von Hochkulturen vor langer Zeit sind nicht zu leugnen. Jetzt ist die Frage nicht mehr, ob es diese Zivilisationen gab, sondern was das für uns bedeutet. Und hinter dieser Frage nach der Bedeutung stecken weitere, noch tiefgründigere Fragen: Wer? Warum? Was? Wer hat diese Bauwerke errichtet? Warum sind sie verschwunden? Was hatten die Erbauer an Wissen, das in Vergessenheit geraten ist? Die Antworten auf diese Fragen geben uns vielleicht das Wissen an die Hand, mit dem wir verhindern, noch einmal dieselben Fehler zu machen, durch die unsere Vorfahren ihre Zivilisationen verloren haben.

Bislang hat sich die traditionelle Geschichtsschreibung nicht um diese Fragen gekümmert. Wie auch? Sie ist schließlich unvollständig. Die heute gelehrte Geschichte erzählt unseren Kindern nichts vom wahren Ausmaß der Zeit, die wir schon auf der Erde sind, von dem, was in der Vergangenheit geleistet wurde, oder von dem, was wir von früheren Zivilisationen lernen könnten, um unsere heutigen Herausforderungen zu bewältigen. Die traditionelle Geschichtswissenschaft erkennt unser altes Welterbe nicht vollständig an.

In der Zeit des Kalten Krieges arbeitete ich in der Rüstungsindustrie. Damals lernte ich: Ergibt etwas für mich keinen Sinn, dann fehlen meistens ein paar Informationen.

Ein Teil meiner damaligen Arbeit bestand beispielsweise darin, die Ergebnisse eines Computerprogramms, das jemand anderer geschrieben hatte und das ich vorher nicht kannte, einem von mir entwickelten logischen Prozess zu unterziehen, bevor ich die Ergebnisse an jemanden weiterreichte, der wiederum nicht wusste, was ich damit gemacht hatte. So etwas nennt man »Schubladen-Wissen«: Jeder weiß nur das, was er für seine Arbeit unbedingt wissen muss. Ich verfügte lediglich über die Informationen, die ich für meine Aufgabe brauchte, weiter wusste ich nichts. Dieses System sollte mehr Sicherheit bieten, weil nur jemand, der im Unternehmen höher angesiedelt und deshalb auch ein Geheimnisträger von höherem Rang war, das umfassendere Bild (also die Software und ihre Funktion) sehen konnte. Eine solche Arbeitsweise funktioniert manchmal ganz gut, etwa bei einem großen Rüstungsprojekt während des Krieges, das strengster Geheimhaltung unterliegt. Allerdings nicht, wenn es um die Geschichte unserer Welt geht.

Eine neue Geschichte zeichnet sich ab

Ich bin überzeugt, dass noch weitere antike Stätten und Artefakte ausgegraben werden, denn um sieben Milliarden Menschen mit einer Unterkunft und Nahrung zu versorgen, muss auch immer mehr Ackerland umgegraben werden. Mit jedem Fund lernen wir mehr über unsere Vergangenheit. Durch Forschungsarbeiten wie die hier beschriebenen und ähnliche Projekte können wir einen Rahmen schaffen, durch den diese zukünftigen Entdeckungen einen Sinn ergeben. Ansonsten könnte es passieren, dass sie als »anomal« eingestuft werden. Damit entgeht uns die Chance, durch das sich dadurch öffnende Fenster einen Blick in die Vergangenheit zu tun.

Entdeckungen wie jene, die die alten Paradigmen zerstört haben, verändern unsere Sicht der Vergangenheit in zweierlei Weise:

1) Dadurch wird die Zeitspanne der menschlichen Geschichte erweitert.

2) Wir gewinnen eine andere Vorstellung von den Fähigkeiten unserer Ahnen.

Wie radikal dieses Umdenken ist, zeigt der Vergleich in Abbildung 4.8; hier wird deutlich, dass die bislang geltende Geschichte der menschlichen Zivilisation auf der Erde nicht die gesamte Geschichte umfasst, sondern nur ein Teil eines viel größeren Gesamtbildes ist. Der bislang angenommene und akzeptierte Beginn der Zivilisation fällt genau auf das Ende eines Zyklus, von dem unsere Vorfahren wussten, dass er kommen würde, und ist der Beginn des bis heute andauernden Zyklus. Warum sie das wussten? Weil solche zyklischen Übergänge regelmäßig passieren.

Alle 5125 Jahre entsteht durch die natürliche Positionsveränderung der Erde im Weltraum eine Konstellation am Himmel, die das Ende des einen und den Beginn des nächsten Zyklus ankündigt. Die alten und indigenen Kulturen nennen die Zeit zwischen solchen Konstellationen »Sonnen«, »Welten« oder »Zeitalter«. Die damit einhergehenden Veränderungen des Klimas, des Meeresspiegels, aber auch der Zivilisation und des Lebens auf der Erde sind so gewaltig, dass dadurch die bestehende Welt untergeht, wie die Traditionen erzählen. Das Wissen um diese Zyklen und der damit einhergehenden Geschehnisse wird als die »Doktrin der Zeitalter« bezeichnet.

Vergangenheitsbetrachtung	
traditionell	**neu**
1. Im Lauf der menschlichen Geschichte hat sich nur einmal eine einzige menschliche Zivilisation entwickelt.	1. Im Lauf der menschlichen Geschichte haben sich mehrere menschliche Zivilisationen entwickelt.
2. Es fand eine lineare Entwicklung von weniger zu hoch entwickelten Kulturen statt.	2. Es fand eine zyklische Entwicklung statt; jeder Zyklus machte eine Entwicklung von weniger zu hoch entwickelten Kulturen durch.
3. Die menschliche Zivilisation ist 5000 Jahre alt.	3. Der letzte Zyklus der menschlichen Zivilisation ist 5000 Jahre alt.
4. Die älteste menschliche Zivilisation ist die der Sumerer (ca. 3500 v. Chr.).	4. Die älteste derzeit bekannte Zivilisation ist Göbekli Tepe; sie wird auf ca. 9500 v. Chr. datiert.
5. Wir leben heute in der am höchsten entwickelten Zivilisation, die es je gab.	5. Vergangene Zivilisationen verfügten über technische Errungenschaften, die mit heutigen Mitteln nicht kopiert werden können.

Abbildung 4.8: Vergleich traditioneller Vergangenheitsbetrachtung mit der neuen Interpretation auf Basis jüngster Entdeckungen. Die beiden Weltsichten unterscheiden sich erheblich. Vermutlich sind wir die letzte Entwicklungsstufe in einer Aufeinanderfolge von Zivilisationen, und unsere heutigen Erfahrungen haben große Ähnlichkeit mit den Erfahrungen unserer Ahnen.

Ein schönes Beispiel für dieses Wissen ist heute noch bei den Hopi-Indianern zu finden, die im wüstenhaften Südwesten der USA leben. Ihre Traditionen kennen drei große Zeitzyklen – drei frühere Welten –, die vor der vierten Welt, nämlich der unseren, existierten. Ihre Geschichten beschreiben detailliert, wie jede dieser Welten in einer großen Katastrophe endete: die erste durch Erdbeben und das Versinken der Kontinente, die zweite durch Eis, das die Welt bedeckte, und die dritte durch eine große Überschwemmung. Die Prophezeiung besagt, dass die vierte Welt, unsere Welt, noch zu unseren Lebzeiten untergeht und wir schon bald in der fünften Welt leben werden. Die Beschreibung der Hopi von den Ereignissen, die zum Untergang der einzelnen Welten führten, ist zwar nicht in wissenschaftlicher Sprache abgefasst, ähnelt aber doch auf geradezu unheimliche Weise der Geschichte der Erde, wie sie an geologischen Funden abzulesen ist.

Beispielsweise haben wir Kenntnis von vielen starken Erdbeben und Vulkanausbrüchen vor etwa 20.000 Jahren, die den Planeten ins Chaos stürzten. Wir wissen zudem, dass die letzte Eiszeit vor ungefähr 12.000 Jahren zu Ende ging und von einer 4000-Jahres-Periode begleitet wurde, in der es zu schweren Regenfällen kam und das Eis wegschmolz. Diese Zeit wird oft mit der Sintflut der Bibel assoziiert.

Laut den Erzählungen der Hopi steht aufgrund derselben Zyklen von Zeit und Natur, die in der Vergangenheit die Boten des Wandels waren, auch unserer heutigen Welt das Ende bevor, während eine neue Welt ihren Anfang nimmt. Vor allem die Genauigkeit dieser traditionellen Überlieferungen ist für uns heute so überzeugend. Ausschlaggebend ist dabei, dass die Hopi über diese Zyklen Bescheid wussten, noch bevor sie mit modernen wissenschaftlichen Mitteln bestätigt wurden. Wenn ihr Wissen um die vergangenen Zyklen so genau ist, stellt sich natürlich die Frage, was das für ihre Vorhersagen für die Zukunft bedeutet.

Die Weltgeschichte – neu geschrieben

Die Traditionen der Hopi, der Maya etc. zeigen uns: Wenn wir unsere Vergangenheit durch die traditionelle »Brille« betrachten, die nur die letzten 5000 Jahre gelten lässt, ist das so, wie wenn man von einem tollen Lied im Radio nur die letzten paar Töne aufschnappt. Wir hören zwar etwas, das uns gefällt, sind aber zu spät dran, und so bekommen wir nur die letzten paar Sekunden zu hören.

Seit Napoléon Ende des 18. und Anfang des 19. Jahrhunderts seine Grabungen in Ägypten durchführte, wurden der Aufstieg und Fall von Zivilisationen, ihre Kriege, Eroberungszüge und Wanderbewegungen hauptsächlich auf Basis von historischen Interpretationen der letzten 5000 Jahre unserer Vergangenheit erklärt. Doch inzwischen wissen wir, es sind nur die letzten paar »Töne« des großen Liedes unserer Vergangenheit. Nur wenn wir auch die Zeit vor der traditionellen Geschichtsschreibung mit einbeziehen – also Ereignisse, die länger als 5000 Jahre zurückliegen –, kommen wir in den Genuss der ganzen Komposition.

Sofern wir nicht dem vollständigen Lied lauschen, also das Gesamtbild unserer Vergangenheit anschauen, kann uns unsere sogenannte »Zivilisationsgeschichte« auch nicht helfen, das Geheimnis zu lüften, wie wir so geworden sind, wie wir sind, und wie wir aus den Fehlern unserer Ahnen hoffentlich etwas lernen können, damit wir sie nicht wiederholen.

Bringen wir die Fakten über hoch entwickelte Zivilisationen, die gegen Ende der letzten Eiszeit lebten, mit der landläufig akzeptierten Geschichtsschreibung zusammen, entsteht eine neue Zeitgeschichte des Menschen, welche die menschliche Erfahrung fortschreibt und ein Umdenken ermöglicht.

Abbildung 4.9 stellt eine neue Zeitachse der Weltgeschichte dar, bei der die ältesten wissenschaftlich nachgewiesenen Zivilisationen berücksichtigt werden, die zum Zeitpunkt, als dieses Buch geschrieben wurde, bekannt waren. Ich würde mich allerdings nicht wundern, wenn noch mehr solcher Beweise zutage treten würden, die die letzten 5000 Jahre über verborgen waren – zum Beispiel aus der Antarktis.

Die Eisdecke, die 98 Prozent dieses geheimnisvollen Kontinents bedeckt, ist durchschnittlich mindestens zwei Kilometer dick, und das seit ungefähr 15 Millionen Jahren. Infolge der Erderwärmung ist das Eis stellenweise dünner geworden oder gar ganz weggeschmolzen, und so könnte es durchaus passieren, dass hier Relikte von alten Zivilisationen zum Vorschein kommen, die seit Langem im Eis konserviert worden sind – was bedeuten würde, dass diese Zivilisationen wahrscheinlich während der Zwischeneiszeiten hier lebten, als es nicht so viel Eis gab.

Orte, die doppelt so alt sind wie die uns bekannten Zivilisationen der alten Römer, Griechen und Ägypter etc., könnten auch das »plötzliche« Auftauchen von komplett entwickelten Zivilisationen erklären, die scheinbar von Anfang an über sehr viel Wissen verfügten. Vielleicht stellen wir fest, dass die Kunst des ägyptischen Pyramidenbaus, die Astronomie von Stonehenge und die Zeitmessung der Maya auf der Weisheit von viel älteren Zivilisationen beruhen, die dieses Wissen ursprünglich angesammelt, bewahrt und dann weitergegeben haben.

Ein Blick auf diese neue Zeitachse zeigt ein auffälliges Muster, nämlich eine Häufung von Zivilisationen entlang den dicken vertikalen Linien, welche die Zeitalter-Zyklen darstellen. Alles was bislang als antike Geschichte betrachtet wurde, geschah innerhalb der letzten 5000 Jahre des derzeitigen Großen Zyklus. Im Rahmen der neuen Zeitachse und der längeren Geschichte scheinen all diese Kulturen – von den alten Römern und Griechen über die alten Ägypter bis hin zu den Maya, Azteken und Inka – eigentlich erst seit Kurzem auf der »Bühne« der Weltgeschichte in Erscheinung zu treten.

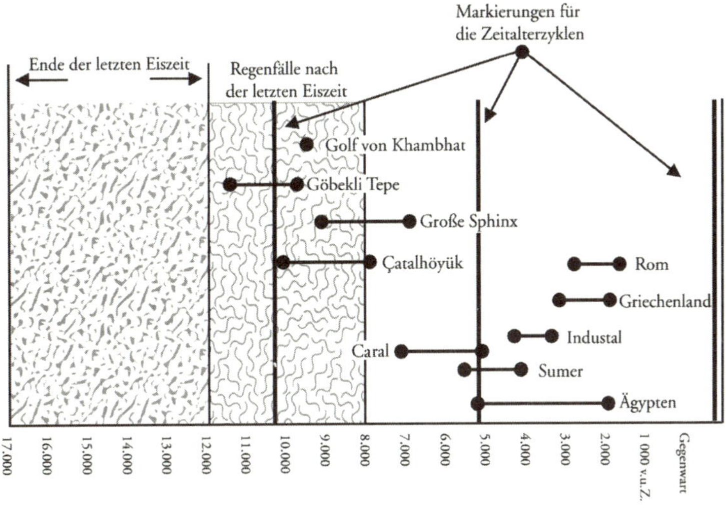

Abbildung 4.9: Überarbeitete Zeitachse der Weltkulturen auf Basis neuer archäologischer Funde, inklusive einer weiteren Grabungstätte in der Türkei, Çatalhöyük, die in diesem Buch nicht beschrieben wurde und inzwischen auf ein Alter von 8000 bis 10.000 Jahre datiert worden ist. Zu beachten sind die Zusammenhänge zwischen den uns bekannten Zivilisationen und den Weltalterzyklen (dicke vertikale Linien), zwischen denen jeweils 5125 Jahre liegen.

Jede dieser alten Kulturen war nachweislich mit hochkomplexen Systemen – Kunst, Naturwissenschaften, Mathematik, Architektur – vertraut, die sich auf geheimnisvolle Weise entwickelt hatten. Nun wird sich vielleicht herausstellen, dass dieses große Wissen auf ähnliche Errungenschaften im vorherigen Zeitalter zurückzuführen ist und das Wissen dieser Vorgängerzivilisationen wiederum von einer noch älteren Hochkultur stammte. Es wird sich zeigen. Wo solch uraltes Wissen herkommt und von wem es ursprünglich stammt, lässt sich vielleicht mit dem Wechsel der Zeitalter erklären, der etwa alle 5000 Jahre stattfindet.

Lektionen der Vergangenheit

Albert Einstein hat einmal gesagt: »Wir brauchen ein neues Denken, wenn die Menschheit überleben will.«[22] Das ist eine zeitlose Einsicht, und die Worte sind heute ebenso gültig wie damals Mitte des 20. Jahrhunderts.

Je mehr uns die tiefe Wahrheit über unsere Vergangenheit offenbar wird, desto klarer ist die Botschaft: Die noch immer gelehrte Geschichte der menschlichen Zivilisation ist nicht die Geschichte der Welt, sondern nur ein Teil einer viel umfassenderen Geschichte: Sie ist die Geschichte eines Großen Zyklus, eines Zeitalters, das vor 5125 Jahren begann. Vielleicht haben wir als Chronisten dieses Zyklus gute Arbeit geleistet. Dennoch ist diese Geschichte nicht alles; es fehlt die Geschichte des bzw. der vorangehenden Zeitalter.

Wir können beispielsweise die Zyklen des Klimawandels und seine Auswirkungen auf vergangene Lebensweisen anschauen oder einen Blick auf Kriegszeiten sowie die zwischenzeitlichen Friedensperioden werfen und erkennen, wie unsere Vorfahren mit Veränderungen fertig wurden. Solche Einsichten geben uns gute Gründe an die Hand, dem Rat Einsteins zu folgen und ein radikales Umdenken in die Wege zu leiten: über uns, wer wir sind, unsere Beziehung zur Welt und die Muster von Krieg und Hass in der Vergangenheit.

H.G. Wells sagte, die menschliche Geschichte werde »mehr und mehr zu einem Wettrennen zwischen Lernen und Krieg [Erziehung und Katastrophe]«.[23] Diese Worte sind vielleicht wahrer, als wir gerne glauben möchten. Wenn ich darüber sinniere und dabei an die Krisen denke, die unsere Zivilisation derzeit bedrohen, muss ich einfach auch an unsere Vorfahren denken sowie an ihren Umgang mit Krisen.

Es ist nachgewiesen, dass sie gegen Ende der letzten Eiszeit sehr starke Klimaveränderungen erlebten. Sie mussten mit großen Herausforderungen fertig werden und große Veränderungen einleiten. So wie wir zu Entscheidungen gezwungen sind, um uns an die globalen Herausforderungen anzupassen, noch bevor wir alle Antworten haben, mussten auch sie sich ihren Problemen stellen, denn damals wie heute stiegen die Temperaturen, das Eis schmolz, der Meeresspiegel ging in die Höhe, und ganze Küstenstriche versanken im Wasser. Sie verstanden nicht, warum sich ihre Welt so schnell und so stark veränderte, doch sie mussten Entscheidungen treffen, um überhaupt zu überleben.

Die Parallelen zwischen damals und heute sind nicht zu übersehen. Zwar gibt es Unterschiede hinsichtlich verfügbarer Technologien und Bevölkerungszahlen, doch die Grundthemen ähneln sich bemerkenswert. Betrachtet man die großen Veränderungen unserer Welt einmal aus diesem Blickwinkel, wird jeder Große Zyklus zu einer Chance, aus den Fehlern der Vergangenheit zu lernen und angesichts sich wiederholender Erfahrungen andere Entscheidungen zu treffen.

Es ist wie im Film »Und ewig grüßt das Murmeltier«, aber eben im richtigen Leben (im Film von 1993 spielte Bill Murray einen Mann, der in einer Zeitschleife festsitzt und immer wieder denselben Tag erlebt, bis er erkennt, an welchem Punkt er mit seiner Entscheidung diesen Zyklus durchbrechen kann, damit etwas anderes passiert): Wenn wir verstehen, wie unsere Ahnen früher auf Krisenzyklen reagierten, haben wir die Chance, eine weise Entscheidung zu treffen, anstatt ihre Fehler zu wiederholen, die zum Untergang der großen Frühkulturen führten.

Eine solche Betrachtungsweise konfrontiert uns mit neuen Fragen, auf die wir uns eine Antwort schuldig sind:

- Was können wir von den untergegangenen Kulturen der Vergangenheit lernen, damit wir nicht ihre Fehler wiederholen?
- An welchem Punkt zwischen der Lehre aus der Vergangenheit und der Katastrophe stehen wir im »Wettrennen« von H.G. Wells?
- Wie passen die Funde über Hochkulturen, die noch vor der traditionellen Geschichtsschreibung geblüht haben, in unsere Geschichte der Vergangenheit?

- Ist es wirklich nur ein Zufall, dass der Beginn der traditionellen Geschichtsschreibung mit dem Ende des letzten und dem Beginn des neuen Zeitalters zusammenfällt, in dem wir uns befinden?

Wir Menschen erzählen von Natur aus gern Geschichten und machen tagtäglich, was die Menschen dieser Erde schon immer getan haben: Wir reden über uns. Wir dokumentieren unsere Entdeckungen, beschreiben unsere Erfahrungen. Wir erzählen von unseren Verletzungen und freudigen Ereignissen, von unseren Überraschungen und Enttäuschungen. Erlebnisse, die uns tief und dauerhaft beeindruckt haben, bewahren wir für Nachfahren, die wir niemals kennenlernen, in deren Zeit wir nie leben werden.

Bringt man die jahrtausendealten, mündlich überlieferten Traditionen, die über unsere Vergangenheit berichten, mit den Relikten zusammen, die genau dort entdeckt wurden, wo sich diese Geschichten abspielen, müssen wir einfach eine für so manchen vielleicht unbequeme Wahrheit anerkennen. Immer mehr wissenschaftliche Funde führen unausweichlich zu zwei Schlussfolgerungen:

1. Der Mensch lebt schon viel länger auf dieser Welt, als die traditionelle Geschichtsschreibung anerkennt.

2. Irgendetwas in der Vergangenheit zerstörte alles, was unsere Ahnen aufgebaut hatten. Von der Sintflut der Bibel über die indigenen Weisheitstraditionen mit ihren Mythen bis hin zum Epos von Gilgamesch und der »Mahabharata« gibt es Geschichten, die uns daran erinnern.

Selbst wenn nur ein Teil dieser Überlieferungen stimmt, müssen wir uns auf diese Geschichten über die Vergangenheit besinnen. Unsere Vorfahren haben verzweifelt versucht, sie uns zu überliefern, weil sie glaubten, was ihnen damals widerfuhr, werde auch uns passieren. Inzwischen liegen Beweise vor, und ihre Botschaft ergibt so langsam einen Sinn.

Von Göbekli Tepe über die Große Sphinx bis hin zum antiken Caral und den Maya durchzieht ein Faden die Geschichten, der unsere moderne Welt mit der Vergangenheit verbindet: die Geschichte des Menschen, woher wir kommen und wie lange es uns schon auf der Erde gibt. Uralte Legenden und Mythen erzählen die Geschichte unserer Spezies. So wie sich ein Waisenkind danach sehnt, zu wissen, wer seine Eltern sind, wollen wir die Wahrheit über unseren Ursprung erfahren. Wenn wir erst einmal anerkennen, wie alt wir wirklich sind, verstehen wir auch, wie wir die Erfahrungen unserer kollektiven Vergangenheit nutzen können, um Entscheidungen zu treffen, die vielleicht schon unseren Ahnen hätten helfen können. Genau deshalb ist es so wichtig, dass wir alle die tiefe Wahrheit über unsere Geschichte erfahren.

Wenn die großen Kulturen der Vergangenheit entstehen konnten, Tausende von Jahren länger überlebt haben als die unsere und dann so plötzlich vom Erdboden verschwanden, dass nur noch eine vage, märchenhafte Erinnerung an sie zurückgeblieben ist, müssen wir uns fragen: Könnte uns das Gleiche passieren? Geschieht es jetzt?

Bei unseren Entdeckungen können wir vielleicht Anhaltspunkte finden, mit deren Hilfe wir die tiefsten Geheimnisse unserer Vergangenheit enträtseln und Antworten auf diese beiden Fragen finden können.

> **Tiefe Wahrheit 4:**
> Neue Entdeckungen über hoch entwickelte Zivilisationen gegen Ende der letzten Eiszeit lassen erkennen, wie wir heute Krisen bewältigen können, mit denen auch unsere Vorfahren damals konfrontiert waren.

Kapitel 5

Zufall oder Design: Neue Beweise für den Ursprung des Menschen

»Das Geheimnis des Lebens ist kein Problem, das gelöst werden muss, sondern eine Realität, die es zu erfahren gilt.«
< Frank Herbert (1920–1986), Romanautor >

Stellen Sie sich vor, Sie gehen mit einem Freund auf einem offenen Feld spazieren und Sie schauen beide im selben Moment auf den Boden. *Sie* sehen eine Uhr zu Ihren Füßen liegen, Ihr Freund sieht einen Stein. Wenn Sie sich nun fragen, wie die Uhr denn hierhergekommen ist, dürften die Antworten von Ihnen beiden ziemlich unterschiedlich ausfallen, ganz anders als bei dem Stein. Der Stein ist wohl auf natürliche Weise dahingelangt; gut möglich, dass er schon seit Jahrtausenden hier liegt – anders als die Uhr. Sie besteht aus fein aufeinander abgestimmten Einzelteilen, die nicht durch einen natürlichen Prozess willkürlich hierhergelangt sein können. Jede Komponente ist von jemandem oder etwas entwickelt, konstruiert und eingebaut worden, und zwar vor nicht allzu langer Zeit; ganz sicher liegt sie nicht so lange da wie der Stein.

Anfang des 19. Jahrhunderts begründete der Theologe William Paley(143-1805) mit dieser einfachen Analogie (die ich seinem Buch »Natural Theology« entnommen habe) die Existenz eines »Intelligenten Designs« hinter natürlichen Mustern.[1]

Aus seiner Analogie zog Paley zwei Schlüsse:

- *Erstens:* So wie die Uhr impliziert, dass sie von einem Designer entwickelt, konstruiert und in Bewegung versetzt wurde, implizieren die in der Natur vorhandenen komplexen Systeme und Lebewesen die Existenz und das Wirken eines kosmischen »Uhrmachers«, einer Intelligenz, die die Entstehung des Universums geleitet und das Leben in Bewegung versetzt hat.

- *Zweitens:* Wie wahrscheinlich ist es, dass komplexe Systeme und Lebewesen, deren Überleben voneinander abhängt, rein zufällig einfach so »passieren«? Die Uhr beispielsweise kann ihren Zweck, die Zeitmessung, nur erfüllen, wenn die einzelnen Komponenten bereits gefertigt, aufeinander abgestimmt und richtig zusammengebaut worden sind. Ausschlaggebend ist hier: Hätte ein Teil beim Zusammenbau der Uhr gefehlt oder würde ein Teil später abfallen, könnte die Uhr ihren Zweck, für den sie konstruiert worden ist, nicht erfüllen: »Wären die verschiedenen Einzelteile anders geformt worden oder hätten sie eine andere Größe oder wären sie anders oder in einer anderen Reihenfolge eingebaut worden, könnte in der Maschine entweder gar keine Bewegung übertragen werden oder die verursachten Bewegungen würden nicht dem jetzigen Zweck dienen.«[2]

Paley beschäftigte sich mit dem Studium des Universums und der Welt seiner Zeit und kam zu dem Schluss, dass sie ziemlich genau so funktionieren wie eine Uhr: »Alle Hinweise, dass die Uhr erfunden und entworfen worden ist, existieren auch in der Natur, mit dem Unterschied, dass in der Natur alles noch größer und viel mehr davon vorhanden ist, in einem Ausmaß weit jenseits aller Berechnungen.«[3]

182 Jahre nach Paleys Analogie tat der Evolutionsbiologe Richard Dawkins in seinem Buch »The Blind Watchmaker« (1986; dt.

Ausg.: »Der blinde Uhrmacher«, 1990) die Möglichkeit einer solchen Intelligenz ab:

Der einzige Uhrmacher in der Natur sind die blinden Kräfte der Physik, wenn sie sich auch auf ihre besondere Weise entfalten. Ein echter Uhrmacher plant: Er entwirft seine Rädchen und Federn, ebenso ihren Zusammenhang, und zielt dabei auf einen künftigen Zweck. Die natürliche Zuchtwahl, der blinde, unbewußte, automatische Vorgang, den Darwin entdeckte und von dem wir heute wissen, daß er die Erklärung für die Existenz und scheinbar zweckmäßige Gestalt alles Lebens ist, zielt auf keinen Zweck. Sie hat keine Augen und blickt nicht in die Zukunft. Sie plant nicht voraus. Sie hat kein Vorstellungsvermögen, keine Voraussicht, sieht überhaupt nicht. Wenn man behauptet, daß sie die Rolle des Uhrmachers in der Natur spielt, dann die eines blinden Uhrmachers.[4]

Die Idee hinter dem Uhrmacher-Argument ist zwar einfach, doch die Implikationen sind umwälzend. Warum?

Unser Denken über die Anfänge des Menschen auf der Erde bildet die Grundlage für unser Denken über uns selbst. Entweder es gibt ein absichtsvolles Design, das dem Leben zugrunde liegt, oder nicht. Wir sind entweder das Produkt einer zufälligen Abfolge natürlicher Ereignisse oder das Ergebnis eines absichtlichen, intelligenten Designs. Dazwischen scheint es nicht viele Varianten zu geben.

Es ist wichtiger als je zuvor, die Wahrheit zu wissen. Nie zuvor haben wir um höhere Einsätze gespielt.

Diese Frage haben unsere Ahnen zur Zufriedenheit ihrer Zeit beantwortet. Jetzt kämpfen wir damit und müssen eine Antwort finden, die unserer Zeit entspricht, und zwar in der Sprache, auf die wir uns verlassen, wenn wir unsere Beziehung zur Welt beschreiben: die Sprache der Wissenschaft. Es geht dabei um das menschliche Leben. Wann genau fängt es an? Wann hört es auf? Wer hat das Recht, solchem Leben ein Ende zu bereiten?

Und dann gibt es noch eine ganz andere Frage – die vielleicht größte Frage von allen, jene mit den größten Implikationen: *Woher kommt das menschliche Leben? Was ist unser Ursprung?*

> Unser Denken über unseren Ursprung beeinflusst unser Denken über uns, unsere Beziehung zur Erde und zueinander, unsere Fähigkeiten und unsere Bestimmung.

Das sind sehr große Fragen, und die jeweiligen Antworten sind eine sehr verzweigte Angelegenheit. Bringen wir sie zusammen, haben sie eine Kraft, wie sie die Antwort auf eine einzelne Frage selten hat: die Kraft, uns als Freunde, Familien und Gesellschaften zu vereinen – oder genau das Gegenteil zu erreichen. Jede Antwort, die landläufige Ansichten nicht stützt, hat auch das Potenzial, uns auseinanderzureißen, denn sie stellt unsere Kernüberzeugungen infrage, auf denen die heutige Gesellschaft beruht.

In der Kontroverse um das Thema »Abtreibung« wurden Kliniken unter Beschuss genommen; Frauen, die einen Schwangerschaftsabbruch vornehmen lassen wollten, wurden bedroht; Abtreibungsärzte wurden ermordet; und seit Jahren steht das Thema bei Wahlen in den USA auf der Agenda der Mächtigen. Hinzu kamen heftige Proteste über gesetzliche Vorgaben in den verschiedenen US-Bundesstaaten, die regeln, was in den Schulen über die Ursprünge des Menschen gelehrt wird. Ganz offensichtlich müssen wir uns mit den Fakten über unsere Existenz in einer Art und Weise auseinandersetzen, die den Bedürfnissen des 21. Jahrhunderts angemessen ist; je früher das geschieht, desto eher können wir den Hass und das Leid beenden, durch die unsere Gesellschaft seit 100 Jahren einer Zerreißprobe ausgesetzt ist.

Dabei geht es um unsere Denkweisen und Überzeugungen sowie um die Antworten auf die wichtigsten Fragen des Lebens.

Die richtigen Fragen stellen

John Ciardi, gefeierter Übersetzer von Dantes »Göttlicher Komödie«, hat geschrieben: »Eine gute Frage wird niemals beantwortet.«[5] Ich frage mich, ob er dabei die Frage nach dem Ursprung des

Menschen im Sinn hatte. Ciardi schreibt weiter: »Sie [die Frage] ist kein Riegel, den man vorschiebt, sondern ein Samenkorn, das ausgesät wird, um noch mehr Samen hervorzubringen, welche die Landschaft der Ideen zum Blühen bringen.«[6] Kann es sein, dass er sich die Frage gestellt hat, die heute im Mittelpunkt von so vielen hitzigen Debatten über Gesetze, Politik und Wissenschaft steht: *Woher kommen wir?*

Der dänische Philosoph Søren Kierkegaard sagte einmal, das menschliche Leben sei »nicht ein Problem, das gelöst werden muss, sondern ein Geheimnis, das gelebt werden will.«[7] Das spricht auf sehr poetische Weise ein Geheimnis an, das wir lösen müssen. Es hat religiöse/spirituelle Implikationen, spielt eine Rolle in unseren Grundüberzeugungen und birgt die Schlüssel, mit deren Hilfe wir eine dauerhafte Zivilisation aufbauen können. Oh ja, wir müssen uns mit dem Ursprung des Lebens auseinandersetzen, wenn wir uns zu einer friedlichen, kooperativen und mitfühlenden Gesellschaft entwickeln wollen.

Das heißt also, wir müssen die richtigen Fragen stellen, sodass sie auch beantwortet werden können. Dabei geht es darum, zwei scheinbar zeitlose Geheimnisse zu enträtseln:

1. Wie hat das menschliche Leben auf der Erde begonnen?

2. Wann beginnt menschliches Leben im Mutterleib?

Doch alles der Reihe nach. Bevor wir auch nur anfangen können, diese beiden Geheimnisse zu sondieren, müssen wir eine Antwort auf eine noch viel grundlegendere Frage finden.

Zu Beginn des 21. Jahrhunderts sind wir mit unseren hochempfindlichen Mikroskopen in der Lage, mitzuerleben, wann eine Samenzelle in das Ei eindringt und durch die Vereinigung der DNA neues Leben beginnt; allerdings gibt es noch Meinungsverschiedenheiten hinsichtlich dessen, *was* da beobachtet wird.

Es klingt so offensichtlich und eigentlich meinen wir, alles sei schon geklärt, aber es gibt bislang keine einheitliche wissenschaftliche Definition von Leben. Was ist das überhaupt?

Was ist Leben?

Am 20. August 1975 veränderte sich unser Verständnis von unserem Platz im Kosmos von Grund auf. Um 17.22 Uhr Ortszeit wurde eine »Titan Centaur III«-Rakete vom Komplex 41 in Cape Canaveral, Florida, gestartet. An Bord: die »Viking I«-Weltraumsonde, die als erste menschengemachte Maschine auf dem Mars, unserem Nachbarplaneten, landete.

Einen Monat später begab sich die Viking II vom gleichen Startplatz in Cape Canaveral auf dieselbe 800-Millionen-Kilometer-Reise und wurde mit derselben Rakete in den Weltraum zum selben Ziel wie die Viking I geschickt. Die beiden Viking-Sonden sollten die ersten Nahaufnahmen und Proben vom geheimnisvollen »Roten Planeten« zur Erde bringen. Nach Beendung ihrer Mission gingen sie als die erfolgreichste Planetenerforschung in die Geschichte ein. Obwohl im November 1982 letztmals Signale von der letzten Viking empfangen wurden, sind diese erfolgreichen Missionen unter Wissenschaftlern nach wie vor ein Gesprächsthema.

Mitte der 1980er-Jahre arbeitete ich in Denver, Colorado, für die Martin Marietta Corporation, die beide Viking-Weltraumsonden konstruiert hatte. Ich war zwar eigentlich als Software-Entwickler für das Rüstungsgeschäft eingestellt worden, doch plötzlich arbeitete ich mit den Wissenschaftlern, Ingenieuren und Projektmanagern in der Raumfahrt-Abteilung zusammen, die die Mars-Missionen überhaupt erst ermöglicht hatten.

Im Lauf unserer Gespräche und beim Studium unzähliger Datenblätter, auf denen das ambitionierte Mars-Programm beschrieben wurde, entdeckte ich etwas ganz Besonderes, was die Viking-Missionen von allen anderen NASA-Missionen unterschied – das einzige Ziel, wofür sich meiner Meinung nach die Risiken und Kosten des Projekts überhaupt gelohnt hatten.

In einer Mappe mit einer Liste von Punkten, in der die Ziele der Viking-Projekte aufgeführt wurden, fand ich einen kurzen Satz. Nach der Aufzählung und den technischen Erläuterungen über das Klima auf dem Mars, seine Oberflächenbeschaffenheit und die Zusammensetzung des Bodens fiel mein Blick auf ein paar Worte: Sie drehten sich um eine Frage, die mir seit den ersten bemannten Weltraummissionen, welche ich in den 1960er-Jahren auf unserem winzigen Schwarz-Weiß-Fernseher verfolgt hatte, immer wieder durch den Kopf ging und auf die ich bislang keine Antwort gefunden hatte. Ziel Nummer 5 besagte ganz einfach, dass die Mission herausfinden sollte, »ob es auf dem Mars Leben gibt bzw. jemals gab.«[8]

1976 waren die Wissenschaftler überrascht, weil in den Proben vom Marsboden keinerlei organische Materie gefunden wurde. Damals herrschte die Auffassung, in dem vermutlich eisenhaltigen Boden müsse irgendeine einfache Lebensform zu finden sein. 30 Jahre lang gab es über die von Viking I und Viking II gesammelten Daten kontroverse Debatten, sie wurden immer wieder neu analysiert. Am 5. September 2010 veröffentlichte »Science Daily« einen Bericht über eine neue Theorie, die jetzt erklären könnte, warum damals keine Lebensanzeichen gefunden wurden. Sie geht von der Annahme aus, jegliche eventuellen Mikroben könnten durch das angewandte Nachweisverfahren abgetötet worden sein und die entscheidenden Spuren für die Bausteine des Lebens auf dem Mars seien vielleicht die ganze Zeit vorhanden gewesen.[9]

Die Suche nach Leben auf dem Mars – oder sonstwo im Universum – ist ein gutes Beispiel für das Dilemma der Wissenschaft und unser Dilemma als Gesellschaft. Ob wir jemals Leben entdecken oder nicht, hängt davon ab, welche Definition wir dafür haben. *Was genau ist Leben überhaupt?*

Die erstaunliche Tatsache, die mir in den 1980er-Jahren während meiner beruflichen Tätigkeit in der Rüstungsindustrie klar wurde, gilt auch heute noch, drei Jahrzehnte später: Diverse Wissenschaftler aus verschiedenen Disziplinen geben unterschiedliche Antworten auf die Frage, und zwar in der Terminologie ihres jeweiligen Kompetenzbereiches. Nicht einmal die Experten konnten sich auf eine allgemein gültige Definition dafür einigen, was unsere Existenz ausmacht.

Das College-Schulbuch »Chemistry, Matter, and the Universe« gibt beispielsweise eine ziemlich sterile Definition: »Leben ist ein Verhaltensmuster von chemischen Systemen, wenn sie eine gewisse Art und ein bestimmtes Ausmaß an Komplexität erreichen.«[10] Das hört sich ziemlich schablonenhaft an, nicht wahr? Oder doch nicht? Ich gebe hier diese Definition wieder, weil sie so in einem Buch steht, das in eben dem Jahr veröffentlicht wurde, als die beiden Viking-Sonden ins All geschossen wurden, und sie das damals geltende »führende Denken« widerspiegelt.

1944 schlug Erwin Schrödinger, ein theoretischer Biologe und bekannter Physiker (Schöpfer der berühmten experimentellen »Schrödingers Katze«), vor, dass etwas lebendig ist, wenn es sich dem »Abfall in den Gleichgewichtszustand« entzieht.[11] Nun ja, Schrödinger hielt seine Definition sehr kurz, aber dem Normalverbraucher, der nach Lebensanzeichen sucht, hilft sie wohl nicht unbedingt weiter. Schrödingers Definition bezieht sich auf das physikalische Gesetz, dass Materie immer von einem Zustand des Chaos in einen Zustand des Gleichgewichts zu kommen versucht. Solange etwas lebendig ist und alles machen kann, was lebendige Materie eben so tut – Verstoffwechselung, Selbstreparatur und Reproduktion –, ist dieses Etwas im Chaos. Wenn Lebewesen all das nicht mehr machen können, verfallen sie durch Zersetzung in den Gleichgewichtszustand von einfachen Elementen – anders ausgedrückt: sie sterben.

In der Ausgabe vom 22. März 2002 des »Science«-Magazins versuchte sich der Molekularbiologe Daniel E. Koshland, Jr., an einer möglichen Definition des Lebens.[12] In seinem Essay identifizierte er sieben Bedingungen als eine Art Richtschnur dafür, ob etwas lebendig ist. Lebewesen …

1. … müssen über ein Programm verfügen, mit dem sie sich selbst kopieren können;
2. … passen sich Umweltveränderungen an und entwickeln sich weiter;
3. … sind normalerweise komplex, stark organisiert und verfügen über abgegrenzte Strukturen;
4. … verfügen über einen Stoffwechsel, um Energie von einer in eine andere Form umwandeln zu können;

5. … können sich ganz oder teilweise als Form regenerieren;
6. … können über Feedback-Mechanismen auf ihre Umwelt reagieren;
7. … können mehrere Stoffwechselreaktionen gleichzeitig ablaufen lassen.

Jedes dieser Definitionsmerkmale ist für sich zweifellos aus Sicht der Wissenschaftler, die sie zusammengestellt haben, zutreffend; doch wenn ich das so lese, fühle ich eine gewisse Leere, als würde etwas fehlen. Sind wir wirklich nur das Produkt »chemischer Systeme«, die eine gewisse Komplexität erreicht haben, oder Systeme, die sich vom Chaos hin zu einem Gleichgewichtszustand bewegen? Kann man die Schönheit und Symmetrie des Lebens wirklich auf etwas reduzieren, das so nach Routine und irgendwie leblos klingt? Oder sind wir doch mehr? Gibt es ein mystisches Lebenselement, das die Wissenschaft erst noch messen oder anerkennen muss?

Wenn das Leben mehr ist, als die obige Definition besagt, mag das letzte Wort noch nicht gesprochen sein, ob die Viking-Sonden nun Leben auf unserem nächsten Nachbarn gefunden haben oder nicht. Vielleicht wurde an den richtigen Stellen gesucht und die richtige Materie untersucht, aber auf die falsche Weise. Inzwischen gibt es neuere Definitionen, die dem Leben wieder etwas mehr »Leben« verleihen wollten; allerdings klingen sie trotzdem wie schwache Echos der 1976er-Denkmuster.

Ein Grund, weshalb eine eindeutige Definition des Lebens so schwer zu fassen ist, besteht in der Tatsache, dass man dazu ein anderes, noch tieferes Verständnis der Ursprünge des Lebens braucht. Die Fragen »Was ist Leben?« und »Wie nahm Leben seinen Anfang?« hängen so eng zusammen, dass man die eine kaum ohne die andere beantworten kann. Wir müssen wissen, was das Leben ist, um wissen zu können, wann es beginnt, denn wie könnten wir wissen, wann es beginnt, wenn wir nicht einmal wissen, was es ist? Diese Zwickmühle könnte aber auch etwas Gutes bergen: Mit der Antwort auf die eine Frage löst sich womöglich auch die andere.

Die Frage nach unserem Ursprung steht seit Menschengedenken im Raum. Die Felszeichnungen in den Höhlen von Australien und Nordeuropa, deren Alter auf 20.000 bis 35.000 Jahre geschätzt wird, bestätigen, dass auch schon damals, vor sehr langer Zeit, diese Fragen gestellt wurden: Woher kommen wir und wie sind wir hierhergekommen? Und natürlich stellen auch wir heutigen Menschen diese Fragen immer noch, denn bislang gibt es keine Antworten darauf, die in unserer modernen Welt einen Sinn ergeben.

Deshalb wollen wir sie uns einmal genauer anschauen. Die tiefe Wahrheit des Lebens, insbesondere des menschlichen Lebens, braucht eine Antwort auf die Fragen: *Was genau ist Leben? Wann nimmt es seinen Anfang? Wo kommt der Mensch ins Spiel?*

Wann beginnt das Leben eines Menschen?

Wie heißt es doch so schön? Mit fremden Leuten, in der Firma, bei Familienfeiern und speziellen Anlässen sollte man besser nicht über Politik, Religion und Abtreibung reden.

Das Thema »Abtreibung« lässt sich allerdings kaum vermeiden, denn es ist überall vertreten: in Hochglanzmagazinen ebenso wie in Fernsehdebatten zwischen Männern und Frauen, die um den Platz an der Spitze der mächtigsten Nationen kämpfen. Auch der Vatikan in Rom hat entsprechende Richtlinien veröffentlicht. Damit ist Abtreibung auch ein zentrales Thema der beiden anderen in der Vergangenheit gemiedenen Gesprächsthemen: Politik und Religion.

Ein Blick auf die Geschichte zeigt, dass die Moral, ob, wann, und wie eine Schwangerschaft abgebrochen werden sollte, früher auf Basis der jeweiligen Werte und Glaubensüberzeugungen der verschiedenen Gesellschaften geklärt wurde. Der Glaube ist etwas zutiefst Persönliches und ist in der Kultur, Konditionierung, Religion und Familie des Einzelnen verwurzelt. Aus diesen Blickwinkeln betrachtet, überrascht es eigentlich nicht, dass diese Probleme in unserer heutigen multikulturellen Gesellschaft schon seit Langem schwären, ohne dass Lösungen gefunden werden.

1973 versuchte der Oberste Gerichtshof der Vereinigten Staaten, das Problem der Abtreibung unter gesetzlichen Gesichtspunkten zu lösen, und traf am 22. Januar desselben Jahres im Fall Roe v. Wade eine Grundsatzentscheidung über das Recht der Frau, selbst zu entscheiden, ob sie ihre Schwangerschaft beenden wolle.[13] Mit 7 zu 2 Stimmen wurde zugunsten von Roe entschieden, und der Gerichtshof verfügte, das Recht auf Privatsphäre, wie es im 14. Zusatzartikel zur Verfassung der USA steht, umfasse auch, dass sich eine Frau in Absprache mit ihrem Arzt für eine Abtreibung entscheiden kann. Richter Harry A. Blackmun fasste die Entscheidung so zusammen: »Zum Recht auf die persönliche Privatsphäre gehört auch die Entscheidung für oder gegen eine Abtreibung, doch dieses Recht gilt keineswegs uneingeschränkt, sondern muss gegen wichtige staatliche Gesetzgebungsinteressen abgewägt werden.«[14] Das Gericht ergänzte seine Entscheidung um einen Vorbehalt hinsichtlich der Art und Weise der Entscheidung: Das Recht einer Frau auf den Abbruch ihrer Schwangerschaft muss gegen die Gesetze des jeweiligen Bundesstaates abgewägt werden, in dem die Frau ihren Wohnsitz hat, da sie eine Entscheidung über Leben und Tod trifft.

Die Gesetzeslage in den 50 US-amerikanischen Bundesstaaten ist unterschiedlich. Der Gerichtshof hat zwar unter Berücksichtigung der Meinung von Wissenschaftlern und Rechtsexperten über die persönliche Entscheidungsfreiheit seinen offiziellen Beschluss getroffen, doch letztendlich liegt die Entscheidung im Ermessen der örtlichen Behörden. Ob Abtreibung nun legal oder gesetzlich verboten ist, hängt nach wie vor größtenteils von den Werten und Überzeugungen der einzelnen Kommunen ab.

Im Jahr 1992, also 19 Jahre später, wurde die ursprüngliche Entscheidung des Obersten Gerichtshofes während einer Klage vor Gericht abgeändert, um dem veränderten Sprachgebrauch bei der Beschreibung der unterschiedlichen Phasen einer Schwangerschaft Rechnung zu tragen. Vor der Entscheidung des Jahres 1992 wurden in Rechtsdokumenten die durchschnittlich neun

Monate einer Schwangerschaft in Trimester aufgeteilt, wobei jedes Trimester ein Drittel der Schwangerschaft abdeckt, also das erste Trimester die ersten drei Schwangerschaftsmonate, das zweite Trimester die nächsten drei Monate etc. Die überarbeitete Rechtssprache konzentriert sich nun weniger auf die jeweilige Phase einer Schwangerschaft als vielmehr auf den Entwicklungsstatus des Fötus.

Insbesondere geht es darum, ob der ungeborene Fötus »überlebensfähig« ist, wenn er aus dem Mutterleib herausgeholt würde. Doch anstatt die Verwirrung zu klären, haben die überarbeiteten Richtlinien noch mehr Ressentiments im Hinblick auf die Grundfrage geschürt. Viele Menschen weltweit sind der Meinung, ein Fötus, ob nun überlebensfähig oder nicht, sei zu jedem Zeitpunkt nach der Empfängnis menschliches Leben; er verfüge deshalb wie ein Mensch über entsprechende Rechte und müsse geschützt werden.

Abtreibung bleibt eines der am heißesten diskutierten Themen unserer Gesellschaft. Angesichts anstehender lokaler und nationaler Wahlen in den USA haben die Meinungen der einzelnen Kandidaten zweifellos mit einen Einfluss darauf, wer in der Wahl als Sieger hervorgeht. Laut Kenneth T. Walsh, Hauptkorrespondent des Weißen Hauses für »U.S. News & World Report«, sind die »›Keil-Themen‹ wieder auf dem Vormarsch [...], also die sozialen Fragen, die seit vielen Jahren einen Keil zwischen die amerikanische Bevölkerung treiben, beispielsweise Schwulenrechte, Abtreibung und Familienwerte.«[15]

Dank wissenschaftlicher Fortschritte können wir inzwischen zwar den Prozess und den Ursprung des Lebens besser verstehen, doch für so manchen gehen diese Entdeckungen komplett am eigentlichen Punkt vorbei. Viele Menschen haben sehr starke Überzeugungen und Gefühle, wenn es darum geht, was das Leben ist und wann es beginnt, ungeachtet irgendwelcher wissenschaftlicher Enthüllungen. Andere wiederum betrachten diesen Streit als unlösbar und ewig dauernd. In beiden Lagern steht dasselbe Thema im Mittelpunkt, der unbekannte Faktor, der Thema dieses Kapitels ist: Wann beginnt ein menschliches Leben wirklich?

Vielleicht erfahren wir nie, woher wir genau kommen oder wie wir überhaupt auf die Erde gelangt sind. Doch eines wissen wir ziemlich sicher: wann im Mutterleib die unterschiedlichen Lebensstadien ablaufen. Da könnte man nun denken: Wenn wir diese Stadien kennen und auch über ihren Beginn Bescheid wissen, wo ist dann bitteschön das Problem? Genau hier gehen die Kontroversen los. Eben weil es unterschiedliche Lebensstadien gibt, treffen auf jede von ihnen unterschiedliche Definitionen von Leben zu. Wenn es um die Frage geht, wann genau das Leben beginnt, müssen wir also sehr präzise sein und wissen, um welches Stadium es überhaupt geht. Darauf wird an dieser Stelle eingegangen, weil auch hier etwas Neues entdeckt wurde, das hilfreich sein könnte.

Die Forscher haben einen geheimnisvollen Punkt in der Entwicklung des Embryos entdeckt, an dem die charakteristischen Merkmale, die uns ausmachen (die DNA, die menschliche Charakterzüge definiert) »erwachen« und zum Tragen kommen. Damit wissen wir zwar immer noch nicht, was bei einer Entscheidung über Leben und Tod richtig oder falsch ist, doch zumindest wissen wir, über welche Art Leben wir reden und worüber wir hier Entscheidungen treffen.

Von der Empfängnis bis zur Geburt: Alles ist Leben

Früher hat die Biologie – die Lehre vom Leben – Leben anhand von vier Kriterien definiert: Stoffwechsel, Wachstum, Reizfähigkeit und Fortpflanzung.[16] Weist etwas diese vier Merkmale auf, dann wird es aus biologischer Sicht als Lebewesen betrachtet.

> Aus biologischer Sicht muss Leben normalerweise vier Kriterien erfüllen: Stoffwechsel, Wachstum, Reizfähigkeit und Fortpflanzung.

Diese anerkannte Definition von Leben soll hier als Ausgangspunkt dienen; darauf aufbauend wollen wir untersuchen, wann jenes, was wir unter einem menschlichen Leben verstehen, im Mutterleib beginnt.

Egal welche Definition man ansetzt: Letztendlich beginnt für einen Menschen das Leben mit der Vereinigung von zwei Zellen: einer Samenzelle und einer Eizelle. Die allermeisten Leute glauben, dass diese Vereinigung in der Gebärmutter bzw. im Mutterleib stattfindet. Das Leben im Mutterleib ist heute für die Wissenschaft einer der faszinierendsten und geheimnisvollsten Forschungsbereiche. Inzwischen verfügen wir über Technologien, mit deren Hilfe wir den Augenblick der Zeugung, also der Vereinigung von Samen- und Eizelle, die Verbindung ihrer genetischen DNA, die zu einem Menschen wird, miterleben können. Wir können den Mechanismus, der menschliches Leben erzeugt, von A bis Z dokumentieren. Und doch passiert vor der eigentlichen Geburt so einiges, wofür die Wissenschaft immer noch keine Erklärung hat.

Die nachfolgende Zusammenfassung der Phasen menschlicher Entwicklung im Mutterleib soll als Diskussionsrahmen dienen. Sie soll helfen, die einzelnen Entwicklungspunkte genau festzulegen, an denen all die Veränderungen passieren, die den Menschen als Menschen definieren und an denen von der Empfängnis bis zur Geburt die einzelnen Lebensphasen entstehen. Da wir ja fast alle diesen Prozess durchlaufen haben, halte ich diese Zusammenfassung persönlich: Das ist mit uns im Bauch unserer Mütter passiert, und daraus sind wir so entstanden, wie wir jetzt sind. Los geht's …

■ Unser Anfang

Im weiteren Verlauf dieses Kapitels wird der Ursprung des Lebens aus der Sicht von Charles Darwins Evolutionstheorie und der dazu im Widerspruch stehenden Theorie des »Intelligenten Designs« dargelegt. Eines ist wissenschaftlich betrachtet absolut sicher: Der Stoff des Lebens beginnt mit lebendigem Stoff. In einzelnen Experimenten werden zwar auch andere Arten der Entstehung von Leben untersucht, doch in der einschlägigen Literatur gibt es keine wissenschaftlich dokumentierten, von Fachleuten gegengeprüften Fälle, in denen Leben aus etwas Nichlebendigem ensteht.

> Soweit wir wissen, geht Leben im Allgemeinen und das menschliche Leben im Besonderen nur aus biologischer Materie hervor, die selbst lebendig ist.

Was passiert im Mutterleib? Hier gilt es eine Tatsache zu berücksichtigen: Leben beginnt mit Leben. Das Sperma und das Ei, die durch ihre Verschmelzung den »Beginn« eines menschlichen Lebens anstoßen, sind lebendig und dienen als lebendige Kanäle für die lebendige Essenz, aus der wir hervorgehen.

■ Befruchtung

Oft wird der Moment der Vereinigung zwischen menschlichem Sperma und Eizelle als der »Augenblick der Empfängnis« bezeichnet; genau genommen ist dies allerdings vielmehr der Beginn des Empfängnisprozesses. Die Verschmelzung der Zellkerne von Samenzelle und Ei, bei der die genetischen Informationen beider Elternteile zusammenkommen und die Befruchtung stattfindet, dauert nämlich etwa 24 Stunden.

■ Unser Zygoten-Stadium

Es ist schon faszinierend: Die Samen- und die Eizelle, die zu Beginn miteinander verschmelzen, sind bereits zwei voll- und eigenständige, lebende Zellen, die alle Kriterien und Anforderungen biologischen Lebens erfüllen; doch wenn sie sich zu einer neuen Einheit verbinden, entsteht daraus eine einzige neue Zelle. Die Mathematik der Biologie lautet hier: 1 Zelle + 1 Zelle = 1 und nicht 1 + 1 = 2. Doch obwohl es sich hier um einen einzelligen Organismus handelt, ist diese neue Zelle doch mehr als die beiden einzelnen Zellen, aus denen sie entstanden ist, und verfügt über ein viel größeres Potenzial als das Sperma und das Ei für sich alleine genommen. Dieses gemeinsame größere Potenzial – das sind *wir* im Anfangsstadium des Lebens. Von da an hängt alles, was wir vielleicht einmal werden, von den Möglichkeiten dieser ersten Zelle ab.

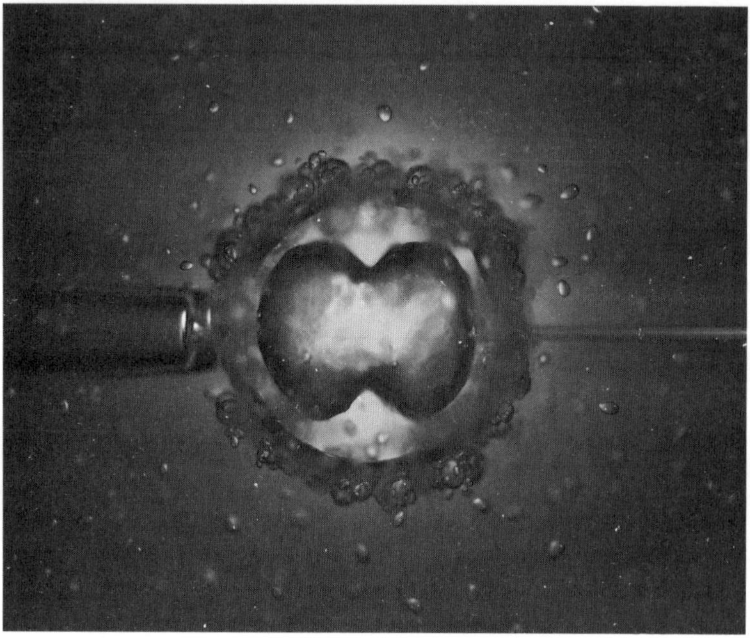

Abbildung 5.1: Wie lange die Phase zwischen Befruchtung und der ersten Zellteilung dauert, ist individuell verschieden. Im obigen Bild hat der Zellteilungsprozess begonnen und die Einzelzelle (Zygote) spaltet sich in zwei identische Zellen auf (sogenannte Furchung durch Abschnürung). Die Vertiefungen auf den beiden Zellen sind die Zellkerne, die die genetischen Informationen enthalten (Quelle: iStockphoto: © Pete Draper).

Hier muss man nun genau unterscheiden: Der genetische Code mit dem Potenzial all dessen, wer und was wir einmal sein werden, existiert in dieser Phase als genau dies: nämlich nur als Potenzial.

Zu diesem Zeitpunkt ist die genetische Information, der Bauplan des Lebens, noch nicht voll aktiviert. Die neue Wissenschaft der Epigenik hat nachgewiesen, dass das von den Eltern ererbte Potenzial nicht »in Stein gemeißelt« ist, wie man früher geglaubt hat, sondern sich im Körper durch ein verändertes Umfeld (physische Umwelt, chemische und emotionale Faktoren) ändern kann.[17] Der wissenschaftliche Terminus für diese Entwicklungsphase ist das »Zygoten-Stadium« nach der Befruchtung, wenn Samen- und Eizelle zu einer einzigen Zelle verschmolzen sind; es geht bis zur ersten Zellteilung, wenn sich diese einzelne Zelle in zwei identische Zellen aufschnürt (die sogenannte Furchung, siehe Abbildung 5.1). Die Länge dieser Phase, bis sich eine Zygote teilt, scheint nicht Teil des präzisen Uhrwerks des Universums zu sein. Die Natur gesteht uns in unserer frühen Entwicklung einen gewissen Spielraum zu, wann dieser Prozess, der bis zu unserem letzten Atemzug andauert, in Gang gesetzt wird. Meistens findet die erste Zellteilung zwischen 12 und 20 Stunden nach Ausbildung der Zygote statt.

■ Unser Zwei-Zellen-Stadium

Jetzt fangen unsere Zellen an, auf die unsichtbare Uhr der Natur zu reagieren und sich in rhythmischen Abständen zu teilen. Jede Zellteilung findet innerhalb eines Zeitfensters statt, das man anhand der jeweils vorausgehenden Zeitspanne für die Zellteilung prognostizieren und berechnen kann. Diese sogenannte binäre Zellteilung findet alle 12 bis 24 Stunden statt. Zusammenfassend lässt sich also sagen: Von der Befruchtung an gerechnet, findet die erste Zellteilung, bei der die einzellige Zygote sich in zwei Zellen aufteilt, normalerweise zwischen der 47. und 55. Stunde statt; die nächste Zellteilung (von zwei in vier Zellen) geschieht 12 bis 20 Stunden später, und die dritte, bei der jede der vier Zellen sich erneut teilt und wir dann aus acht Zellen bestehen, weitere 12 bis 20 Stunden später.

In dieser achtzelligen Lebensphase, etwa 95 Stunden (3,9 Tage) nach der Befruchtung, passiert etwas sehr Geheimnisvolles, das ausschlaggebend dafür ist, wer wir werden, und den schweren Entscheidungen hinsichtlich der Phasen menschlichen Lebens noch eine weitere Dimension hinzufügt.

Unser Acht-Zellen-Stadium

An diesem so wichtigen Punkt setzt ein geheimnisvoller Prozess ein, den man gerade erst zu verstehen beginnt, aber noch nicht vollständig erklären kann. Hier kommt der genetische Bauplan unserer DNA ins Spiel, das heißt, es werden unsere charakteristischen Merkmale aktiviert, die uns zu dem machen, wer und was wir sind.[18]

Eine im März 2010 im Magazin »Nature« veröffentlichte Studie besagt: »Nach der Fertilisation ist das embryonale Genom bis zum Zeitpunkt des Wechsels von maternaler zu selbstständiger zygotischer Transkriptionsaktivität (maternal-to-zygotic-transition = MZT) inaktiv.«[19] Diese sogenannte embryonale Gen-Aktivierung (EGA) wurde inzwischen zwar wissenschaftlich dokumentiert und nachgewiesen, doch bislang kann mit traditionellen Methoden nicht genau erklärt werden, warum sie passiert.

> Im Acht-Zellen-Stadium des Lebens wird durch einen bislang nicht vollständig erklärbaren geheimnisvollen Prozess der Code des Lebens – die DNA mit den persönlichen Charaktermerkmalen – aktiviert.

In dieser Phase enstehen also aus den als menschlich betrachteten Merkmalen … *wir!* Man kann, wie schon erwähnt, den genetischen Code als die »Grundeinstellung« der kosmischen Lebensfabrik betrachten, mit der wir auf die Welt kommen und geboren werden, die aber nicht »in Stein gemeißelt«, sondern mit der Zeit und unter entsprechenden Bedingungen veränderbar ist.

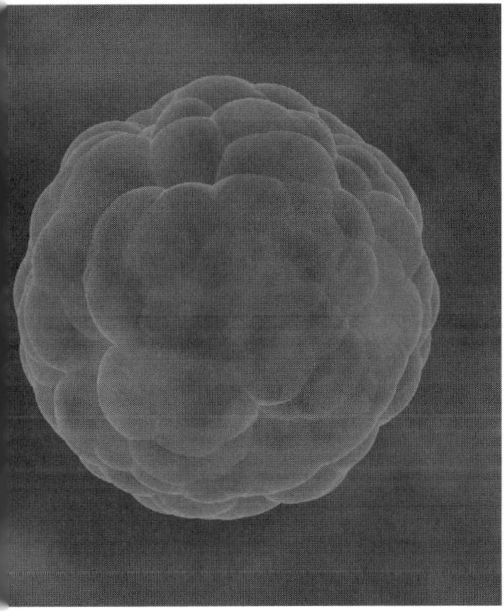

Abbildung 5.2:
Oben: Ein Embryo im Acht-Zellen-Stadium, circa 95 Stunden nach der Befruchtung. Zu diesem Zeitpunkt beginnt ein geheimnisvoller Prozess, und die genetischen Informationen unserer frühen Entwicklung werden aktiviert (Quelle: iStockphoto: © alxpin).
Unten: Das Blastozysten-Stadium, in dem unsere Zellen zum ersten Mal unterschiedliche Rollen übernehmen. Manche entwickeln sich nach innen und werden zum Fötus, andere bewegen sich nach außen, um später zur Plazenta zu werden. In dieser Phase bilden sich die ersten Stammzellen heraus (Quelle: iStockphoto: © geopaul).

■ Unser Morula-Stadium

12 bis 20 Stunden nach Beginn des Acht-Zellen-Stadiums kommt es zu einer erneuten Zellteilung. In diesem Stadium bestehen wir aus 16 Zellen, die in einem kugelförmigen Haufen angeordnet sind, daher der Name (»Maulbeerhaufen«, von lat. *morum,* »die Maulbeere«). Bis zu diesem Zeitpunkt haben sich die Zellen

identisch innerhalb der Membran geteilt, welche die Form stabilisiert: in der sogenannten Glashaut oder *zona pelucida*. Wenn das 16-Zellen-Stadium erreicht ist, beginnen die Zellen, sich zu verformen und im Prozess der sogenannten Kompaktion bzw. Konsolidierung dicht »zusammenzudrängen«.

■ Unser Blastozysten-Stadium

Auf das Morula-Stadium, etwa 5 Tage nach der Befruchtung, folgt das Blastozysten-Stadium (Keimbläschen). Der Embryo ist nun eine winzige, hohle Kugel. Zum ersten Mal entwickeln sich die sich teilenden Zellen jetzt unterschiedlich. Die inneren Zellen werden zur inneren Zellmasse, die den Fötus bildet und unsere ersten Stammzellen enthält. Die äußere Zellmasse verflacht sich zu einer dünnen Außenschicht mit einer flüssigkeitsgefüllten Höhle; diese Außenhülle wird zur Plazenta. Die Blastozyste ist das »Gefährt«, das über die Eileiter in die Gebärmutter gelangt und sich in der Gebärmutterschleimhaut einnistet, wo es sich zum Fötus entwickelt.

■ Unser Fötus-Stadium

Normalerweise geht in der achten Woche nach der Befruchtung unsere Zeit als Embryo zu Ende und wir werden zu einem Fötus. Jetzt haben sich bereits die Körperorgane in ihren funktionalen Anfängen entwickelt. Wir können Umgebungsveränderungen wahrnehmen (auf die Gründe dafür wird im Verlauf dieses Kapitels noch eingegangen), aber nach landläufiger Meinung spüren wir noch keinen Schmerz. Damit ist das letzte Entwicklungsstadium bis zu unserer Geburt eingeleitet.

Die tiefe Wahrheit über das menschliche Leben

Angesichts dieser Entwicklungsstadien ist es kein Wunder, dass die Meinungen und Ansichten über den Beginn des menschlichen Lebens so weit auseinandergehen. Die tiefe Wahrheit ist, dass der

Beginn menschlichen Lebens kein (punktuelles) Ereignis ist, sondern ein Prozess. Das Leben beginnt als Leben. Wie wir noch sehen werden, ist es dem Menschen bislang nicht gelungen, aus toter Materie etwas Lebendiges zu erschaffen. Wie die Entwicklung im Mutterleib zeigt, sind unsere Zellen in jeder Phase auf unterschiedliche Weise »lebendig«.

Die lebendige Essenz der väterlichen Samenzelle und der mütterlichen Eizelle enthält jeweils die Hälfte der lebendigen Materie, die ein neues Wesen bildet. Verschmelzen Samen und Ei zu »einem« von uns, erfüllt bereits die erste durch diese Vereinigung geschaffene Zelle die biologischen Kriterien des Lebens im Allgemeinen. Wir sind also definitiv schon als einzelliges Wesen ein Lebewesen. Doch bei dieser ganzen Diskussion geht es ja im Grunde nicht so sehr um lebende Zellen, vielmehr darum, wann wir die Eigenschaften aufweisen, die uns als Menschen kennzeichnen. Hier könnte ein eindeutiges Verständnis der Prozesse im Mutterleib und ihres jeweiligen Zeitpunkts nützlich sein.

Noch haben es die Wissenschaftler trotz aller Anstrengungen nicht geschafft, herauszufinden, was auf so geheimnisvolle Weise unseren genetischen Code aktiviert; sicher ist jedoch, dass es im Acht-Zellen-Stadium passiert. Wie bereits erwähnt, werden wir während dieser embryonalen Gen-Aktivierung mit den charakteristischen Merkmalen ausgestattet, die wir von unseren Eltern geerbt haben – dem Potenzial unseres Lebens.

Hier könnte uns eine ganzheitliche Weltsicht zu einem Verständnis verhelfen, das eine einzelne Wissenschaftsdisziplin nicht bieten und wo ein grenzüberschreitendes Denken für uns von großem Nutzen sein kann.

Wie quantenphysikalische Forschungen gezeigt haben, sind wir von einem lebendigen Meer aus Energie umgeben. Das Leben kann also nicht von dieser umgebenden Energie getrennt werden, beides existiert gemeinsam und interagiert miteinander. Genau diese Interaktion macht unsere Erfahrung des Lebens aus. Vielleicht lässt uns erst ein ganzheitlicher Denkansatz verstehen, wie genau der genetische Bauplan des Lebens in der EGA-Phase aktiviert wird. Der Grund?

Stadium	Anzahl Zellen	Zeitspanne	Merkmale
Befruchtung, Beginn des Embryo-Stadiums	2 Zellen verschmelzen zu 1 Zelle	Etwa 24 Stunden nach Vereinigung von Samen- und Eizelle	Je 23 Chromosomen von Mutter und Vater verschmelzen zu den 46 Chromosomen des Menschen
Zygote	1 Zelle	Etwa 11 Stunden nach Ende der Befruchtung	Zellteilung beginnt (Furchung), jede Zelle teilt sich etwa alle 12–20 Stunden
	2 Zellen	Etwa 12–20 Stunden nach der letzten Zellteilung	
	4 Zellen	Etwa 12–20 Stunden nach der letzten Zellteilung	
	8 Zellen	Etwa 12–20 Stunden nach der letzten Zellteilung	Gene sind aktiviert; Blaupause für menschliche Merkmale wird in Bewegung gesetzt, ca. 71–95 Stunden oder 2,9–3,9 Tage nach Beginn der Befruchtung
Morula	10–30 Zellen	Etwa 4 Tage	Letzte Phase vor Ausbildung der mit Flüssigkeit gefüllten Höhle der Blastozysten
Blastozyste	40–150 Zellen	Etwa 5 Tage	Zellen bilden sich unterschiedlich aus
		18. Tag	Erster Herzschlag ist vernehmbar
		22. Tag	Herz funktioniert und pumpt Blut

Fötus		6 Wochen	Gehirnwellen können nachgewiesen werden
		8 Wochen	Ende des Embryo-Stadiums, Beginn des Fötus-Stadiums; alle Organe und der Gehörsinn sind ausgebildet
		10 Wochen	Alle Organsysteme, Skelettsystem, Nerven und Blutkreislauf sind funktionsfähig
		12 Wochen	Reflexe entwickeln sich, Ende des ersten Schwangerschafts-Trimesters ist erreicht

Abbildung 5.3: Entwicklungsstadien des menschlichen Lebens während der ersten 12 Wochen nach der Befruchtung – das »erste Trimester«.

Dieses lebendige Energiefeld – genannt die »göttliche Matrix«, der »Geist Gottes« oder einfach »das Feld« – füllt den »Leerraum« zwischen den Dingen. Die moderne Biologie betrachtet es auch als Teil des »Umfelds« von Lebewesen – ein wichtiges Konzept, wenn es darum geht, wo menschliches Leben seinen Anfang nimmt und was im Acht-Zellen-Stadium passiert. Epigenetische Forschungen haben ergeben, dass der DNA-Code in den Zellen dem Körper zwar sagt, wie er zu funktionieren hat, dass das Signal für die Aktivierung des Codes jedoch von außen kommt, also aus dem Umfeld![20] Das zeigt sich, wenn nach einer Organtransplantation die Spenderzellen abgestoßen werden. Wenn das Organ eines anderen Menschen in einen Körper verpflanzt wird, erkennt dieser Empfänger das neue Gewebe nicht als Teil von sich und stößt es ab, weil er es für einen Fremdkörper hält. Die Unterdrückung dieses Abstoßungsmechanismus, sodass transplantierte Organe in einem neuen Körper wachsen und weiterleben können, stellte einen medizischen Durchbruch dar.

Ich veranstalte oft gemeinsam Seminare mit dem Zellbiologen Bruce Lipton (siehe auch Einleitung und Kapitel 3). Einmal hatte ich die Gelegenheit, als Teilnehmer seinen Ausführungen zu lauschen. Wie wir alle wissen, gibt es so etwas wie Zufall nicht, und so war es keine Überraschung, dass er gerade über Organtransplantationen sprach – ein Thema, mit dem ich mich seit einiger Zeit auseinandersetzte, auch im Zusammenhang mit den damit einhergehenden Problemen von Bekannten, die davon betroffen waren.

Mein Freund Bruce erklärte also vorn an der Tafel die Zusammenhänge: Wenn der Zellkern mit der DNA aus seiner ursprünglichen Zellmembran herausgenommen und in die Membran einer anderen Zelle mit anderen Rezeptoren (Antennen) auf der Oberfläche versetzt wird, werden verschiedene Teile der transplantierten DNA aktiviert.

Der Punkt ist: Es handelt sich in beiden Zellen um die gleiche DNA, doch die unterschiedlichen Rezeptoren empfangen unterschiedliche Arten von Informationen aus dem sie umgebenden Feld. Beide Zellen haben also den gleichen Bauplan, aber ihre Antennen sind unterschiedlich auf das Umgebungsfeld eingestellt. Das brachte für mich ein wenig Licht ins mysteriöse Dunkel der Organabstoßung und auch in andere Geheimnisse.

Warum erzähle ich das hier? Weil diese Gen-Aktivierung anscheinend ausschließlich im Acht-Zellen-Stadium unserer Entwicklung stattfindet, was wiederum impliziert, dass unsere Zellrezeptoren nur in dieser EGA-Phase, etwa 4 Tage nach der Befruchtung, aktiviert werden und aus dem Feld das Signal empfangen, jeden von uns zu einem individuellen, einmaligen Menschen zu machen.

In Abbildung 5.3 habe ich den Weg bis zu unserer Geburt mit den wichtigsten Kennzeichen und durchschnittlichen Zeitpunkten ihrer Ausbildung bei normalen Bedingungen im Mutterleib dargestellt. Damit möchte ich lediglich den wissenschaftlichen Referenzrahmen verdeutlichen, sodass unsere Vorstellungen vom Leben und seinen Anfängen nicht nur auf einer emotionalen Basis gründen.

Ich habe mich bei diesen Ausführungen über die Entwicklungsphasen des menschlichen Lebens mit aktuellen Forschungsergebnissen beschäftigt, und dabei wurde klar, dass es aufgrund der persönlichen Unterschiede eines jeden Einzelnen schwierig ist, den genauen Zeitpunkt für die Geschehnisse in den einzelnen Stadien zu bestimmen. Diese Informationen sollen lediglich allgemein geltende Auffassungen in einer Synthese zusammenbringen und verstehen sich nicht als absolut präzise Zeitangaben.

Was bedeutet das?

Inzwischen ist klar: Um eine Antwort auf die Frage zu geben, wann menschliches Leben beginnt, müssen wir wissen, von welcher Form menschlichen Lebens überhaupt die Rede ist.

- Wird menschliches Leben als neue Einzelzelle definiert, die zum Zeitpunkt der Empfängis entsteht, dann beginnt dieses Leben innerhalb von 24 Stunden nach der Befruchtung der Eizelle durch die Samenzelle.

- Setzt man die DNA-Aktivierung, wenn die von den Eltern vererbten menschlichen Eigenschaften und Merkmale weitergegeben werden, als den Anfangspunkt menschlichen Lebens an, dann beginnt es im Acht-Zellen-Stadium, also 2,9 bis 3,9 Tage nach der Befruchtung.

- Wird der erste Herzschlag als erstes Anzeichen von menschlichem Leben definiert, wie das manche indigenen Völker

> tun, fängt das menschliche Leben etwa 22 Tage nach der Befruchtung an, wenn das Herz lebensfähig ist und Blut durch den Kreislauf zu pumpen beginnt.

Manche Leute vertreten auch die Auffassung, das Vorhandensein von Gehirnwellen, etwa 6 Wochen nach der Befruchtung, sei ein eindeutiges Anzeichen von menschlichem Leben; wie Studien aufgezeigt haben, entwickelt sich Bewusstsein allerdings erst viel später, nämlich ungefähr in der 28. Woche.

Gemäß dem Urteil des Obersten Gerichtshofs, das den einzelnen Bundesstaaten die letztliche Entscheidungsgewalt darüber verlieh, wann und wie eine Abtreibung erfolgen kann, mussten Ärzte die Frauen, die eine Abtreibung vornehmen lassen wollten, darüber informieren, dass ein 20 Wochen alter Fötus Schmerz empfinden kann. Diese Auffassung wurde inzwischen anhand neuer technologischer Entwicklungen revidiert. Laut einer im Dezember 2005 in der populärwissenschaftlichen Zeitschrift »Discover« veröffentlichten Studie wird das für solche Empfindungen zuständige Nervensystem etwa in der 28. Woche aktiviert.

Wie Mark Rosen, geburtshilflicher Anästhesist an der University of California, San Francisco, und seine Kollegen herausgefunden haben, ist die »Verbindungsleitung vom Schmerzpunkt, beispielsweise der Haut, zum Gehirn, wo Schmerzen emotional empfunden werden«, erst einige Wochen später ausgebildet, als man 1973 glaubte, als der Oberste Gerichtshof sein Urteil im Fall Roe v. Wade sprach.[21] Diese Verbindungen zwischen Nerven und Gehirnfunktionen müssen entsprechend entwickelt sein, bevor wir uns auf die »magische Reise des Bewusstseins« machen können.

Im »Scientific American« vom September 2009 befasste sich ein Bericht mit der Frage, ob bewusste Erfahrung schon im Mutterleib, während der Geburt oder erst danach anfängt: Das »physische Substrat« an Geweben zur Verschaltung und Interpretation elektrischer Signale im Körper, das »thalamokortikale System, das Bewusstsein mit seinen hochkomplexen Inhalten möglich macht«, beginne sich »zwischen der 24. und 28. Woche der Schwangerschaft auszubilden.«[22] Dies ist ein Beispiel dafür, wie durch die technologische Entwicklung neue Einblicke in das Wann und Wie unserer verschiedenen Entwicklungsphasen möglich werden.

Die technologischen Entwicklungen der Zukunft werden uns tiefere Einsichten ermöglichen, damit wir besser verstehen, was es überhaupt bedeutet, lebendig zu sein. So wie die Wissenschaft des frühen 21. Jahrhunderts Informationen bietet, die es vor 40 Jahren zur Zeit des Gerichtsurteils zum Fall Roe v. Wade noch nicht gab, werden wir zweifellos in weiteren 40 Jahren über noch mehr Informationen und Wissen verfügen, sodass wir neue, fundiertere Entscheidungen treffen können.

Mit Sicherheit kann man sagen: Die tiefe Wahrheit der menschlichen Existenz ist, dass Leben dann beginnt, wenn eine lebende Samen- und eine lebende Eizelle verschmelzen und damit den Stoff entstehen lassen, aus dem das Leben besteht. Erst wenn sich die ersten acht Zellen ausgebildet haben, wird die DNA aktiviert, durch die uns die Merkmale menschlichen Lebens verliehen werden.

Je besser wir verstehen, wann das Leben im Mutterleib beginnt, desto mehr stellt sich eine vielleicht noch tiefgründigere Frage: Wann begann das Leben an sich und wie hat es hier auf der Erde seinen Anfang genommen?

Darwins Schlussfolgerung: Evolution

In der beliebten Science-Fiction-TV-Serie »The Outer Limits« (»Die unbekannte Dimension«), die zwischen 1963 and 1965 ausgestrahlt wurde, scheint sich jede Folge mit einer Facette des damaligen Lebens zu beschäftigen. Das gilt vor allem für die letzte Folge, die den Titel »The Origin of Species« (»Der Ursprung der Arten«) trägt.[23]

1963 sah die Welt ganz anders aus als heute. Die Kuba-Krise war gerade vorbei, und die Bilder aus den Abendnachrichten erinnerten die Amerikaner, wie verwundbar sie durch einen Atomschlag waren und was in diesem Fall zu tun wäre (ganz ehrlich: sich hinter umgekippten Schulbänken zu verstecken, wie es in den Nachrichten gezeigt wurde, hätte den armen Schülern im Ernstfall wohl nicht viel Schutz gewährt). In dieser Zeit wurden in der Olduvai-Schlucht in Tansania Fossilien gefunden, die als die ältesten Überreste früher Menschen galten.

Seit Mitte des 19. Jahrhunderts suchten die Wissenschaftler nach fossilen Beweisen für die Urahnen des Menschen, eine Abstammung auf Grundlage der »Evolutionstheorie« von Charles Darwin. Auf Basis seiner ein Jahrhundert früher aufgestellten Theorien wurden Funde von menschenähnlichen Lebewesen in Afrika und auch in anderen Ländern mit *uns* in Verbindung gebracht. An dieser Stelle soll, wie bereits erwähnt, näher auf Darwins Theorien und ihre Tragweite eingegangen werden.

Seit 1859 dreht sich die wissenschaftliche Diskussion über die Entstehung des Menschen vor allem um die »Theorie der biologischen Evolution«. Im Lauf der letzten 150 Jahre gab es zahllose Versionen davon, doch im Wesenlichen blieb sie gleich. Ganz kurz gefasst, besagt sie, dass alles Leben – auch jenes des Menschen – miteinander in Verbindung stehe und alle Lebewesen einen gemeinsamen Urahnen hätten. Seitdem haben sich die Lebensformen über lange Zeiträume hinweg immer wieder verändert bis zum heutigen Entwicklungsstand. Wie genau dieser gemeinsame Vorfahr selbst zum Leben erweckt worden ist, ist nicht Gegenstand der Darwin'schen Theorien, doch die daraus abgeleiteten Annahmen implizieren die Antwort.

Darwin stellte seine Ideen erstmals in seinem bekannten Buch »The Origin of Species by Means of Natural Selection« (dt. Ausg.: »Über den Ursprung der Arten durch natürliche Zuchtwahl«) vor. Allerdings trug die ursprüngliche Publikation von 1859 einen längeren, zweiteiligen Titel, der einen ganz anderen Sinn nahelegt: »Über die Entstehung der Arten durch natürliche Zuchtwahl oder die Erhaltung der begünstigten Rassen im Kampfe um's Dasein«.[24]

Mit diesem Buch begründete Darwin damals den Streit, der bis heute geführt wird. Seine Ideen lösten mit ihrer Tragweite und ihren Interpretationen sehr starke Emotionen aus, haben ganze Völker und Nationen gespalten und wurden als Rechtfertigung für das größte Leiden und Unrecht herangezogen, das der Menschheit jemals widerfuhr.

Darwin entwickelte seine Evolutionstheorie auf Basis eigener Beobachtungen während seiner heute berühmten Schiffsreise, die 1835 begann: Er erforschte so viele verschiedene Pflanzen und Tiere wie kein anderer europäischer Forscher vor ihm. Der nachfolgende Auszug aus der Einleitung zu seinem Buch zeigt, was diese Reise für ihn persönlich bedeutete:

An Bord des »Beagle« als Naturforscher [...] überraschten mich gewisse Thatsachen in hohem Grade, die sich mir in Bezug auf die Verbreitung der Bewohner und die geologischen Beziehungen der jetzigen zu der frühern Bevölkerung dieses Welttheils darboten. Diese Thatsachen schienen mir [...] einiges Licht auf den Ursprung der Arten zu werfen, dies Geheimnis der Geheimnisse, wie es einer unserer grössten Philosophen genannt hat.[25]

Vieles von Darwins Theorie beruht auf seinen eigenen Beobachtungen beim Studium von Fossilien und Tieren in der Wildnis, insbesondere von Vogelarten auf den Galapagos-Inseln. Erst als er wieder zurück in London war, wurde ihm klar, dass die von ihm gesammelten Exemplare nicht wie gedacht von verschiedenen Finken-Familien stammten, sondern alle unterschiedliche Ausprägungen derselben Familie waren.

Wie konnte er die Unterschiede erklären, die sich bei den – isoliert auf verschiedenen Inseln lebenden – Finken entwickelt hatten, beispielsweise Schnabelform und -größe? Hinzu kamen mysteriöse Fossilienfunde von Lebewesen, die modernen Tieren ähnelten, auch wenn sie größer als ihre heutigen Artgenossen waren.

Darwin arbeitete mit den damals besten wissenschaftlichen Methoden – Beobachtung, Hypothese, Experiment und Analyse –, um eine Erklärung für seine Entdeckungen während seiner historischen Reise zu finden. Das Resultat war seine Theorie der Evolution durch natürliche Auslese.

Darwins Theorie der Evolution durch natürliche Auslese besagt im Wesentlichen:

- Arten verändern sich (willkürliche Mutationen aufgrund der Umwelt oder fehlerhafte Fortpflanzung). Die Mitglieder einer Population, bei der solche Veränderungen lebenserhaltend sind, beispielsweise stärkere Schnäbel, mit denen härtere Nüsse geknackt werden können, oder schützende Tarnfarben, haben gegenüber anderen Mitgliedern derselben Art, die diese Merkmale nicht aufweisen, gewisse Vorteile. Dieser Teil der Theorie wird unter dem Begriff *Mikroevolution* zusammengefasst.

- Mit der Zeit und durch sich verändernde Bedingungen gewinnen Merkmale von Einzelnen, die ihr Überleben sichern, über andere Merkmale von Mitgliedern derselben Art, die nicht zum Überleben beitragen, die Oberhand.

- Da diejenigen, die solche positiven Merkmale aufweisen, länger überleben, produzieren sie mehr Nachkommen, denen diese wünschenswerten Charakteristika zu eigen sind. Dieser Teil von Darwins Theorie wird als *natürliche Auslese* (oder *Zuchtwahl*) bezeichnet.

- Schließlich mutieren die Mitglieder einer Art, die diese neuen Merkmale aufweisen, so stark, dass sie sich nicht mehr mit Mitgliedern ihrer ursprünglichen Art vermehren können. Sie entwickeln sich zu einer neuen Art, die sich von den ursprünglichen Vorfahren unterscheidet. Dieser Prozess wird *Speziation* bzw. *Artbildung* genannt.

Schaut man sich einmal die Essenz von Darwins über 150 Jahre alter Argumentation unter Berücksichtigung der von ihm und anderen Forschern seitdem gesammelten Daten an, ergeben seine Beobachtungen an und für sich vollkommen Sinn. Denn bei ehrlicher und offener, unvoreingenommener Betrachtung steht außer

Frage, dass der Prozess der Evolution sehr wohl stattfindet; das bestätigen die Fossilienfunde von ausgestorbenen Arten ebenso wie die lebendige Natur heute.

Doch auch wenn dieser Evolutionsprozess bei Pflanzen und Tieren eine Tatsache ist, bleibt doch die große Frage, was er für uns bedeutet. Findet der Evolutionsprozess auch beim Menschen statt? Erklärt er, wie wir so geworden »sind«, wie wir heute »sind«? Ist der von Darwin in der Natur beobachtete »Kampf ums Dasein« die Wurzel der menschlichen Kämpfe, die heute überall auf der Welt stattfinden? Solche Fragen berühren direkt die kontroversesten Streitfragen über die Entwicklung des Menschen, die vor eineinhalb Jahrhunderten von Darwin ausgelöst wurden.

Was gegen Darwins Vorstellungen spricht

Einwände gegen die Darwin'sche Evolutionstheorie richten sich oft weniger gegen die Evolution an sich als vielmehr gegen das, was sie impliziert und vermuten lässt. Darwin spekulierte über Lebensprozesse, die weder er noch sonst jemand beobachtet hatte. Es ließ keinerlei Zweifel an seiner persönlichen Überzeugung aufkommen, dass seine Theorien nicht nur auf Pflanzen und Tiere im Allgemeinen, sondern auch auf den Menschen im Besonderen zutrafen.

In seinem Werk »Über die Entstehung der Arten« beschreibt er, nach seinem Gefühl sei der Mensch wie andere Lebensformen auf der Erde das Produkt einer evolutionären Auslese, die über sehr lange Zeiträume hinweg stattfindet. Mit einem einzigen Satz fasst er in seinen Schlussbemerkungen zusammen, wie das abgelaufen sein könnte: »[…] so müssen wir auch zugeben, dass alle organischen Wesen, die jemals auf dieser Erde gelebt haben, von irgendeiner Urform abstammen.«[26]

So manche Einwände gegen Darwins Theorie beruhen auf einer rein emotionalen Abneigung gegen die Vorstellung, wir Menschen könnten von weniger weit entwickelten Lebensformen abstammen. Andere haben mit religiösen Doktrinen zu tun, die besagen, der Mensch sei etwas Besonderes und von Gottes Hand geschaffen worden.

Inzwischen ist die Evolutionstheorie wissenschaftlich weithin anerkannt; allerdings fragen sich immer mehr Forscher angesichts neuer Entdeckungen – von der Zellbiologie bis hin zur Genetik –, die dank modernster Technologie gemacht wurden, ob Darwins Theorie wirklich vollständig erklären kann, warum das Leben – insbesondere das menschliche Leben – so ist, wie es ist.

Bedenken ergeben sich vor allem aus den drei Annahmen, die den Kern der Evolutionstheorie bilden:

- *Evolutions-Annahme 1:* Leben kann spontan aus nicht lebender Materie entstehen.
- *Evolutions-Annahme 2:* Die Natur gibt einer Spezies nichts mit, was sie nicht zum Überleben braucht.
- *Evolutions-Annahme 3:* Bereits existierende Arten können sich über lange Zeiträume hinweg zu völlig neuen Arten entwickeln.

Schaut man sich diese Annahmen näher an, wird klar, dass sie unter Berücksichtigung heute bekannter und validierter wissenschaftlicher Fakten in ihrem gänzlichen Umfang schwerlich haltbar sind.

Evolutions-Annahme 1: Leben kann spontan aus nicht lebender Materie entstehen

Diese erste Annahme ist der Schlüssel zum Thema dieses Kapitels »Zufall oder Design«. Ich verwende das Wort »niemals« nur höchst selten im Zusammenhang mit wissenschaftlichen Theorien, doch hier ist es einmal angebracht: Es ist eine wissenschaftliche Tatsache, dass Leben noch nie nachgewiesenermaßen aus irgendeiner Kombination nicht lebender Materie entstanden ist. Die Gründe dafür liegen nach wie vor im Dunkeln, auch wenn seit mindestens 300 Jahren danach geforscht wird. Es ist einfach nicht passiert.

Evolutionisten entgegnen auf diesen Widerspruch oft, man könne vielleicht heute eine solche spontane Entstehung von Leben nicht mehr sehen, aber solche Prozesse seien möglicherweise in der Vergangenheit abgelaufen und dann vom sich weiterentwickelnden Leben selbst zerstört worden. Aber es ist auch ein Fakt, dass sie eben nicht sicher wissen können, ob das jemals passiert ist. Niemand weiß das. Genau darin besteht das Problem dieser Annahme.

Moderne wissenschaftliche Versuche, organische Materie aus einer »Suppe« aus inorganischer Materie zu erzeugen, lässt unweigerlich an die bahnbrechenden Experimente des Chemikers und Biologen Stanley Miller und des physikalischen Chemikers und Nobelpreisträgers Harold Urey von der Universität Chicago im Jahr 1952 denken.[27] Sie experimentierten ursprünglich mit den Elementen und chemischen Verbindungen, die nach der damals vorherrschenden Meinung die Uratmosphäre der Erde ausmachten (Wasserdampf, Ammoniak, Wasserstoff und Methan), sowie diversen Katalysatoren, beispielsweise simulierten Blitzen, um so einfachstes Leben entstehen zu lassen.

Lebende Materie wurde mit diesem Experiment nicht erzeugt, aber laut Studie fünf Aminosäuren. Nach erneuter Auswertung dieser früheren Experimente im Jahr 2004 zeigte sich jedoch, dass tatsächlich 22 Aminosäuren produziert worden waren. Das scheint Darwins Vorstellungen zu stützen, aber wie die Analyse ebenso ergeben hat, stimmten die damaligen Modelle der Erdatmosphäre nicht akkurat.

Neue Entdeckungen haben zu neuen wissenschaftlichen Vorstellungen über die frühe Erdatmosphäre geführt. Als das Miller-Urey-Experiment mit einer anderen chemischen Zusammensetzung wiederholt wurde (Wasserdampf, Kohlendioxid und Stickstoff), wurde kein einziger dieser Bausteine des Lebens produziert – was diesen Denkansätzen ein Ende bereitete.

Dieser und andere nachfolgende Versuche scheinen darauf hinzuweisen, dass etwas von der Forschung bislang nicht berücksichtigt wird, eine fehlende Zutat im Rezept des Lebens, die in den Laborexperimenten nie mit einbezogen wurde. Selbst unter Bedingungen – Temperatur, Feuchtigkeit und Chemie –, welche die spontane Entstehung von Leben zu begünstigen scheinen, ist anscheinend noch eine Kraft hinter all den chemischen Eigenschaften erforderlich, um den Bausteinen der Schöpfung Leben einzuhauchen. Darwin und seine Schüler, aber auch die etablierte moderne Forschung tragen dieser Kraft anscheinend nicht Rechnung. Von den drei Annahmen der Evolutionstheorie steht diese wohl auf den schwächsten Beinen, und es wäre für mich keine Überraschung, wenn im 21. Jahrhundert dieses Argument gar nicht mehr in den Diskussionen auftauchen würde.

Evolutions-Annahme 2: Die Natur gibt einer Spezies nichts mit, was sie nicht zum Überleben braucht

Diese Annahme besagt im Kern: Lebewesen entwickeln Merkmale, die ihnen im Leben einen Vorsprung verschaffen, erst dann, wenn sie sie brauchen, und nicht früher. Solche neuen Merkmale vergrößern die Überlebenschance und verlängern die Lebensspanne; sie werden durch natürliche Auslese langsam über lange Zeiträume an neue Generationen weitergegeben. Laut dieser Annahme gibt die Natur einer Art immer nur das mit, was sie zum Leben braucht. Sie beruht zwar auf Darwins Beobachtungen und könnte erklären, warum sich bei Finken die Schnabelgröße zugunsten des besseren Nüsseknackens verändert hat (wodurch sie ihre Futterversorgung aufstocken können) und wie sich die Motten durch ihre Färbung auf Baumrinden tarnen (und vor Räubern schützen) können. Doch beim Menschen versagt sie, insbesondere wenn es um die Größe des Gehirns geht. Warum?

Der Zuwachs an Gehirnkapazität beim modernen Menschen ist eine der Anomalien, die nicht so recht zur Evolutionstheorie passen. Einfach ausgedrückt: Das menschliche Gehirn wurde größer, als es unbedingt erforderlich gewesen wäre. Damit verfügten die Frühmenschen über Fähigkeiten, die die ersten Menschen (Homo sapiens), die vor etwa 200.000 Jahren auf der Erde gelebt haben, nach Meinung der Forscher gar nicht unbedingt gebraucht hätten. Die nachfolgende Liste zeigt die jüngsten Zweige des evolutionären Stammbaums, der angeblich zum Menschen geführt hat, und gibt auch die ungefähre Hirngröße eines jeden dieser Vorfahren an, und zwar in Kubikzentimetern (cm^3).[28]

Name	Ungefähre Lebenszeit	Ungefähre Hirngröße
Homo sapiens (moderner Mensch)	200.000 Jahre vor unserer Zeit	1450 cm^3
Homo heidelbergensis	600.000 Jahre vor unserer Zeit	1348 cm^3
Homo habilis	2.500.000 Jahre vor unserer Zeit	700 cm^3

Abbildung 5.4: Die Gehirnkapazitäten der jüngsten Mitglieder der angeblich menschlichen Abstammungslinie. Moderne Menschen tauchten erstmals vor etwa 200.000 Jahren auf; ihre Gehirnkapazität war ungefähr 100 cm^3 größer als die ihrer Vorfahren, die 400.000 Jahre früher lebten. Dies widerspricht der Evolutionstheorie, denn eine solche Kapazität war damals laut Meinung der Forscher nicht nötig, und sie hat sich seitdem auch nicht verändert.

Obwohl es sich nur um ungefähre Größenangaben handelt, erzählen diese Hirngrößen doch eine Geschichte, die direkte Auswirkungen auf die Grundannahmen der Evolutionstheorie hat. Es dauerte fast 2 Millionen Jahre (etwa 1,9 Millionen Jahre, um genauer zu sein), bis die Gehirnkapazität von 700 cm^3 auf 1348 cm^3, also um 648 cm^3, angewachsen war (zwischen H. habilis und H. heidelbergensis). Der nächste Sprung um 102 cm^3 (zwischen unserem nächsten Verwandten, H. heidelbergensis, und dem modernen Menschen), dauerte nur 400.000 Jahre – aus evolutionärer Sicht sozusagen nur einen Augenblick. Doch was noch wichtiger ist: Er fand statt, noch bevor es der Mensch wirklich brauchte.

Dieses Gehirn befähigt uns zu abstraktem Denken – und somit auch dazu, komplexe mathematische Gleichungen zu formulieren und im Gehirn Möglichkeiten durchzuspielen, bevor wir eine Entscheidung treffen, aber auch die Wert- und Glaubensvorstellungen von sehr hoch entwickelten Zivilisationen aufzubauen. Eben dieses Gehirn verfügt über Potenziale, die weit über das hinausgehen, was unsere frühesten Ahnen im täglichen Überlebenskampf brauchten, als sie vor 200.000 Jahren auf der Bildfläche erschienen. Oder wie Darwin es ausdrückt: »[...] denn die natürliche Zuchtwahl wirkt nur dadurch, dass sie sich kleine allmähliche Abänderungen zu Nutze macht; sie kann nie einen grossen und plötzlichen Sprung machen, sondern muss mit kurzen und sicheren, aber langsamen Schritten vorschreiten.«[29]

Die Größe des menschlichen Gehirns ist also ein großes Problem für die Evolutionstheoretiker, aber andererseits wiederum nur ein Aspekt eines größeren Problems: nämlich der Anatomie des modernen Menschen an sich. Unser Gehirn hat sich im Lauf der letzten 200.000 Jahre kaum verändert, ebensowenig wie unser Körper: Er ist mehr oder weniger immer noch so aufgebaut wie der unserer Vorfahren vor 200 Jahrtausenden – was Fossilien belegen. Die Frage lautet: Warum? Wenn auch der Mensch sich evolutionär weiterentwickelt so wie andere Lebensformen, warum hat sich bei uns dann in dieser langen Zeit nichts getan?

Das Rätsel um die Entwicklung des menschlichen Gehirns unterstreicht die bedeutsame Beobachtung des Evolutionsbiologen Stephen Jay Gould über fossile geologische Funde und die »extrem hohe Unwahrscheinlichkeit menschlicher Evolution.«[30]

Evolutions-Annahme 3: Bereits existierende Arten können sich über lange Zeiträume hinweg zu völlig neuen Arten entwickeln

Diese dritte Annahme der Evolutionstheorie besagt: Eine Gruppe kann so stark mutieren, dass sie zu einer völlig neuen Art führt: einer Lebensform, deren DNA sich so stark von ihren Vorgängern, aus denen sie sich entwickelt hat, unterscheidet, dass sie sich nicht mehr mit der ursprünglichen Population paaren kann. Das größte Problem bei dieser Theorie besteht in ihrer reinen Spekulation, die nicht durch Tatsachen erhärtet wird. Soweit ich weiß, gibt es keine dokumentierten Hinweise auf eine neue Spezies, die sich aus einer vorhandenen entwickelt hat. In Bezug auf den Menschen beschreibt vielleicht unsere Anpassungsfähigkeit besser, was da versehentlich für Evolution gehalten wird.

Die indigenen Stämme der Arktis und Sibiriens haben beispielsweise um die Augen herum mehr Fleisch entwickelt, wodurch sie sich vor dem ewigen Gleißen des vom Schnee reflektierten Sonnenlichts und Eises schützen können. Das wird zwar tatsächlich als direkte Reaktion auf ihre Umgebung betrachtet, stellt aber nur eine Veränderung des Aussehens dar.

Diese Stämme leben seit mindestens 10.000 Jahren in der rauen Umgebung der Polarregionen und haben sich entsprechend angepasst, haben sich in dieser Zeit jedoch keinesfalls zu einer neuen menschlichen Spezies entwickelt, und das scheint auch in Zukunft nicht zu passieren. Genetisch gehören diese Menschen immer noch zur Spezies Homo sapiens. Ihr Körper hat sich einfach an ihre Umweltbedingungen angepasst.

Wenn sich Arten tatsächlich durch neue DNA weiterentwickeln und nicht nur mit der Zeit anpassen, könnte man auch erwarten, dass irgendwo im Lauf der Suche, die 1859 ihren Anfang nahm, zumindest fossile Überreste einer Übergangsform entdeckt worden wären. Stattdessen hat sich inzwischen herausgestellt, dass Arten, die sich angeblich nach und nach auseinanderentwickelt hatten, wie beispielsweise der moderne Mensch und der Neandertaler, parallel zur selben Zeit gelebt haben. Die DNA der Neandertaler unterscheidet sich so stark von unserer eigenen DNA, dass man sie einem anderen Zweig des menschlichen Stammbaums zugeordnet hat, und damit stehen wir modernen Menschen wieder einmal am Anfang. Zum Zeitpunkt, als dieses Buch entstand, gab es keinerlei physische Belege für etwaige Übergangsarten, die diese evolutionäre Annahme stützen würden. Damit ist eine Abstammung des modernen Menschen von den Neandertalern unmöglich.

Der Paläontologe und Evolutionsbiologe Steven M. Stanley lässt in seiner wissenschaftlich-technischen Sprache keinerlei Zweifel daran aufkommen, dass dieses Fehlen von fossilen Übergangsformen eine Tatsache ist: »Die bekannten fossilen Funde bringen keinerlei Nachweis für auch nur ein einziges Beispiel phyletischer Evolution, die einen größeren morphologischen Übergang zustande gebracht hätte, und damit auch keinerlei Nachweis, dass das graduelle Entwicklungsmodell tatsächlich Gültigkeit hat.«[31] Stanley und andere Evolutionsbiologen wie Gould warten mit neuen Erkenntnissen über die Gründe für diese fehlenden Belege auf; Tatsache ist jedoch, dass sie eben fehlen.

Geologische Funde zeigen, dass die meisten Arten, die auf der Erde gelebt haben, während der kambrischen Explosion auftauchten, einer Zeit, die für die Biologie das darstellt, was der Urknall für die Astrophysik ist. Während der kambrischen Explosion, vor ungefähr 540 Millionen Jahren, »entstanden alle acht wichtigen, heute noch vorhandenen sowie 27 weniger bedeutende Tierkörperbaupläne. Seitdem haben sich keinerlei neue Baupläne entwickelt.«[32] Die Grundelemente des Lebens auf der Erde haben sich also anscheinend in einer relativ kurzen Zeitspanne und nicht als Ergebnis eines langsamen evolutionären Prozesses über eine lange Zeit entwickelt.

Evolution: Passt die Theorie zu den Funden?

Alle drei Darwin'schen Grundannahmen sind also problematisch. Was heißt das für uns? In »Über die Entstehung der Arten« anerkennt auch Darwin das Fehlen von Belegen dafür, dass eine Art in eine andere übergeht:

[...] muss auch die Anzahl der Zwischenvarietäten, welche vordem auf der Erde vorhanden waren, eine wahrhaft ungeheure gewesen sein. Woher kömmt es dann, dass nicht jede geologische Formation und jede Gesteinsschicht voll von solchen Zwischenformen ist? Die Geologie

enthüllt uns sicherlich keine solche fein abgestufte Organismenreihe; und dies ist vielleicht die handgreiflichste gewichtigste Einrede, die man meiner Theorie entgegenhalten kann.[33]

Ganz offensichtlich gibt es mit Darwins Evolutionstheorie also große Probleme, vor allem wenn man sie auf den Menschen anwendet – und das auch heute noch, nachdem 150 Jahre lang die besten Köpfe ihrer Zeit unter Federführung der angesehensten Universitäten aus aller Welt ernsthafte Forschungen betrieben haben. Inzwischen gehen immer mehr Wissenschaftler die Frage nach der Entstehung des Lebens aus einer anderen Richtung an.

Eine völlig neue Betrachtungsweise auf Basis einer wissenschaftlichen Frage beleuchtet den Kern unserer Existenz: Existieren wir, weil es einen kosmischen Plan gibt, der die Grundlage des Lebens in all seiner Komplexität abbildet? Sind wir hier aufgrund eines entsprechenden Designs? Und wenn ja: Wenn das Leben also ein »Design« widerspiegelt – so wie das Vorhandensein einer Uhr einen Uhrmacher voraussetzt –, wer oder was ist dann der »Designer«?

Einige der klügsten Köpfe unserer Zeit gehen inzwischen davon aus, dass neben dem anerkannten natürlichen Prozess das Leben aufgrund eines Designs so ist, wie es ist. Zu Beginn dieses Kapitels wurde die Frage gestellt: *Wer sind wir?* Im Moment können wir mit einiger Sicherheit sagen, dass wir mehr sind, als wir uns jemals vorzustellen wagten, und vielleicht fähig zu all dem, wovon wir jemals geträumt haben. Selbst äußerst skeptische Wissenschaftler sehen sich mit immer mehr Belegen dafür konfrontiert, dass unserer Existenz eine Art Muster, ein Design unbekannter Herkunft zugrunde liegt – was wiederum die Existenz einer noch höheren Intelligenz impliziert.

Leben durch Design?

So wie Darwins Theorie einen Namen hat, der ihren Inhalt zusammenfasst – Evolution durch natürliche Auslese –, trägt auch die alternative Erklärung eines kosmischen Bauplans des Lebens einen Namen: die Theorie des »Intelligenten Designs«, oder abgekürzt einfach »ID«.

Laut dem Center for Science and Culture, einem Förderprogramm für die Erforschung des Intelligenten Designs, besagt die Theorie, dass »bestimmte Merkmale des Universums und von Lebewesen am besten anhand einer intelligenten Verursachung und nicht mit einem ziellosen Prozess wie der natürlichen Auslese erkärt werden« können.[34] Der Begriff des Intelligenten Designs war bereits vor der Veröffentlichung von Darwins erstem Buch im Jahr 1859 in Gebrauch, beispielsweise im »Scientific American« (1847), doch stärkere Verbreitung fand er erst Ende des 20. / Anfang des 21. Jahrhunderts.

Die Wissenschaftlichkeit dieses neuen Ansatzes wird durchaus hinterfragt, doch Tatsache ist, dass entsprechende Forschungen von Experten aus anerkannten Wissenschaftsdisziplinen und auf Basis von wissenschaftlichen Methoden geführt werden. Sie sollen Antworten auf die Fragen finden, die von der etablierten wissenschaftlichen Gemeinde bislang nicht adressiert worden sind.

Schon bevor der Begriff des Intelligenten Designs 1989 populär wurde, gab es eine weitere alternative Theorie zu Darwins Evolutionstheorie: den Kreationismus. Innerhalb dieser Bewegung gibt es mehrere Lager (die Alte Erde, die Junge Erde und den Progressiven Kreationismus); alle beruhen jedoch auf demselben Grundsatz: dass ein oder mehrere übernatürliche Wesen – ein Gott bzw. Götter – die Schöpfer des Lebens, der Menschen und der Natur sind. Der Kreationismus wird an dieser Stelle lediglich aufgeführt, um ihn vom Intelligenten Design klar abzugrenzen.

Das Intelligente Design wird zwar oft mit der Schöpfungstheorie assoziiert, doch in seiner reinsten Form hat es nichts damit zu tun. ID versucht nicht, eine Intelligenz aufzuspüren, die für die in der Natur und im Leben zu findenden Muster zuständig ist, und behauptet auch nicht die Existenz einer solchen Intelligenz. ID besagt einfach, dass das Leben und im Besonderen das menschliche Leben das Ergebnis eines Designs ist, dem komplexe, nicht auf natürliche Weise entwickelte Prozesse zugrunde liegen.

Es mag zwar durchaus ID-Verfechter geben, die an einen Gott als den Designer des Lebens glauben, doch die eigentliche Wissenschaft des Intelligenten Designs geht nicht so weit, dies zu postulieren.

So wie bereits die Hauptannahmen der Evolutionstheorie zusammenfassend dargestellt wurden, sollen an dieser Stelle auch die zwei Hauptannahmen des Intelligenten Designs vorgestellt und einzeln betrachtet werden:

- *ID-Annahme 1:* Es gibt eine Ordnung im Universum.

- *ID-Annahme 2:* Die Komplexität von lebenden Systemen kann am besten anhand von zielgerichteten Prozessen und nicht mit Zufallsprozessen erklärt werden.

Laienhaft ausgedrückt besagt ID im Grunde, die komplizierten, miteinander verwobenen Systeme, die die Grundlage des Universums bilden, sind so fein auf das Leben »eingestimmt«, dass sie sich nicht zufällig entwickelt haben können, und das Leben mit seiner ganzen Komplexität im Allgemeinen sowie das menschliche Leben im Besonderen können kein biologischer Zufall bzw. nicht das Ergebnis willkürlicher Mutationen über einen langen Zeitraum sein.

Ist eine Uhr ohne ihre Einzelteile noch eine Uhr?

Eines der Hauptargumente der ID-Theorie ist die Komplexität des Lebens an sich und die veschwindend geringe Chance, dass sich die komplizierte Funktionsweise der Zelle bzw. das Informationssystem des DNA-Moleküls spontan als Ergebnis eines nicht zielgerichteten Prozesses über eine lange Zeit hinweg entwickelt hat. Darwin selbst bemerkt in »Über die Entstehung der Arten«, wie höchst unwahrscheinlich es sei, dass einzig und allein die natürliche Auslese für den Spezialisierungsgrad von Organen und

Geweben verantwortlich ist. Als Beispiel nannte er den komplizierten Aufbau eines Auges: »Die Annahme, dass sogar das Auge mit allen seinen unnachahmlichen Vorrichtungen, um den Focus den mannigfaltigsten Entfernungen anzupassen, [...] nur durch natürliche Zuchtwahl zu dem geworden sei, was es ist, scheint, ich will es offen gestehen, im höchsten möglichen Grade absurd zu sein.«[35]

Darwin überlässt es uns, Schlussfolgerungen darüber anzustellen, welche weitere Kraft wohl für die Komplexität des Lebens verantwortlich sein könnte.

Als Francis Crick, Nobelpreisträger und Mitentdecker des DNA-Moleküls, gefragt wurde, wie wahrscheinlich es sei, dass das Leben seinen Ursprung ist einer Reihe zufälliger Ereignisse hat, sagte er: »Ein ehrlicher Mensch, der über alles derzeit vorhandene Wissen verfügt, könnte höchstens sagen, dass die Entstehung des Lebens in gewissem Sinne derzeit fast wie ein Wunder erscheint; so viele Bedingungen müssten zusammentreffen, damit Leben ins Leben gerufen werden kann.«[36]

Charles Darwin machte seine Beobachtungen im Jahr 1859. Fast 100 Jahre später kam Crick – unter Nutzung all der ungeheuren Fortschritte in Wissenschaft und Versuchsmethoden – zu einem ähnlichen Schluss. Bei diesen Aussagen von Darwin, Crick und den heutigen Anhängern der Theorie des Intelligenten Designs geht es um die Komplexität des Lebens an sich. Darwin verfügte nicht über das heutige Wissen über Zellen und DNA. In Anerkennung dieser Tatsache brachte I. L. Cohen, Mathematiker und Mitglied der New Yorker Akademie der Wissenschaften, es besser auf den Punkt, als ich es wohl könnte: »In dem Moment, als man die Funktionsweise des DNA/RNA-Systems verstand, hätte die Debatte zwischen Evolutionisten und Kreationisten eigentlich sofort ein jähes Ende finden müssen. Was die DNA/RNA impliziert, war völlig klar und eindeutig.«[37]

Nicht reduzierbare Komplexität

Cohens Aussage geht auf einen wesentlichen Punkt ein, der die Rolle der Evolutionstheorie heute kennzeichnet. Darwin konnte zu seiner Zeit nicht wissen, dass selbst die einfachsten Bakterien, die einzelligen E. coli, 2000 unterschiedliche Proteine zum Leben benötigen und dass jedes dieser Proteine aus durchschnittlich 300 Aminosäuren besteht. Ebensowenig konnte er etwas über die hohe Komplexität der Grundbausteine des Lebens wissen. Eines der stärksten Argumente, die für ID sprechen, ist eben diese Komplexität und die Tatsache, dass viele Systeme des Lebens eine nicht reduzierbare Komplexität aufweisen.

»Nicht reduzierbare Komplexität« klingt sehr technisch, aber die Idee dahinter ist eigentlich sehr einfach. Im Wesentlichen besagt sie, dass das ganze System ausfällt, wenn ein Teil davon nicht mehr funktioniert. Das wird gerne mit dem Beispiel der Uhr beschrieben oder mit einer ganz normalen Mausefalle. Sind alle Teile an ihrem Platz, erfüllt die Falle ihren Konstruktionszweck: Sie fängt Mäuse oder andere kleine Tiere, die den Köder, ein Stückchen Käse oder Erdnussbutter, erhaschen wollen; dann schnappt die Falle zu und landet einen tödlichen Schlag.

Damit die Falle funktioniert wie geplant, besteht sie aus einem System von Teilen, die jeweils eine spezifische Aufgabe erfüllen, um das Ziel zu erreichen. Da gibt es den Bügel, der den Köder hält, und die starke Feder, die so schnell mit tödlicher Kraft zuschlägt, wenn der Köder bewegt wird, dass die Maus nicht einmal weiß, wovon sie da getroffen wurde. Das hört sich vielleicht nach einer simplen Vorrichtung an, und das stimmt ja eigentlich auch; doch wenn nur ein Teil fehlt, funktioniert sie einfach nicht. Ohne die Feder würde der Bügel nicht zuschnappen. Ohne den Bügel hätte die Feder nichts, was den Mechanismus auslösen könnte. Damit das System funktioniert, braucht die Falle sämtliche Einzelteile, und so kann man sagen, dass die Mausefalle nicht weiter durch Weglassen von Teilen reduziert werden und trotzdem funktionsfähig bleiben kann; sie ist ein Beispiel für nicht reduzierbare Komplexität.

Dank modernster Technologie können wir heute die nicht reduzierbare Komplexität des Lebens an vielen Beispielen beobachten. Jeder weiß: Wenn er sich in den Finger schneidet oder das Knie aufschürft, blutet der Körper kurz, dann hört die Blutung wieder auf, weil das Blut an der Wunde gerinnt. Das halten wir für etwas ganz Selbstverständliches, und doch ist es ein gutes Beispiel für nicht reduzierbare Komplexität.

Damit es zur Gerinnung kommt und die Blutung aufhört, bedarf es 20 verschiedener Proteine. Fehlt auch nur ein einziges, funktioniert die Gerinnung nicht, und die Blutung hört nicht auf, bis der gesamte Körper ausgeblutet ist. All die 20 Proteine müssen gleichzeitig gemeinsam dafür sorgen, ihre Aufgabe zu erfüllen.

Unter Evolutionsaspekten bedeutet das, alle 20 erforderlichen Proteine mussten bereits an ein und derselben Stelle ausgebildet sein, bevor sich das lebensspendende Blut bilden konnte – eine Lebensfunktion, die keinesfalls auf evolutionärem Weg entstanden sein kann. Und das ist nur ein Beispiel. Die Flimmerhärchen (Zilien), mit denen sich Zellen in Flüssigkeit fortbewegen, bestehen aus über 40 beweglichen Teilen; sie alle werden benötigt, damit die Zelle schwimmen kann. Fehlt auch nur ein Teil, ist die Zelle unbeweglich.

Die menschliche Zelle wird als komplexestes Maschinenteil, das jemals existiert hat, bezeichnet. Bis Mitte des 20. Jahrhunderts betrachtete man Zellen mehr oder weniger als winzige Behälter für chemische Verbindungen. Inzwischen wissen wir, dass nichts weiter von der Wahrheit entfernt sein könnte. Könnte man eine einzige Zelle auf die Größe einer Kleinstadt vergrößern, wäre sie komplexer als die Infrastruktur der Stadtverwaltung.

Zu diesen wichtigen Zellstrukturen zählen unter anderem:

- Ribosomen, die Proteine produzieren
- Endoplasmatisches Retikulum, das wichtige chemische Verbindungen, die von der Zelle gebraucht werden, herstellt und transportiert
- Zellkern mit Instruktionen für die Zelle, wie sie funktionieren soll

- Mikrotubuli, mit deren Hilfe die Zelle sich bewegen und ihre Form verändern kann
- Zilien (kleine Flimmerhärchen), durch die manche Zellen sich in Flüssigkeiten fortbewegen können
- Mitochondrien, die für die Zelle Energie erzeugen
- Membran, welche mit der Umgebung kommuniziert und bestimmt, was in die Zelle hinein- und aus der Zelle hinausgelangt

Das sind ein paar der Funktionsteile, die in ständig ablaufende Prozesse involviert sind, zum Beispiel in jeder der ungefähr 50 Billiarden Zellen Ihres Körpers, wenn Sie gerade diese Zeilen lesen.

Je mehr wir über jeden einzelnen Prozess lernen, desto klarer wird, dass die gesamte Zellmaschinerie bereits geschaffen und funktionsfähig sein musste, damit unsere ersten Zellen das tun, was sie tun. Von der Blutgerinnung bis zu den Flimmerhärchen – all das sind wunderbare Beispiele für die nicht reduzierbare Komplexität des Lebens.

Absicht oder Zufall?

Im klassischen Lehrbuch »Molecular Biology of the Gene« (2007; dt. Ausg.: »Molekularbiologie«, [6]2010) beschreibt Nobelpreisträger James D. Watson, Mitentdecker des DNA-Moleküls, die Einzigartigkeit und das Geheimnis lebender Zellen: »Wir müssen einfach zugeben, dass wir die Struktur der Zellen nie so verstehen werden wie die von Wasser oder Glukosemolekülen. Nicht nur die genaue Struktur der meisten Makromoleküle in der Zelle wird ein Rästel bleiben, auch ihre relative räumliche Lage ist nur in groben Zügen bekannt.«[38]

Etwas im Prozess innerhalb der Wunderfabrik, die jede einzelne Zelle des Körpers darstellt, scheint jeglicher – auf traditionellem Wissen und Denken basierenden – Erklärung zu trotzen. Aus solchen Beobachtungen kann man erahnen, wie unwahrscheinlich es ist, dass wir das Ergebnis eines »glücklichen Zufalls« der Schöpfung sind. Damit erhält die in unseren Zellen verschlüsselte Botschaft eine noch größere Bedeutung.

Ordnung – so etwas wie vorhersehbare und wiederholbare Muster, die mit allgemein gültigen Formeln beschrieben werden können – wird in der Natur oft als Zeichen von Intelligenz angesehen. In seinen sehr freimütigen Interviews im Alter gab Albert Einstein zu, er glaube an eine solche Ordnung im Universum und habe auch eine Ahnung, woher sie kommt: »Ich sehe ein Muster, aber meine Vorstellung kann sich kein Bild vom Schöpfer dieses Musters machen [...] Wir alle tanzen zu einer geheimnisvollen Melodie, die in der Ferne von einem unsichtbaren Bläser gespielt wird.«[39]

Auf unserer Suche nach Lebenssinn gilt die bloße Präsenz einer Ordnung oft als Zeichen für die Existenz von Einsteins »unsichtbarem Bläser«.

Selbst der allerskeptischste Wissenschaftler sieht, dass die DNA des Lebens einer hochkomplexen Informationsabfolge ähnelt, wie ein Programm, das unseren Zellen sagt, was sie wann zu tun haben. Sowohl das Intelligente Design als auch die Evolutionstheorie warten mit nützlichen Erkenntnissen über unseren Ursprung auf; doch vielleicht stellt sich heraus, dass die bislang vorliegenden Hinweise dann am besten erklärt werden können, wenn wir die Hauptkonzepte beider Theorien zusammenführen. Eine solche hybride Schöpfungstheorie würde sowohl der Evolution Rechnung tragen und bestätigen, dass unsere Welt uralt ist und geologische Prozesse tatsächlich über sehr lange Zeiträume ablaufen, als auch die Sichtweise des Intelligenten Designs mit einbeziehen, nämlich: Hinter all den etablierten wissenschaftlichen Fakten gibt es eine besondere Kraft, welche die Lebensbedingungen geschaffen und dafür gesorgt hat, dass Leben auf der Erde überhaupt möglich ist, und die auch nach genau drei Zellteilungen, wenn wir achtzellige Lebewesen sind, den genetischen Code aktiviert.

Damit die Pattsituation in der Diskussion um Evolution und Intelligentes Design überwunden wird, müssen wir definieren, wonach wir eigentlich genau suchen – nach Indizien oder nach Beweisen.

Geht es bei der Diskussion Evolution versus Intelligentes Design um Indizien oder handfeste Beweise?

Suchen wir nach endgültigen Beweisen für eine der beiden Theorien, müssen wir ehrlich zugeben: Wahrscheinlich werden wir sie nie finden. Der einzige Beweis wäre eine direkte Beobachtung des Prozesses. Doch abgesehen von einem technologischen Quantensprung, der Zeitreisen ermöglicht, wird das schlicht und ergreifend nicht passieren.

Wie auch immer das Leben an sich und das menschliche Leben im Besonderen begann: Es ist vor ewig langer Zeit passiert – ohne uns als Beobachter und Zeugen. Wir können also höchstens auf Belege und Hinweise für beide Theorien hoffen und müssen sie dann auch akzeptieren; so erfahren wir letztendlich die Wahrheit über unsere Herkunft.

Es wäre nicht das erste Mal, dass auf diese Weise Vorstellungen, die nicht zu neuen Anhaltspunkten passten, neu überdacht werden und zu umwälzenden neuen Erkenntnissen führen. Als Newtons Konzept des Atoms als Materie weichen musste, weil die Quantenphysik belegt hat, dass das Atom Energie ist, hat sich die Welt der Physik für immer von Grund auf verändert. Weil Newtons Ideen so gut funktionierten, konnte die Wissenschaft an den Punkt gelangen, wo durch neue Entdeckungen die Tür zu einem noch tieferen Verständnis aufgestoßen wurde. Genau das passiert auch bei der Suche nach unseren Ursprüngen.

Derzeit scheint eine kombinierte Theorie mit Elementen des Intelligenten Designs und der Evolutionstheorie das Geheimnis und Wunder des Lebens am besten erklären zu können. Sie erkennt einerseits die bislang vorliegenden physischen Nachweise an und gibt andererseits Raum für das intuitive Gefühl vieler Menschen, dass wir Teil eines größeren Ganzen sind.

Die Fragen nach dem Ursprung des Lebens haben natürlich starke, unter Umständen eher unbequeme Konsequenzen. Denn wenn wir hinter unsere uralten, ewigen Geheimnisse schauen, müssen wir radikal umdenken – über uns, unsere Beziehungen zueinander und das Leben an sich. Ein solches Umdenken wiederum verändert alles: von der Kriegsführung, die Konflikte lösen soll, bis hin zur Beendigung menschlichen Lebens, sei es durch Abtreibung, Euthanasie oder Völkermord.

Mit genau diesen Antworten können wir uns von den fest verwurzelten Emotionen freimachen, die überall in der Gesellschaft zu finden sind – im Schulwesen ebenso wie im Gesundheitswesen. Das heißt nicht, dass dann eine einhellige Auffassung darüber herrscht, wie wir denn nun mit Leben umzugehen haben; doch angesichts der vorliegenden Tatsachen können wir unsere Überzeugungen auf mehr als nur erhitzte Gemüter gründen. Denn klar ist: Wir wissen es nicht – und die Bedeutung, die wir dem verleihen, was wir nicht wissen, gibt die Richtung für die nächste Grenze vor, die wir mit unserer Forschung überschreiten.

Tiefe Wahrheit 5:
Immer mehr Daten aus allen möglichen Wissenschaftsdisziplinen – Daten, die mithilfe moderner Technologien gewonnen werden – lassen kaum mehr Zweifel daran aufkommen, dass der Mensch keine Lebensform ist, die sich willkürlich und über lange Zeit evolutionär entwickelt hat, sondern von seinem »Design« her »auf einmal« da war.

Kapitel 6

Krieg funktioniert nicht mehr: Warum wir auf Frieden »gepolt« sind

»Unsere Welt ist voller Atomgiganten, aber ethisch stecken wir noch in den Kinderschuhen. Wir wissen mehr über Krieg als über Frieden, mehr über den Tod als das Leben.«
< General Omar N. Bradley (1893–1981),
früherer Oberbefehlshaber der US-Streitkräfte >

Vor seinem Tod im Jahr 1984 sagte der Filmemacher Sam Peckinpah: »In jedem Menschen steckt ein starker gewaltsamer Charakterzug, der sich in Krieg oder Wahnsinn entlädt, wenn er nicht kanalisiert und verstanden wird.«[1]

Peckinpahs Worte spiegeln das etablierte Denken über Menschen und Gewalt wider. Überall auf der Welt wird gelehrt, Krieg sei so natürlich wie Tag und Nacht; schon unsere frühesten Vorfahren haben Krieg geführt. Von der Darstellung von Höhlenmenschen, die vor 10.000 Jahren lebten, bis hin zu den Wissenschaftlern in Science-Fiction-Filmen, die in 100 Jahren durch ein »Sternentor« quer durchs Universum schreiten – wir sind so daran gewöhnt, uns als streitbare Spezies zu betrachten, dass wir in jedem Drama nur auf das Auftauchen von Armee- und Kampfszenen warten. Dieses Bild des »streitbaren« Menschen ist auf unzählige Studien zurückzuführen, die von Experten wie

Lawrence H. Keely durchgeführt wurden. Keely, Archäologe an der Universität von Illinois und Autor des Buches »War Before Civilization« (1977), hat die menschliche Vergangenheit erforscht und interpretiert; seiner Meinung nach ist Krieg für den Menschen etwas ganz Natürliches: »Krieg ist so etwas wie Handel und Austausch, etwas, das alle Menschen tun.«[2]

Eine solche pauschale Verallgemeinerung wird schnell akzeptiert, doch es gibt damit ein dickes Problem: Sie basiert nicht auf Tatsachen. Neue Entdeckungen über die Anfänge der Kriegsführung und die Rolle des Krieges im Leben der Menschen haben zu verblüffenden Schlussfolgerungen geführt. Im Prinzip lassen die neuesten Ausgrabungen der (bislang) ältesten Zivilisationen der Welt eher vermuten, dass sich die Gewohnheit der Kriegsführung erst im gegenwärtigen 5000-Jahres-Zyklus entwickelt hat und keineswegs eine natürliche Lebensweise des Menschen ist – ein gutes Beispiel dafür, wie mit Fehlannahmen, die aus beschränkten Informationen abgeleitet werden, Gewalt als brauchbare Option gerechtfertigt wird.

Durch die Entdeckung dieser uralten Zivilisationen wird die menschliche Geschichte und damit auch die Geschichte von Krieg und Frieden bis gegen das Ende der letzten Eiszeit ausgedehnt. Durch diese früheren Datierungen und die neuen Erkenntnisse über unsere Urahnen entsteht ein völlig anderes Bild unserer Vergangenheit.

Immer mehr wissenschaftliche Belege lassen vermuten, dass große Kriege, wie sie in den letzten 1000 Jahren stattfanden, keineswegs so »normal« sind, wie man uns glauben machen will. Diese antiken Stätten verfügen über keine Waffenausrüstung und Verteidigungsanlagen wie beispielsweise Schutzwälle – ein Hinweis darauf, dass Kriege mehr etwas mit extremen Bedingungen wie Klimaveränderungen zu tun haben und weniger eine ständige Begleiterscheinung des menschlichen Lebens sind.

Wie immer mehr Forscher zweifelt auch R. Brian Ferguson, Professor für Anthropologie an der Rutgers University, die traditionelle Interpretation über die Rolle des Krieges in der Gesellschaft an: »Meiner Meinung nach widersprechen die weltweiten archäologischen Funde der Vorstellung, Krieg habe schon immer zum Leben des Menschen gehört«, sagt er und bringt es so auf den Punkt: »Die Funde zeigen, dass sich die Kriegsführung größtenteils erst in den letzten 10.000 Jahren entwickelt hat.«[3]

Dieser von Ferguson genannte Zeitrahmen fasziniert mich, denn er entspricht zwei der 5000 Jahre währenden Klimazyklen, die von indigenen Völkern als die »großen Zeitalter« beschrieben werden. Mit anderen Worten: Das derzeitige Zeitalter, das vor etwa 5000 Jahren begann (ein Zeitpunkt, der allgemein als Beginn der Zivilisation angenommen wird), ist der Zeitraum, in dem die von Keely erforschten Kriege stattfanden. Krieg mag also tatsächlich etwas ganz Normales im derzeitigen Zivilisationszyklus sein – aber das ist nicht die Gesamtheit der menschlichen Erfahrung. An irgendeinem Punkt haben wir gelernt, unsere Probleme durch Krieg zu »lösen«, aber wie es aussieht, hat das nichts mit der Natur des Menschen zu tun.

Von den Wüsten im US-amerikanischen Südwesten über die Berge von Peru bis hin zu den Wüsten der Türkei zeigen neue Funde, dass in unserer frühesten Vergangenheit Kriege nur selten stattfanden – was für Fergusons Sicht der Dinge spricht. Kriegszyklen scheinen zu kommen wie Ebbe und Flut, und vielleicht ist es kein Zufall, wenn diese Zyklen mit den großen klimatischen Veränderungen auf der Erde zusammenhängen, unter anderem auch dem derzeitigen Klimawandel. Angesichts dieser neuen Entdeckungen geht es bei den Fragen über die Vergangenheit weniger darum, wodurch diese alten Kriege ausgelöst wurden, als vielmehr um die Frage, warum von ihnen in den frühesten belegten Kulturen so wenig zu sehen ist.

Unter Berücksichtigung dieser Entdeckungen ist es nach Ansicht von Steven Pinker, Professor für Psychologie an der Harvard Universität, angebracht, traditionelle Annahmen über die Krieg auslösenden Gründe auf den Prüfstand zu stellen und sich stärker auf das Konzept des Friedens zu konzentrieren. Statt, so Pinker, zu fragen: »Warum gibt es Krieg?«, muss die Frage anders formuliert oder eine ganz neue Frage gestellt werden, beispielsweise: »Warum gibt es Frieden?«[4]

Seine Argumentation ist eindeutig: Wenn wir mehr über die Ursachen der auf- und abebbenden großen Gewaltausbrüche wissen, sind wir vielleicht auch in der Lage, die größte heutige Bedrohung der Menschheit abzuwenden. Pinkers Gedankengang, unter Berücksichtigung des derzeitigen Trends hin zu weniger Gewalt und der Tatsache, dass wir wohl irgendetwas richtig machen: »Es wäre toll, zu wissen, was genau das ist.«

Geheimnis am Chaco Canyon

»Wer diesen Klang einmal gehört hat, vergisst ihn nie wieder.«

Die Stimme des alten Mannes, der das zu mir sagte, hallte in meinem Kopf wider. Und er hatte recht. Durch den hohen Quarz-Gehalt des Sandes, der unter meinen Füßen knirschte, entstand ein schaurig-schöner Klang – ein hohes Knistern, das von den Sandsteinwänden des über mir aufragenden Canyons widerhallte. Mit jedem Schritt erstarb der letzte Ton, als der nächste schon wieder zu hören war, und während ich den Canyon entlangwanderte, vermischten sich diese Klänge mit dem Wind zu einem anhaltenden Gesang.

Ich dachte an die Ironie, dass jedes Körnchen dieses Sandes unter meinen Füßen einmal fester Bestandteil des harten Sandsteins war, der sich am Rand des Wanderwegs erstreckte. Unzählige Stürme und Fluten hatten im Lauf von Jahrtausenden, in denen sich Eis gebildet hatte und wieder weggetaut war, winzige Körner aus den Sandsteinwänden herausgelöst, die unter meinem Gewicht zu noch kleineren Fragmenten zerbarsten.

Es war ein Morgen Ende August in der Hochwüste im Gebiet des Vierländerecks (Four Corners) in New Mexico. Den indianischen Ältesten hatte ich an diesem Morgen zufällig auf dem Wanderweg getroffen. Uns hatte es beide – jeden aus seinen ganz persönlichen Beweggründen – am selben Tag und zur selben Zeit zu derselben uralten Zeremonienstätte gezogen. Gemeinsam liefen wir den staubigen, harten Sandweg entlang, der parallel zu den vom

Talboden aufsteigenden, pinkfarbenen und gelben Klippen verlief. Beide wollten wir etwas über die Vergangenheit lernen: er über seine Vorfahren, durch ihre Stimmen in den Höhlen; ich von den Tempeln, Zeichnungen und anderen Hinweisen, die sie hinterließen.

»Hier wurden keine Kriege geführt«, sagte der alte Mann zu mir, als wir bei einem kleinen Anstieg eine Verschnaufpause einlegten. »Die Menschen, die hier gelebt haben, brauchten keinen Krieg.«

»Wirklich?«, fragte ich. »Woher wollen wir das wissen?«

»Das ist eines der großen Geheimnisse für die Wissenschaftler, die hier graben«, antwortete er. »Dieser Ort erscheint uns heute riesig, er ist aber nur ein Teil der Gemeinschaft, die früher hier beheimatet war. Mehr als 4000 Menschen lebten in diesem Tal, in diesen Gebäuden«, fuhr er fort und zeigte mit den Armen über das Tal, das sich hinter und vor uns erstreckte. »Aber sie lebten in Frieden. Hier wurden keine Waffen gefunden, nicht eine einzige. Es gibt keine Anzeichen von Krieg, gar keine. Es gibt auch keine Massengräber, keine Asche, keine Begräbnisstätten.« Für ihn hieß das: »Unsere Ahnen brauchten das alles nicht, weil sie auf andere Weise lernten.«

Ich hörte meinem indianischen Freund aufmerksam zu. Er wusste nicht und konnte auch nicht wissen, dass ich genau wegen dieser Informationen, die er mir gab, hierhergekommen war.

Wir befanden uns im Chaco Canyon in New Mexico, einem weltweit einmaligen Ort, der aus vielen Gründen sehr geheimnisvoll ist. Eine ganze Reihen von Theorien versucht, für die Überreste, die hier gefunden wurden, eine Erklärung zu finden, doch in Wahrheit weiß niemand etwas Genaues über die Chaco-Canyon-Kultur. Niemand kann mit Sicherheit sagen, wohin diese Menschen gegangen sind oder warum sie verschwunden sind, denn sie haben keine schriftlichen Aufzeichnungen überliefert – zumindest in keiner der heute bekannten Schriftformen.

Wir wissen nur, dass ein geheimnisvolles Volk scheinbar aus dem Nichts in einer der einsamsten und lebensfeindlichsten Gegenden Nordamerikas aufgetaucht ist und dort Häuser, Gemeinden und Zeremonienstätten erbaut hat, wie es sie vorher und nachher nie mehr gab. Warum? Das weiß bis heute kein Mensch so genau. Sie kamen anscheinend mit einer bereits voll entwickelten Technologie hier an, begannen also nicht mit einer primitiven Lebensweise, die sich in Phasen über einen langen Zeitraum weiterentwickelte bis zu dem hohen Niveau, das ihre Kultur von allen anderen alten Kulturen in dieser Gegend abhebt. Praktisch »über Nacht« verfügten sie über architektonisches Wissen, mit dem sie vierstöckige Gebäude, Wasserspeicher sowie Umleitungswerke errichteten, um das kostbare Wasser aufzufangen. So konnten sie Landwirtschaft für die Versorgung vieler Menschen betreiben. Die Bevölkerungszahl erreichte laut Schätzungen ihren Höchststand im frühen 12. Jahrhundert n. Chr.

Offenbar hatten sie keine Räder, und doch erbauten sie vollkommen gerade Straßen, die sich über Hunderte von Kilometern in alle Richtungen erstrecken. Erst durch Aufnahmen aus dem Weltraum während der NASA-Apollo-Missionen in den 1970er-Jahren wurde dieses Straßennetz erkennbar. Und so plötzlich wie sie aufgetaucht waren, verschwanden sie auch wieder. Manche Theorien schreiben ihr Verschwinden einer langen Dürreperiode und anderen extremen Wetterverhältnissen zu, doch mit Sicherheit weiß niemand, wer diese Chacoaner waren, woher sie stammten oder warum sie wieder gegangen sind.

Der alte Indianer hatte recht: Seit 100 Jahren wurde hier mühsam gegraben, alles genauestens erforscht und die mündlichen Überlieferungen der Nachfahren der Chacoaner studiert, doch nichts davon wies auf einen Krieg im Chaco Canyon hin. Es gibt keine Schutzwälle, wie man sie für solche Riesenanlagen erwarten würde, keinerlei Hinweise auf Waffen, weder Massengräber noch verstümmelte Skelette.

Als ob er meine Gedanken gelesen hätte, gab mir mein indianischer Freund eine Antwort auf meine nächste Frage, noch bevor ich sie überhaupt gestellt hatte. Ich überlegte mir nämlich, warum jemand diesen Ort für den Bau einer so großen Anlage aussuchen würde. Warum ausgerechnet hier?

»Sie haben hier gebaut, weil etwas unter diesem Platz liegt«, sagte er. »Chaco ist nicht die erste Siedlung hier, nur die jüngste.

Sie wurde auf dem Vorherigen erbaut – und das wiederum auf dem, was zuvor da war …«

Ich glaubte ihm zwar, aber ich musste trotzdem nachhaken: »Woher wollen wir mit Sicherheit wissen, dass es hier schon etwas gab, bevor dieser alte Tempel errichtet wurde?«

Für meinen Freund war die Antwort ganz einfach: »Das erzählen uns die Vorfahren«, sagte er.

In den Geschichten seines Volkes wird das Andenken an die Vorfahren lebendig erhalten. Und deren Ahnen berichten wiederum von den Urahnen, die vor den Chacoanern im Chaco Canyon gelebt haben.

Erst 1993 konnte die moderne Wissenschaft mit den Geschichten der alten Vorfahren der Chacoaner gleichziehen. Damals führte ich eine Gruppe durch das Gebiet, und ein Forschungsteam arbeitete gerade in der Nähe eines der großen Grabungsplätze im Chaco Canyon. Mit Fernmessinstrumenten suchten die Forscher nach Anzeichen einer alten Zivilisation, die schon vor der Chaco-Kultur, deren Überreste heute hier zu sehen sind, hier gesiedelt hatte. Mit ihrer hochmodernen Radarausrüstung konnten sie an einer der besterhaltenen Stellen unter die vorhandenen Gebäude »blicken«, und auf meine Frage hin zeigte mir der Bediener des Radars gerne, was sie bis jetzt entdeckt hatten.

Man kann unmöglich sicher wissen, was auf dem Radar zu sehen war, bevor konkret gegraben wurde – und dadurch würde der auf der Erdoberfläche frei liegende Tempel zerstört –, doch darunter sah man definitiv Anzeichen alter Gebäude. Wieder einmal hatte mein indianischer Freund recht gehabt. Es war schon vorher jemand da gewesen. Als Beweis diente die uralte, bislang nicht dokumentierte Zivilisation, auf deren Überresten ich stand.

Die Spätsommersonne warf ihre langen Schatten übers Tal, und ich fragte mich immer wieder, warum es keinerlei Hinweise auf Massengräber, Waffen oder Kämpfe gab. Außer ein paar Skeletten, die jünger waren und die man in Lagerräumen fand, wurden in diesem einstmals bis zu 4000 Menschen beherbergenden Tal keinerlei Körper geborgen. Wussten die Bewohner vielleicht etwas, das bei uns heute in Vergessenheit geraten ist? Hatten sie zu einem Weg des Zusammenlebens und gemeinsamen Arbeitens gefunden, wie es die nachfolgenden Chacoaner offensichtlich getan hatten – ohne Krieg, den wir in unserer Kultur für etwas ganz Normales und Selbstverständliches halten? Weitere Grabungen im Chaco Canyon werden es uns mit der Zeit verraten.

Keine Mauern, keine Kriege

Sowohl Caral als auch der Chaco Canyon sind insofern etwas Besonders, als dass es keinerlei Anzeichen für kriegerische Aktivitäten gibt. An einem Ort wie dem Chaco Canyon, an dem einmal viele Menschen gelebt haben, ist das äußerst ungewöhnlich. An anderen Grabungsstätten mit einer hohen Bevölkerungsdichte wurden in Massengräbern ganze Armeen von Soldaten gefunden, deren Köpfe und Gliedmaßen schwere Verletzungen aufweisen: klaffende Axthiebe in den Schädeln und andere Wunden, wie man sie normalerweise auf einem alten Schlachtfeld erwartet. Nichts davon findet sich an diesen beiden Orten, ebenso wenig wie Anzeichen dafür, dass sich diese Menschen vor irgendetwas schützen mussten. Es gibt keine hohen Schutzmauern oder Schutzgräben. Schaut man einmal über den amerikanischen »Tellerrand« hinaus auf Plätze wie Göbekli Tepe, die älteste bekannte Zivilisation der Erde, hat es den Anschein, als ob erst in »jüngeren« Zivilsationen aus den letzten 5000 Jahren, beispielsweise bei den alten Ägyptern, Römern und Griechen, Krieg zur Lebensführung dazugehörte. Offensichtlich war der Mensch nicht schon immer die streitlustige, kriegerische Spezies, die er heute anscheinend ist. Die Frage lautet: Warum nicht?

Lösten unsere Ahnen ihre Probleme auf eine krieglose Art und Weise, von der wir nichts mehr wissen? Und wenn ja, können wir unsere gewalttätigen Gewohnheiten ablegen, ja »abtrainieren« wie jede schlechte Gewohnheit? Angesichts der zerstörerischen Kraft moderner Waffen ist es wichtiger als je zuvor, solchen unbeantworteten Fragen angemessen zu begegnen.

Kriege aus Notwendigkeit

»Ein Aufstöhnen ging durch den Saal, als in Oslo gestern bekannt gegeben wurde, Barack Obama werde den Friedensnobelpreis erhalten; die Entscheidung wurde weltweit gleichermaßen mit ungläubigem Staunen und Lob aufgenommen wie keine Entscheidung vorher.«[5] Das Echo dieser Zeilen eines Artikels in der englischen »Sunday Times« vom 10. Oktober 2009 wurde weltweit in Zeitungen, Fernsehreportagen und Wohnzimmern aufgenommen. Der neu gewählte Präsident der Vereinigten Staaten von Amerika war erst seit elf Tagen im Amt und lag schlafend in seinem Bett im Weißen Haus, als auf der anderen Seite des Globus diese Entscheidung laut wurde.

Obama ist erst der dritte US-Präsident, der noch während seiner Amtszeit mit dem Friedensnobelpreis ausgezeichnet wurde (Theodore Roosevelt bekam ihn 1906, Woodrow Wilson 1919), doch die unterschiedlichen Meinungen dazu wurden nicht durch seine Arbeit im Weißen Haus ausgelöst. Vielmehr ging es darum, was er während seiner kurzen Amtszeit denn geleistet hatte, um diese Auszeichnung zu verdienen, oder besser was er alles (noch) nicht geleistet hatte. Lech Walesa, vormals politischer Häftling, Friedensnobelpreisträger 1983 und Staatspräsident von Polen (1990–1995), fasste in seinem Kommentar öffentlich zusammen, was viele Leute sich insgeheim so dachten: »Wer? Was? So schnell? Noch hat er keinen Beitrag zum Frieden geleistet. Er macht Vorschläge, leitet Sachen in die Wege, aber bislang hat er noch nichts umgesetzt.«[6]

Als Obama nur neun Monate nach seiner Amtseinführung den Preis entgegennahm, ging erneut ein Stöhnen durch die

Menge, diesmal durch das Publikum vor Ort. Doch dieses Mal nicht, um seine Auszeichnung zu begrüßen, sondern aus einem ganz anderen Grund: Der Präsident, der gerade die höchste Friedensauszeichnung der Welt erhalten hatte, begann seine Rede mit einer höchst unpopulären Haltung zum Krieg.

Zunächst verkündete er das Offensichtliche: »[Ich bin] Oberkommandierender einer Nation [...], die mitten in zwei Kriegen steckt [...], ich bin dafür verantwortlich, dass Tausende junger Amerikaner in einem fernen Land in die Schlacht ziehen. Manche von ihnen werden töten. Manche werden getötet werden. Und so komme ich mit einem gesteigerten Bewusstsein für den Preis eines bewaffneten Konflikts hierher – voller schwieriger Fragen zum Verhältnis von Krieg und Frieden und unserem Bemühen, den einen durch den anderen zu ersetzen.«[7]

Für seine einleitenden Worte wurde Obama von vielen Menschen kritisiert; doch erst bei seinen nächsten Sätzen fragte man sich, ob er wirklich diesen Preis am meisten verdient hatte. Er ging nämlich das Thema »Krieg« frontal an: »Wir müssen damit anfangen, die harte Wahrheit anzuerkennen, dass wir gewaltsame Konflikte zu unseren Lebzeiten nicht ausrotten werden.«[8] Doch dann ging es nicht mehr einfach bloß darum, den Zustand der Welt zu beschreiben. Plötzlich sagte er, wir müssten nicht überrascht sein, wenn noch mehr Kriege geführt würden, da gewisse Umstände Krieg nicht nur unumgänglich machten, sondern ihn sogar rechtfertigten: »Es wird Zeiten geben, zu denen Nationen – allein oder gemeinsam handelnd – die Anwendung von Gewalt nicht nur für notwendig, sondern auch für moralisch gerechtfertigt halten werden.«[9] Das führte zu der Debatte und der Empörung, durch die Obamas Verdienste für den Frieden stark in Zweifel gezogen wurden. Gibt es wirklich Zeiten, in denen Krieg die einzige Lösung ist? Und so nötig wie Krieg manchmal vielleicht erscheinen mag: Kann man ihn jemals für »moralisch gerechtfertigt« halten?

Viele unter Ihnen, die dieses Buch lesen, erinnern sich an zwei Weltkriege, an denen die USA genau mit diesen Vorstellungen im Kopf teilnahm:

1. Der Erste Weltkrieg wurde 1917 von Präsident Woodrow Wilson als Krieg erklärt, »der dem Krieg ein Ende setzen« sollte (dieser Ausdruck wurde erstmals von dem britischen Schriftsteller H.G. Wells verwendet, nachdem der Krieg 1914 in Europa ausgebrochen war). In seiner Kriegserklärung vor dem Kongress sagte Wilson, die Zivilisation stehe auf dem Spiel, und ohne Amerikas Eingreifen wäre alles verloren.

2. In den Zweiten Weltkrieg – von vielen Amerikanern als »moralisch gerechtfertigt« betrachtet – trat Amerika am 8. Dezember 1941 ein, einen Tag nach dem Angriff auf die Marinebasis Pearl Harbor. Weil offensichtlich war, wer der Feind sei, die Ziele klar waren und die Mission erreichbar war, wurde dieser Weltkrieg als der »gute Krieg« bezeichnet.

Kriege, damit alle Kriege ein Ende haben

Vor seinem Tod im Alter von 96 Jahren erzählte mir mein Großvater oft stundenlang von der Welt und wie sie »zu seiner Zeit« war. Er war Anfang des 20. Jahrhunderts in Mitteleuropa geboren, und seine Geschichten begannen immer mit der Aussage, unsere heutige Welt sei ganz anders als jene von damals. Obwohl ich wusste, dass das sicherlich stimmte, wurde mir doch während seiner Erzählungen immer klarer, was er damit *meinte.* Er sprach von einer Welt, wo Pferdekutschen neben den neu erfundenen Automobilen dahinfuhren, wo es in vielen Häusern keinen Strom gab und Telefone eine Seltenheit waren – eine Welt ohne Super-Highways, in der Toiletten im Haus ein Luxus waren.

Sooft er von seinen damaligen Bekannten und seinen diversen Jobs erzählte, gelangte er an einen Punkt, an dem sich in seine Geschichten ein anderer Ton einschlich. Das Lächeln verschwand von seinem Gesicht, und seine Stimme hatte einen anderen Tonfall, wenn er sich an die drei Ereignisse in seinem Leben erinnerte, die seine Welt mit allem Drum und Dran von Grund auf verändert hatten: die große Depression / Weltwirtschaftskrise und die beiden Weltkriege. Obwohl diese Erfahrungen sehr unterschiedlich waren, hingen sie doch auch miteinander zusammen.

Im Ersten Weltkrieg war er noch zu jung, um selbst aktiven Wehrdienst zu leisten, doch das Ausmaß dieses Krieges und der Preis, den er in seinem Freundes- und Familienkreis forderte, sowie seine Auswirkungen auf den Alltag in Europa hinterließen Erinnerungen, die zur Zeit des nächsten »großen Krieges« zu Narben geworden waren. Vor dem Hintergrund der Informationen, die normalen Leute wie meinem Großvater zugänglich waren, war der Zweite Weltkrieg ein Konflikt, der einen Sinn hatte, zumindest für die Menschen, die damals lebten.

In diesem Krieg standen sich die größten Armeen der Welt gegenüber: die Vereinigten Staaten, Großbritannien und Russland auf der einen Seite – Deutschland, Japan und zeitweise Italien auf der anderen. Offiziell dauerte der Krieg 4 Jahre (ich sage »offiziell«, weil es eine Denkschule gibt, laut der der Zweite Weltkrieg eigentlich nie beendet wurde. Es wurden zwar Verträge unterzeichnet und die Truppen wieder nach Hause geschickt, aber die Welt wurde in einer Weise aufgespalten und geteilt, die in dem Antagonismus, der Auslöser für unsere heutigen Kriege ist, nach wie vor eine große Rolle spielt).

Der Begriff des »guten Krieges« wurde im Jahr 1984 sehr bekannt, als Studs Terkel sein Buch »The Good War: An Oral History of World War Two« (dt. Ausg.: »Der gute Krieg: Amerika im Zweiten Weltkrieg – Zeitzeugen sprechen«, 1989) veröffentlichte und dafür den Pulitzer-Preis gewann. Doch wie gut kann ein Krieg, welcher auch immer, überhaupt sein? Terkels Buch wie auch die Geschichten meines Großvaters lassen den ungeheuren Preis, den der Zweite Weltkrieg an Menschenleben forderte und dem ganze Städte zum Opfer fielen, so gerechtfertigt erscheinen, wie ein Krieg nur gerechtfertigt sein kann. Unter Historikern geht man allgemein davon aus, dass der Zweite Weltkrieg einen Tribut von 50 Millionen Menschenleben gefordert hat!

Wenn man sich einmal diese unfassbar vielen Toten vor Augen führt und daran denkt, was uns unser eigenes Leben bedeutet, haben wir einen unermesslich hohen Preis bezahlt. Man muss sich nur einmal vorstellen, dass bei Beendigung des Zweiten Weltkriegs 1945 etwa 2,5 Prozent der gesamten Weltbevölkerung den Tod gefunden hatten. Zwei Hauptgründe haben den Zweiten Weltkrieg gerechtfertigt, und man kann sie in drei Worten zusammenfassen: Hitler und Pearl Harbor.

Warum Amerika in den Krieg eintrat, war klar. Aus Sicht der Alliierten, die den Krieg unterstützten, wurden die Vereinigten Staaten in den Konflikt hineingezogen und reagierten defensiv. Wer der Feind war, war auch klar, ebenso das Ziel und an welchem Punkt das Ziel erreicht war. Nachdem alle Faktoren gegeneinander abgewägt worden waren, schien es für die Argumente, die für Amerikas Kriegseintritt sprachen, kaum mehr eine Grauzone zu geben. Es war ein Verteidigungskrieg, in dem es um den klassischen, uralten Kampf zwischen Gut und Böse ging, ein Kampf, der den Gräueltaten Hitler-Deutschlands ein Ende bereiten sollte und als Reaktion auf Japans Versuch geführt wurde, eine japanische Weltherrschaft zu etablieren. In jedem Krieg geschehen furchtbare Dinge, doch für die Alliierten waren die Überzeugungen und Methoden der Deutschen und später auch der Japaner eine Bedrohung der freiheitlichen Prinzipien und der Demokratie auf der ganzen Welt, die sie nicht hinnehmen konnten.

Die Welt Mitte des 20. Jahrhunderts war sicherlich eine andere als die heutige, doch nach wie vor werden auch über ein halbes Jahrhundert später Kriege mit denselben bzw. ähnlichen Gründen »verargumentiert« und gerechtfertigt. Der Zweite Weltkrieg und der Krieg gegen den Terror haben zwar ähnlich begonnen, doch mit Entsprechungen ist bei genauerem Hinsehen bald Schluss; dann werden die Unterschiede sichtbar.

In der nachfolgenden Tabelle werden einige Parallelen und Unterschiede aufgeführt. Im ersten großen Krieg des 21. Jahrhunderts – dem Krieg gegen den Terror – ist der Gegner nicht klar umrissen, zumindest gibt es keinen »Feind« im normalen Sinn des Wortes. Von den farbigen Uniformen der Soldaten, die sich im Amerikanischen Bürgerkrieg Mitte des 19. Jahrhunderts gegenüberstanden, über die eindeutig gekennzeichneten Helme im Ersten Weltkrieg oder die Hakenkreuze, das Sternenbanner und die aufgehende Sonne auf den Flaggen im Zweiten Weltkrieg – immer hatte jede Seite ihre ganz eigenen Uniformen, Waffen etc. Im Krieg gegen den Terror gibt es keine einheitliche Uniform oder Symbole, an denen man erkennen kann, wer auf welcher Seite steht.

Sowohl beim Ersten als auch beim Zweiten Weltkrieg hegte man die Überzeugung, der Krieg sei nicht zu vermeiden und die Gründe dafür seien »gerecht«. Und tatsächlich finden sich gute Argumente für beide Kriege, wenn man die damalige Zeit berücksichtigt. Doch angesichts der Unterschiede zwischen damaliger und heutiger Zeit und der Möglichkeiten der modernen Waffen und Technologien müssen wir uns die Frage noch einmal stellen: Ist Krieg heute immer noch die Lösung für unsere Probleme?

Hat der Tod von 2400 Menschen in Pearl Harbor die 405.000 amerikanischen Soldaten gerechtfertigt, die in den vier nachfolgenden Kriegsjahren ihr Leben verloren? Die Antwort auf diese Frage kenne ich nicht. Rechtfertigt der Verlust von 2752 Menschenleben beim Terrorangriff auf das World Trade Center den Tod von Tausenden von amerikanischen und britischen Truppenangehörigen sowie Soldaten aus 139 weiteren Nationen, die seit einem Jahrzehnt im Krieg gegen den Terror kämpfen? Sind Kriege wirklich so unumgänglich, wie Barack Obama in seiner Rede bei der Entgegennahme des Nobelpreises sagte? Auch die Antworten auf diese Fragen weiß ich nicht, aber meiner Meinung nach geht es hier weniger um eine Antwort als vielmehr um ein Gefühl.

Und die Gefühle, die bei diesen Fragen hochkommen, sind – gelinde ausgedrückt – sehr gemischt, je nachdem wem man sie stellt. Doch genau diese Fragen müssen angesichts der Art von Kriegen, die heute geführt werden, gestellt werden. Letztendlich hängt alles von unserer Denkweise und unseren Ansichten über den Krieg als solchen ab. Wie schon gesagt, herrscht die weit verbreitete Auffassung, Krieg sowie die Gewalt und der Hass, die ihm vorausgehen, gehörten zur Natur des Menschen. Und wenn man diese Ansicht nur auf den kurzen Zeitrahmen ansetzt, der die menschliche Geschichte der letzten 5000 Jahre umfasst, dann ist diese Meinung leicht nachzuvollziehen.

Zweiter Weltkrieg	Krieg gegen den Terror
1. Die USA traten in den Krieg ein, als ein Überraschungsangriff auf ihr eigenes Staatsgebiet geführt wurde, der 2400 Menschenleben kostete.	1. Die USA traten in den Krieg ein, als ein Überraschungsangriff auf ihr eigenes Staatsgebiet geführt wurde, der 2752 Menschenleben kostete.
2. Für den Krieg konnte ein klarer und eindeutiger Grund angeführt werden.	2. Für diesen Krieg werden von unterschiedlichen Parteien unterschiedliche Gründe angeführt.
3. Es gab einen klar definierten Feind.	3. Wer der Feind ist, ist unklar.
4. Die Grenzen des Konflikts waren klar umrissen (bestimmte Lokationen in bestimmten Ländern).	4. Die Grenzen des Konflikts sind unklar und verschwommen (nicht auf Länder beschränkt).
5. Die gewalttätigen Auseinandersetzungen fanden normalerweise zwischen dafür ausgebildeten, gerüsteten militärischen Streitkräften statt.	5. Die eine Seite betrachtet die Gewaltanwendung als militärischen Konflikt, der auch Opfer unter der Zivilbevölkerung fordert; die andere Seite attackiert militärische und zivile Ziele gleichermaßen und macht keinen bzw. kaum einen Unterschied.
6. Der Krieg endete nach 4 Jahren mit entsprechenden Friedensverträgen und Bedingungen.	6. Der Krieg gegen den Terror dauert bereits fast 10 Jahre an, und es ist kein Ende in Sicht.

Abbildung 6.1: Vergleich zwischen dem letzten weltweit geführten Krieg, dem Zweiten Weltkrieg, und dem derzeit geführten weltweiten Krieg gegen den Terror.

Die ersten Kriege der Weltgeschichte

Ende der 1990er-Jahre war ich auf einer Lesetour durch Frankreich, was mir die Gelegenheit bot, mir einen lebenslangen Traum zu erfüllen. Mein Terminkalender für diese Woche war proppenvoll, ich hatte nur einen freien Tag. Zusammen mit einigen anderen Autoren und Freunden fuhr ich an diesem Tag per Taxi an den Ort, den zu besuchen mein sehnlichster Wunsch war: den Louvre in Paris.

Immer wieder hatte ich auf meinen Besuchen in Ägypten, die ich während der vergangenen 10 Jahre als Leiter von Reisegruppen gemacht hatte, festgestellt, dass die Artefakte, für die ich um die halbe Welt gereist war, sich nicht mehr in Ägypten befanden. Manche Stücke, beispielsweise Tutenchamun-Exponate, befanden sich gerade auf Tour in London, San Francisco oder Chicago, andere wurden entweder im Britischen Museum oder eben im Louvre im Paris aufbewahrt.

Nun würde ich also mit eigenen Augen den Tierkreis-Kalender aus dem Tempel von Dendera sehen, die großen Obelisken, die ehemals in Karnak standen, und viele weitere Artefakte. Sosehr ich mich auf genau diese Dinge gefreut hatte: Im Museum gab es noch etwas, dem mein Interesse galt und das nicht aus Ägypten stammte: die älteste Dokumentation über die großen Kriege der Weltgeschichte.

Ich hatte in den 1980er-Jahren, während des Kalten Krieges, in der Rüstungsindustrie gearbeitet und dort direkt miterlebt, wie die Welt kurz vor einem dritten Weltkrieg stand. Und so wollte ich wissen, wie lange wir Menschen schon Krieg von solch epischen Ausmaßen führen. Die alten Aufzeichnungen, so dachte ich, könnten Antworten auf uralte Fragen geben, beispielsweise: Sind wir wirklich auf Krieg eingestellt? Ist es unsere Natur, wie Lawrence Keeley meint, oder handelt es sich um eine tief verwurzelte Gewohnheit, die wir gelernt haben und nun auch wieder verlernen können?

Wenn ich die Wurzeln des Krieges verstehen würde, so hoffte ich, könnte ich auch Einsicht in die Konflikte gewinnen, die unsere heutige Welt bedrohen. Und wo könnte man besser damit anfangen als bei den ältesten Aufzeichnungen über die ältesten bekannten Kriege der Menschheit?

Die Fragmente der Steintafel im Ausstellungskasten vor mir gaben mir erste Hinweise. Sie stellten einen Krieg zwischen zwei Armeen dar, der vor etwa 4700 Jahren im alten Sumer stattgefunden hatte. Die Bruchstücke einer Kalksteinstele, die im Jahr 1881 gefunden wurde, bildet den Krieg zwischen Lagasch and Umma ab, zwei nicht mehr existierenden Ländern. Diese »Stele der Geier« stand nur ein paar Zentimeter vor mir im Raum 1A der Abteilung Mesopotamische Altertümer des Louvre (siehe Abbildung 6.2). Obwohl nur Teile der Stele erhalten sind, erkennt man klar die Bilder von Kriegern mit Rüstung und Helm, die mit Speeren in der Hand in den Krieg ziehen. Auch das gruselige Nachspiel des Krieges ist dargestellt: Geier fressen die auf dem Schlachtfeld liegenden Toten auf.

Die Stele der Geier zeigt als eines der wenigen solcher Artefakte, dass die Sumerer sich mit den Techniken der Kriegsführung gut auskannten, und zwar schon damals in der Zeit des letzten Wechsels der Zeitalter, der biblischen Zeit.

Die Stele der Geier ist zwar die vollständigste, aber bei Weitem nicht die einzige Überlieferung von Kriegen im alten Sumer. In dieser Zeit erklärte auch König Mebaragesi, der erste Name auf der historischen sumerischen »Königsliste«, seinen Nachbarn, den Elamiten, den Krieg und löste damit sozusagen den allerersten iranisch-irakischen Konflikt aus, der in der Gegend um das heutiga Basra im Irak ausgetragen wurde – eine Hochburg des Irak-Kriegs Anfang des 21. Jahrhunderts.

Womöglich ist es kein Zufall, dass diese alten Überlieferungen über die ersten Kriege in die Zeit fallen, die laut traditioneller Geschichtsschreibung den Beginn der Zivilisation und der Schrift markiert. Die Entstehung von Gemeinschaften und Gesellschaften war demnach eigentlich ein doppelschneidiges Schwert: Sie boten Sicherheit und eine zuverlässige Versorgung, führten aber auch unausweichlich zu Zwietracht und Meinungsverschiedenheiten, die schließlich in Schlachten ausgefochten wurden.

Abbildung 6.2: Fragmente der »Stele der Geier« aus dem Pariser Louvre. Diese Stele ist die vollständigste Überlieferung des ältesten Großkrieges der Welt und erinnert an den Sieg von Lagasch über Umma. Oben: Dieses Fragment zeigt die ältesten uns bekannten Bilder von im Zug marschierenden Truppen (Quelle: Eric Gaba/GNU freie Dokumentationslizenz). Rechts: Auf diesem Stück derselben Stele sieht man die Namensgeber der Stele: Geier, die nach dem kriegerischen Blutbad die Toten auf dem Schlachtfeld auffressen (Quelle: Eric Gaba/GNU freie Dokumentationslizenz).

Das könnte man wohl zumindest für die Zivilisation der letzten 5000 Jahre so annehmen. Doch wie sieht es mit älteren Kulturen aus? Von Göbekli Tepe und Çatalhöyük (einer neolithischen Besiedlung in der Türkei) bis hin zu den Erbauern der Sphinx und von Caral – gab es auch in diesen über 5000 Jahre alten Zivilisationen Kriege? Die Frage lässt sich nur beantworten, wenn man auch andere Faktoren berücksichtigt, die den historischen Kontext liefern, unter anderem klimatische Veränderungen sowie den Kampf um das versinkende Land und die schwindenden Ressourcen.

Ein gutes Beispiel dafür, wie dramatisch veränderte Umweltbedingungen sich auf das Verhalten auswirken, ist eine Begräbnisstätte in der Wüste des Sudans am Nil. Erste Grabungen wurden in den 1960er-Jahren von dem Archäologen Fred Wendorf von der Southern Methodist University durchgeführt: Die Funde tragen einfach den Namen »Site 117«. Mithilfe moderner Methoden wurden sie auf das Ende der letzten Eiszeit datiert und sind zwischen 12.000 und 14.000 Jahre alt. Was an dieser »Fundstätte 117« genau passiert ist, können wir nicht mit Bestimmtheit sagen, aber ganz sicher fand dort eine Art Krieg statt, allerdings bei Weitem kein so großer wie in Sumer. Es gibt darüber keine schriftlichen Aufzeichnungen, aber diese uralte Stätte könnte gut den Beleg für den ersten Krieg der Menschheitsgeschichte darstellen.

59 menschliche Skelette wurden in den Wüstengräbern entdeckt, 24 davon fanden anscheinend auf kriegerische Weise den Tod. Neben vielen Körpern wurden Projektile gefunden, wie man sie im Krieg verwendet. R. Brian Ferguson, Professor für Anthropologie der Rutgers University, von dem bereits die Rede war,

zieht eine wichtige Verbindung zwischen den Funden und dem plötzlichen Klimawandel, der zu dieser Zeit in dieser Gegend nachweislich stattfand: »Bemerkenswert ist, dass die Menschen von Fundstätte 117 in einer Zeit lebten, als es zu einer ökologischen Krise kam. Aufgrund der verstärkten Regenfälle und der tiefen Schlucht, die der Nil dadurch in die Landschaft gegraben hatte, lag das umliegende Überschwemmungsgebiet zu hoch und war ausgetrocknet. Damit fielen für die Menschen, die dort lebten, der Wels und andere Grundnahrungsmittel des Sumpflandes weg.«[10]

Ferguson stellt zudem fest, nur wenige der insgesamt bekannten, mindestens 10.000 Jahre alten menschlichen Skelette trügen Anzeichen von Gewaltanwendung.[11] Das ist wichtig, denn es lässt die Vermutung zu, dass der Konflikt, zu dem es an Grabstätte 117 kam, nicht unbedingt dem Lebensstil dieser Menschen entsprach, sondern eine Reaktion auf bestimmte Umstände war, durch die die Menschen gezwungen wurden, gegeneinander ums Überleben zu kämpfen. In diesem Fall war vielleicht der Klimawandel dafür verantwortlich.

Das Alter der Körper, die in diesem Grab 117 gefunden wurden, könnte wesentliche Einsichten in die Wurzeln des Krieges vermitteln. Wie schon im Kapitel über die Sphinx gesagt, veränderte sich gegen Ende der letzten Eiszeit das Klima auf der gesamten nördlichen Hemisphäre sehr stark. Damals wie heute gab es auf der Nordhalbkugel das meiste trockene Land und die meisten Menschen. Zur selben Zeit, vor etwa 10.000 Jahren, fanden im Gebiet des heutigen Nordirak die ersten Kriege statt. Die Überreste von drei Bauernhöfen weisen Verteidigungswälle auf; auch Waffen wurden hier gefunden, beispielsweise Streitkolben und Pfeilspitzen, ebenso menschliche Skelette. Vielleicht ist es kein Zufall, dass ausgerechnet hier bis zum heutigen Tag immer wieder Kriege stattfinden – Ferguson nennt diese Ironie die »wahre ›Mutter aller Schlachten‹«.

Archäologische Funde weisen also deutlich darauf hin: Vor dem »Beginn« der traditionellen Geschichtsschreibung vor etwa 5000 Jahren war Krieg nicht die Regel, sondern ein seltenes Ereignis, und wenn ein solcher Krieg ausbrach, fiel er allem Anschein nach mit klimatischen Veränderungen zusammen. Erst zur Zeit der Sumerer, zu Beginn des derzeitigen Zeitalters, wurde Krieg, so wie es aussieht, zu etwas Alltäglichem.

Seitdem sind die Menschen praktisch ständig in irgendwelche Kriege verwickelt. Und so frage ich mich: Gelten für den Krieg immer noch dieselben Gründe? *Oder sind wir an einem Punkt unserer Geschichte angelangt, an dem der Preis, den wir für die errungenen Vorteile bezahlen, einfach zu hoch ist?* Ist Krieg inzwischen vielleicht überholt?

Der erste Krieg der Weltgeschichte, der nicht gewonnen werden kann

Nach dem Zweiten Weltkrieg führten die unterschiedlichen politischen Systeme und Weltsichten – der Kapitalismus auf der einen und der Kommunismus auf der anderen Seite – dazu, dass die Vereinigten Staaten und Russland auf verschiedenen Seiten standen. Die beiden Länder hatten zwar im Krieg als Alliierte gegen den gemeinsamen Feind gekämpft, doch nach den Friedensverträgen und der Festlegung der Grenzen von Ländern in Europa und Asien zeichnete sich ab, dass zwei unterschiedliche Einflussbereiche um die Weltherrschaft kämpften – der Beginn des »Kalten Krieges«, der 44 Jahre dauern sollte. 1947, als er seinen Anfang nahm, war der Kalte Krieg der letzte auf einer langen Liste von weltweiten Kriegen, doch es war auch klar, dies war kein gewöhnlicher Krieg – schon wegen der Technologie, die gegen Ende des Zweiten Weltkrieges die Herstellung der ersten Atombomben ermöglicht hatte.

Zum ersten Mal in der Geschichte konnten die Waffen, die ein Land gegen ein anderes einsetzte, die gesamte Welt verwüsten. Atomare Nebenwirkungen durch radioaktive Strahlung und Niederschläge waren in der Vergangenheit bei keinem Krieg zu befürchten gewesen, ebenso wenig wie die Tonnen von Schutt, die mit jeder Detonation auf der Erde in die Atmosphäre geschleudert werden. Zum ersten Mal lag das Leben eines jeden Einzelnen in den Händen der wenigen, die die Kriegsmaschinerie zwischen den beiden Supermächten steuerten.

Als der Konflikt Mitte der 1980er-Jahre seinen Höhepunkt erreichte, gab es so viele Waffen, die wiederum im Besitz von so vielen Ländern waren, dass man es sich kaum vorstellen konnte. Mittlerweile freigegebene Geheimdokumente besagen, im Jahr 1985 betrug allein die Anzahl der Atomraketen für den Einsatz zwischen Amerika und der Sowjetunion an die 65.000 Stück.

Nach 20 Jahren des Verhandelns und Abrüstens sind immer noch mindestens 22.000 dieser Atomraketen übrig, 8000 davon sind »aktiv«. Das hohe Risiko, das mit dem Einsatz dieses unglaublichen Waffenarsenals für die ganze Welt verbunden war, führte zu der Strategie, dank derer – so die Überzeugung – sie während des Kalten Krieges eben *nicht* zum Einsatz kamen: die Strategie der »mutually assured destruction« (MAD), also der sicheren gegenseitigen Zerstörung, auch »das Gleichgewicht des Schreckens« genannt. Sichere gegenseitige Zerstörung – das ist wirklich eine passende Beschreibung für das wahrscheinliche Ergebnis, wenn die Supermächte damals tatsächlich zu den Waffen gegriffen hätten. Der Ausdruck wurde erstmals von einem Mitglied der Kennedy-Regierung verwendet und besagt: Im Falle eines totalen Krieges würden sowohl der Angreifer als auch der Angegriffene zerstört; es gäbe weder ein Abkommen noch einen Waffenstillstand, nur wenige Überlebende, und keine Beute für den Sieger, nur die totale Zerstörung.

Nach einer Konferenz in Washington, D.C., an Halloween 1983 hatte keiner mehr Zweifel am Ausgang eines solchen Krieges. Die Konferenz mit dem Titel »The Cold and the Dark: The World After Nuclear War« (»Kalt und Dunkel: Die Welt nach einem Atomkrieg«) war in ihrer Art etwas völlig Neues; geleitet wurde sie von drei hoch angesehenen Experten: Paul Ehrlich, Biologe und Autor des Buches »The Population Bomb« (1968; dt. Ausg.: »Die Bevölkerungsbombe«, 1971); Carl Sagan, Kosmologe und Autor von »Cosmos« (1980; dt. Ausg.: »Unser Kosmos: Eine Reise durch das Weltall«, Neuaufl. 2000); und Donald Kennedy, vormaliger Präsident der Stanford University. Sie stellten überzeugend dar, warum es bei einem Atomkrieg keinen Gewinner geben konnte.[12]

Zum ersten Mal wurde in der Öffentlichkeit klar und deutlich über die Konsequenzen eines nuklearen Schlagabtauschs gesprochen, wie der Kalte Krieg ihn impliziert. Das wahrscheinliche Ergebnis, ein sogenannter nuklearer Winter, wurde von der Forschergruppe TTAPS (Akronym für die abgekürzten Nachnamen: Truco, Toon, Ackerman, Pollack und Sagan) beschrieben. Ihre Simulation auf Basis von Modellberechnungen, die Wettermuster sowie den Rauch, Ruß und nuklearen Niederschlag von verbrannten Städten nach einem Atomkrieg berücksichtigten, prognostizierte, dass in einem solchen Fall sehr viel weniger Sonnenlicht auf die Erde treffen würde. Die Auswirkungen wären unter anderem ein starker weltweiter Temperaturrückgang aufgrund des Sonnenmangels – ein nuklearer Winter –, der je nach Länge eines solchen Angriffs ein paar Monate, aber auch Jahre dauern könnte. Die Modellrechnungen beruhten auf realen Daten über ähnliche Effekte aufgrund von Asteroideneinschlägen vor langer Zeit und starken Vulkanausbrüchen aus neuerer Zeit.

Die Konferenz beleuchtete mehrere Szenarien: diverse Wettermuster, wer greift wen zuerst an, welche Städte sind betroffen, wie viele Waffen werden von jeder Seite eingesetzt. Das Resultat sah nie gut aus. Die Konferenz war nicht nur die erste über den nuklearen Winter, die mit großem Interesse der Öffentlichkeit verfolgt wurde, sondern hier wurde auch zum ersten Mal wegen der Tragweite für die Umwelt eine politische Debatte über das Klima geführt.

Dabei wurde eines sehr schnell klar: Die Welt hatte mit einer neuen Art von Krieg tun, der keinen Sinn mehr machte, da es gemäß dem simulierten Ausgang eines solchen Krieges keinen Gewinner gab. Im Kalten Krieg konnte es nur Verlierer geben. Zum ersten Mal war ein potenzieller Krieg mit den modernsten Waffen nicht mehr mit seinen Zielen vereinbar.

Kurz nach den TTAPS-Reports über den Kalten Krieg und kurz vor seinem Tod im Jahr 1983 machte der Zukunftsforscher Buckminster Fuller eine prophetisch anmutende Beobachtung über die Rolle des Krieges in der Moderne: »Entweder ist Krieg obsolet, oder die Menschen werden obsolet.«[13] Einstein hatte Ähnliches im Sinn, als er gefragt wurde, wie seiner Meinung nach der nächste Weltkrieg ausgefochten würde: »Ich weiß nicht, mit welchen Waffen der dritte Weltkrieg ausgetragen wird«, antwortete er, »aber im vierten Weltkrieg werden sie mit Stöcken und Steinen kämpfen.«[14]

Sowohl Einstein als auch Fuller spielten auf die Tatsache an, dass Krieg infolge der Verfügbarkeit von Atomwaffen praktisch über Nacht völlig sinnlos und unnütz geworden ist.

Vor 1945 wurden Kriege normalerweise mit zwei Vorstellungen gerechtfertigt:

1. Der zu führende Krieg kann gewonnen werden.
2. Was nach dem Krieg übrig bleibt, ist nutzbar.

Die überdimensionierten Atomwaffenarsenale, die während des Kalten Krieges angehäuft worden waren, zeigten deutlich, dass die Kriege der Vergangenheit sinnlos geworden waren – man konnte im eigentlichen Sinn des Wortes einen solchen Krieg nicht mehr gewinnen. Der schiere Umfang der initialen Zerstörung und die darauffolgende radioaktive Verseuchung, durch die alles, was an Land noch übrig bliebe, für sehr lange Zeit unfruchtbar wäre, machten die Gründe, aus denen früher Kriege geführt wurden, null und nichtig. Praktisch über Nacht war unser seit 5000 Jahren geltendes Denken über den Krieg obsolet geworden.

Wo hat der Mensch den Krieg gelernt?

Nach neuestem Stand der Wissenschaft wurden die ersten großen Kriege während des Übergangs von der letzten Eiszeit in unsere heutige Zwischeneiszeit geführt. Das hört sich nach weit zurückliegender Vergangenheit an, doch 10.000 Jahre von insgesamt 200.000 Jahren menschlicher Existenz auf dem Planeten entsprechen nur 5 Prozent, das heißt, es gab 190.000 Jahre (95 Prozent), in denen die Menschen nach derzeitiger Beweislage keine großen Kriege führten – was wiederum vermuten lässt, dass Krieg erst in unserer relativ jungen Vergangenheit eine Rolle gespielt hat. Man kann hier zwei alternative Sichtweisen vertreten: 1) Es gab sehr wohl große Kriege auch in alter Zeit, aber bislang haben wir keinen Nachweis dafür gefunden. Oder: 2) Die bisherigen Funde stehen mit den frühesten Kriegen in Verbindung, was zeigt, dass Krieg nichts Normales ist.

Im Hinblick auf diese Möglichkeiten stellte sich für mich eine noch tiefgründigere Frage: *Wann auch immer nun die großen Kriege passiert sind – wo haben wir Menschen eigentlich das Kriegführen gelernt?* Es gab schließlich keine Filme mit gewalttätigen Szenen, die man hätte nachahmen können, ebenso wenig konnte man sich auf frühere Erfahrungen stützen, und auch Waffen und Verteidigungsanlagen, die als Vorlage hätten dienen können, waren nicht vorhanden. Wer also kam damals auf die Idee, Waffen herzustellen? Wer verfiel auf den Gedanken, mit einer scharf geschliffenen Stahlklinge oder einer schweren, mit Nägeln bestückten Kugel einen anderen Menschen zu töten?

Auf diese Fragen werden wir vielleicht nie eine erschöpfende Antwort haben. Doch Hinweise finden sich in den ältesten Erzählungen der Menschheit, zum Beispiel im biblischen Buch von Henoch (Enoch), dem Propheten, das nach seiner Verbannung durch die frühchristliche Kirche im 2. Jahrhundert n.Chr. inzwischen wieder aus der Versenkung geholt wurde.

Wie wir wissen, schätzten die frühen Kirchenhistoriker das Buch Henoch sehr; es wird in christlichen Kommentaren von angesehenen Gelehrten wie Irenäus von Lyons und Clemens von Alexandria erwähnt. Tertullian, der im 2. Jahrhundert lebende Historiker aus Karthago, beschreibt beispielsweise das Buch Henoch als »heilige« Schrift, was besagt, dass die Worte des Propheten Henoch von Gott inspiriert waren und ebenso glaubhaft seien wie andere biblische Aufzeichnungen, zum Beispiel das

Buch Jesaja und die Psalmen.[15] Insbesondere sagt Tertullian: »Da Henoch in derselben heiligen Schrift wie der Herr gesprochen hat und jede ›Schrift zur Erbauung von Gottes Geist erfüllt ist‹, sollten wir nichts von dem zurückweisen, was zu uns gehört.«[16]

Das biblische Buch Henoch galt fast 1500 Jahre lang als verschollen, bis eine einzige Kopie davon der Bodleian Library in Oxford vorgelegt wurde; dort wurde es wiederentdeckt und 1821 von Richard Lawrence übersetzt.

Das Buch Henoch beginnt damit, dass der Prophet seinem Sohn Methusalem die verborgene Geschichte der menschlichen Rasse erzählt. Methusalem hält fest, dass sein Vater diese Worte sprach, als der ältere Mann eine »Vision am Himmel sah … mit weit offenen Augen.«[17] In diesem höheren Bewusstseinszustand beschreibt Henoch die Gründe für den Niedergang der Menschheit und die Quelle ihres Leidens, zu der auch Krieg gehört. Hier finden wir einige der frühesten Hinweise auf den Ursprung des Krieges. Anders als viele alte Propheten, deren Offenbarungen oft vage und voller allgemeiner Hinweise sind, gibt Henoch seine Visionen detailliert wieder.

Er beschreibt, wie bestimmte »Engel des Himmels« den Menschen vor langer Zeit die Geheimnisse der Schöpfung enthüllten, zu einer Zeit, als die ersten Menschen noch nicht weise genug waren, diese Macht verantwortlich zu nutzen. Er geht darauf ein, wie die Geheimnisse über Pflanzen und Kräuter, die Sprache, die Schrift und auch die Alchemie den Menschen auf der Erde offenbart wurden. Doch sie hatten noch nicht die nötige Reife, um das Gelernte weise einzusetzen, und so wurde dieses Wissen missbraucht. In seinem verzweifelten Bemühen, die Natur unserer Welt zu verstehen, bittet Henoch darum, alles zu sehen, »was verborgen war«. Und so, erzählt er seinem Sohn, wurden ihm die Namen derjenigen Engel genannt, die »vom Himmel auf die Erde herabgestiegen waren und den Menschenkindern Geheimnisse enthüllt und die Menschenkinder zur Sünde verleitet haben«.[18]

Er spricht über einzelne Engel und die Geheimnisse, die sie offenbaren, beispielsweise wie der Engel Azazel »jede Art von Frevel auf der Erde gelehrt und der Welt all die geheimen Dinge enthüllt hat, die im Himmel vollbracht werden.«[19] Den Krieg hat laut Henochs Beschreibung der Engel Gadriel auf die Erde gebracht. Dieser Engel »enthüllte den Menschenkindern die Werkzeuge des Todes, den Kettenpanzer, das Schild und das Schwert für die Schlacht.«[20]

Henoch unterscheidet zwischen Wissen und der Weisheit, die aus der Anwendung dieses Wissens kommt, und beschreibt, wie die Geheimnisse des Himmels schließlich bei den Menschen verloren gingen: »Die Weisheit trat hervor, um zu wohnen unter den Söhnen der Menschen, doch sie fand keine Wohnstatt auf der Erde.«[21] Und er schließt seine Vision: »Deshalb ist ihre Wohnstatt im Himmel.«[22]

Die Geschichte Henochs von den Werkzeugen des Krieges, die aus anderen Gefilden auf die Erde gebracht worden seien, wurde in den Traditionen der Frühchristen weitergegeben; es ist aber nicht die einzige Geschichte von »Außerirdischen«, die die Vorstellung von Kriegen und Waffen auf die Erde brachten.

In der offen zugänglichen Literatur werden 36 verschiedene Traditionen – von den Sumerern und den alten Ägyptern bis hin zu modernen Kulturen – genannt, die mehr als 80 zum Menschen in Beziehung stehende »Kriegsgötter« kennen. Neben der uns vertrauten christlichen Engel-Theologie, wie Henoch sie beschrieb, gibt es beispielsweise die Götter der tibetischen (Begtse), hinduistischen (Karttikeya), japanischen (Bishamon), keltischen (Teutates), griechischen (Ares), persischen (Dev), Maya- (Buluc Chabtan), aztekischen (Mixcoatl), polynesischen/Maori- (Maru), babylonischen (Ninurta), germanischen (Tyr), hethitischen (Wurukatte), akkadischen (Zababa), finnischen (Turris) und indianischen (Ictinike) Traditionen.

Wenn so viele unterschiedliche Traditionen in ihren Geschichten ein so ähnliches Thema aufgreifen, sind diese Erzählungen oft die individuelle Ausprägung eines tatsächlichen Ereignisses, das vor langer Zeit passiert ist. Ein Beispiel dafür ist die praktisch weltweit zu findende Erzählung von der großen Flut, die in grauer Vorzeit die Erde überschwemmte (inzwischen hält man sie für die Folge der Eisschmelze und des steigenden Meeresspiegels gegen Ende der letzten Eiszeit), und die Rolle des jeweiligen, den Mythos tradierenden Volkes bei der Wiederbevölkerung der Welt. Ich habe mir diese Geschichten persönlich von indigenen Völkern wie den Quechua in den Anden und den Uros aus dem Gebiet des Titicaca-Sees in Peru, den Beduinen der Wüste Sinai in Ägypten, den Hopi-, Navajo- und Pueblo-Indianern aus dem Südwesten der Vereinigten Staaten erzählen lassen.

So wie die Geschichte von der großen Flut praktisch überall auf der Welt erzählt wird, wirft auch die Tatsache, dass so viele Kulturen den Ursprung und die Techniken des Krieges auf etwas zurückführen, das auf einer höheren Existenzebene angesiedelt ist, ein neues Licht auf eine uralte und scheinbar sinnlose Quelle menschlichen Leids: Womöglich führen wir unsere Kriege voller Leidenschaft und Können und rechtfertigen und verteidigen unsere Überzeugungen seit 5000 Jahren, obwohl es gar nicht *unsere* Kriege sind? Wurden wir vielleicht in uralter Zeit zu naiven Anhängern eines uralten Glaubens (an den Krieg), der in anderen Gefilden seinen Ursprung hat – wobei wir meinen, dieser Glaube und die daraus folgenden Kriege seien die unseren?

Das hört sich für so manchen zunächst vielleicht so an, als ob es sich nur um eine sehr unwahrscheinliche Möglichkeit handelt. Zieht man jedoch die nahezu universale Verbreitung dieses Mythos vom Ursprung des Krieges sowie das Fehlen wissenschaftlicher Nachweise für eventuelle Kriege in alten Zivilisationen (aus der Zeit vor über 5000 Jahren) in Betracht, hilft das, der Sinnlosigkeit des Krieges einen Sinn abzugewinnen. Denn damit erhalten wir eine neue Perspektive, mit deren Hilfe wir uns von der Gewohnheit des gegenseitigen Tötens, mit der wir unsere Differenzen beseitigen wollen, verabschieden können.

Wenn wir also tatsächlich von einer höheren Intelligenz »jegliche Art von Frevel auf der Erde« gelernt haben, wie Henoch sagt, und diese Intelligenz »den Menschenkindern die Werkzeuge des

Todes, den Kettenpanzer, das Schild und das Schwert für die Schlachten« enthüllte: Was würde die Erkenntnis bedeuten, dass es bei den Kriegen, die wir ausfechten, um die Vorstellungen von jemand anderem geht?

Wachen wir womöglich eines Tages auf, schauen uns nach 5000 Jahren der Gewalt in die Augen und sagen: »Was haben wir uns bloß dabei gedacht?«

Ich rede hier über diese Betrachtungsweise, weil sie real ist. Sie ist das Geheimnis, das an den Lagerfeuern unter dem Sternenhimmel der Wüste Sinai in Ägypten weitererzählt wird. Sie ist wichtig, damit wir das Mitgefühl empfinden können, von dem in den buddhistischen Klöstern des Himalaja die Rede ist. Sie entspricht der Vorstellung der Anden-Kulturen, wie ein friedlicher Übergang vom heutigen Leid zur neuen Welt möglich ist, wenn unser jetziges Zeitalter zu Ende geht.

Wer nach überzeugenden Gründen sucht, dass wir mehr sind als all die hasserfüllten Taten unserer Vergangenheit, muss sich nur die unzähligen Werke der Güte anschauen, die tagtäglich überall auf der Welt passieren, und wie wir uns an unsere wahrste Natur erinnern.

Der Mensch ist im Grunde seines Wesens gut!

Ich habe das Gefühl, fast alle Menschen sind durch eine gemeinsame Sehnsucht verbunden: durch ihr tiefes Streben nach Güte und Freundlichkeit. Wir möchten alle glauben, als gute Menschen in einer guten Welt zu leben. Und doch fühlen wir uns eigenartigerweise von Büchern und Filmen angesprochen, wo das Gute im Menschen sich gegen die dunkelsten Aspekte der menschlichen Natur zur Wehr setzen muss. Wenn das Gute siegt, erleben wir ein Gefühl des Triumphes. Wir finden es toll, wenn jemand mit so viel Unschuld wie Forrest Gump (wurde 1994 im gleichnamigen Film von Tom Hanks gespielt) uns daran erinnert, dass auch wir diese Unschuld in uns tragen.

Der heilige Thomas von Aquin, Gelehrter und Kirchenvater im 13. Jahrhundert, hat dieses Gefühl einer uns von Natur aus innewohnenden Güte klar und einfach auf den Punkt gebracht. Wie ein weiser Guru, der irgendwo in einem fernen Land auf einem Berggipfel sitzt, sagte er: »Das Gute in der Spezies transzendiert das Gute im Individuum, so wie Form die Materie transzendiert.«[23] Fast 400 Jahre später findet sich ein Widerhall dieser Worte bei dem Wissenschaftsphilosophen Sir Francis Bacon (1561–1626): »Die Neigung zum Gutsein ist tief in der menschlichen Natur eingeprägt [...]«[24] Unsere Einzigartigkeit als Spezies, kombiniert mit unserer fundamentalen Güte, öffnet uns die Tür für dauerhafte Veränderungen unseres Lebens.

Auf meinen Reisen, die mich in alle Kontinente (außer die Antarktis) führten, habe ich bei den Menschen, mit denen ich gemeinsam essen, die Natur erfahren und deren Alltag ich teilen durfte, immer wieder das Gleiche erlebt. Von den Dorfbewohnern und Mönchen in Tibet, Bolivien und Peru bis hin zu den Straßenverkäufern auf den Basaren von Ägypten, Indien, Nepal und Thailand, aber auch in Europa und den ländlichen Städtchen und Cafés in Australien und Nordamerika: Überall scheinen die Menschen von Natur aus »gut« zu sein.

Wenn ich mich verirrt hatte, wollten sie mir helfen. War ich hungrig, teilten sie gerne das wenige mit mir, das sie zu essen hatten. War ich verletzt, nahmen sie mich, den völlig Fremden, bei sich auf. Und das sind keine Einzelfälle aus meinem Leben. Wen auch immer man fragt, der sich auf Reisen begab oder sein Heimatland verließ: Jeder hat die eine oder andere Geschichte zu erzählen, in der offenkundig wird, dass wir eine weltweite Familie und in unserem tiefsten Innern gut sind. Genau dieses Gute im Menschen ist ein sicheres Zeichen dafür, dass wir auf Frieden statt auf Konflikt »gepolt« sind.

Bei einer genaueren Betrachtung der Probleme und Unruheherde in der Welt wird klar: Die Konflikte haben meistens nichts mit den Menschen zu tun, die auf ihren Bauernhöfen und Dörfern leben. Vielmehr stehen dahinter Organisationen, die das Leben dieser Menschen verändern wollen: Regierungen, Konzerne, politische Bewegungen; sie sind Auslöser all der Zwietracht und gegenseitigen Verletzungen. Wir Menschen als Individuen und Familien finden anscheinend Wege, glücklich und zufrieden zu leben, egal unter welchen Umständen.

Von obdachlosen Bettlern und bodenständigen Bauern bis hin zu den genialen Köpfen mit technischer und politischer Macht und Verantwortung – alle scheinen sie in ihrem Leben dasselbe zu wollen: Frieden, Nahrung, Unterkunft, Gesundheit, eine Chance, ihren Familien ein gutes Leben zu bieten, und ein besseres Verständnis ihrer Rolle in der Schöpfung.

Abraham Maslow, einer der großen Psychologen des 20. Jahrhunderts, wurde ursprünglich bekannt durch seine Arbeiten über das soziale Verhalten von Primaten. Später widmete er sich ausschließlich dem Studium der menschlichen Natur, den »wundervollen Möglichkeiten und rätselhaften Tiefen« unserer Existenz. Trotz der Ansichten von Kollegen wie Sigmund Freud, für den Lust, Eigennutz und Aggression die Grundnatur des Menschen ausmachten, glaubte Maslow, »tief drinnen« seien die Menschen eigentlich »anständig und ehrbar«. Seinen standhaften Glauben an das Gute im Menschen behielt er bis zuletzt, als er von der »höheren Natur« der Menschheit als Teil der menschlichen Essenz schrieb. Unsere Spezies, so Maslow, kann »aus ihrer menschlichen und biologischen Natur heraus etwas Wunderbares« sein.«[26]

Hier geht es nicht um bloßes Wunschdenken. Die Macht des »Guten« im Menschen zeigt sich in zahllosen Beispielen. Das ist keineswegs ein modernes Phänomen: Ob in Heldenerzählungen vom Schlachtfeld oder Berichten von Überflutungen, Hurrikanen und Terrorismus – immer wieder geben Menschen ihr Leben zum Wohl anderer Menschen hin.

Wenn ein einzelner Mensch bedroht wird, erweist sich der Grundinstinkt, Leben zu retten, oft genug als stärker als die Angst um das eigene Leben – und dann handeln wir. Dieser Instinkt ist anscheinend so tief in unserem Wesen verwurzelt, dass wir nicht nur andere Menschen retten wollen, sondern auch Tiere.

Beweise für unsere Güte

Auf einer staubigen Straße auf der anderen Seite der Erdkugel zeigte sich im Jahr 2006 das menschliche Mitgefühl und das Gute im Menschen auf allerdeutlichste Weise:

An diesem Tag war Private First Class Ross McGinnis zusammen mit vier weiteren Soldaten in einem Schützenpanzer auf einem Kampfeinsatz im Irak unterwegs und gab mit dem Maschinengewehr über der Einstiegsluke Feuerschutz. Plötzlich warf ein irakischer Kämpfer eine gezündete Granate durch die Schützenöffnung ins Innere des Panzers. McGinnis war ausgebildeter Soldat und darauf trainiert, zu überleben. Er hätte von der Schützenöffnung herunterspringen und seine Haut retten können, genau das wäre eigentlich das Richtige für ihn gewesen. Aber genau dies tat er nicht – deshalb ist diese Geschichte so beeindruckend. Stattdessen wehrte er mit seinem Körper die Granate ab, um das Leben seiner vier Kameraden zu bewahren. Ross McGinnis war sofort tot. »Hätte [McGinnis] sie nicht mit seinem Körper abgewehrt, wären sicherlich alle getötet worden«, sagte der Fahrer, der von Granatensplittern verwundet wurde.[27]

Das Weiße Haus ehrte Ross McGinnis posthum als vierten Soldaten des Irak-Kriegs mit der U.S. Medal of Honor, der höchsten militärischen Tapferkeitsauszeichnung der Vereinigten Staaten von Amerika; sie wurde von US-Präsident George W. Bush seinen Eltern überreicht.

»Amerika wird den Namen dieses tapferen Soldaten, der alles für sein Land gab und mit 19 Jahren seine letzte Ruhe fand, immer in Ehren halten«, sagte Bush. Was Ross McGinnis für sein Land gab, drückt in vollkommener Weise unsere tiefste und wahrste Natur aus: unsere außergewöhnliche Fürsorge füreinander, die sich reflexartig zeigt, wenn das Leben auf dem Spiel steht. Und dieser Reflex wird nicht nur von Menschen ausgelöst.

Am 8. November 2007 geschah für Vern Newell das Undenkbare. Er riskierte sein Leben allerdings nicht nur *ein* Mal, weil es ihm etwa um sein brennendes Haus ging, sondern ein zweites Mal, weil er seine zehn Hunde herausholen wollte, die sich noch im Gebäude befanden. Einmal hatte er es schon geschafft, ein paar der Tiere zu retten, aber er wusste, dass die anderen ohne seine Hilfe sterben würden. Auch den Feuerwehrleuten war das klar; dennoch bemühten sie sich, ihn davon abzuhalten, noch einmal hineinzugehen. »Er [der Feuerwehrmann] versuchte, mich zurückzuhalten«, sagte Newell. »Er hatte alle Hände voll zu tun. Ich habe ihm fast einen Kinnhaken verpasst.«[28]

Newell rettete alle zehn Hunde, und gemeinsam sahen sie zu, wie das nicht versicherte Haus in Flammen aufging und bis auf die Grundmauern niederbrannte. Warum er für die Tiere sein Leben riskierte? Seine Antwort war einfach: »Sie sind meine Familie.«

Die Menschen sehen das Gute in anderen, und sie wollen Teil davon sein. Die Kleinstadt, in der Newell lebte, ist da keine Ausnahme. Die Bewohner begannen sofort, Pläne zu zeichnen, um für Newell und seine Hunde ein neues Heim zu bauen.

Wir alle kennen solche Geschichten, wie Menschen für andere Menschen oder für Tiere ihr Leben riskiert haben. Vern Newell hatte Glück. Er überlebte sein riskantes Rettungsmanöver, und seine Geschichte ging gut aus. Das ist aber nicht immer so.

An Weihnachten 2010 verlor ein 62-jähriger Texaner sein Leben beim Versuch, seine Familie und den Labrador Retriever aus dem brennenden Haus zu retten. In den frühen Morgenstunden zog Frank Kruse seine Frau und seine Nichte aus den Flammen und brachte sie in Sicherheit. Aber der 13 Jahre alte Labrador-Hund namens Sugar war unauffindbar. Frank lief zurück in das brennende Haus, um ihn zu suchen. Man sah ihn und den Hund nie wieder. An diesem Weihnachtstag forderte das Feuer, vor dem er seine Familie rettete, sein Leben und das Leben seines Hundes.[29]

In Momenten wie diesen macht es in uns »Klick« und unsere wahrste Natur kommt strahlend zum Vorschein. Genau dann erkennen wir auch, was uns von vielen anderen Lebensformen unterscheidet. Es wäre für die Männer, von denen wir gerade gehört haben, viel einfacher und angesichts der lebensbedrohlichen Situationen auch akzeptabel gewesen, ihr eigenes Leben zu retten. Doch sie standen vor einer Entscheidung, die dazu führte, dass die logische Vernunft von etwas anderem »überstimmt« wurde, und so retteten sie andere Lebewesen.

Auch wenn dies – wie bei Frank und Sugar – nicht immer gelingt, so ist doch das Wichtige daran, dass wir es versuchen: Etwas in uns entscheidet sich dafür, das Leben aufs Spiel zu setzen und – wenn nötig – zu sterben, um ein anderes Lebewesen zu retten. Viele ähnliche Geschichten gingen in den letzten Jahren durch die Nachrichten: von Pferden in überschwemmten Canyons im US-amerikanischen Westen, von Hunden, Katzen und sogar Hamstern, die aus brennenden Häusern gerettet wurden, und immer setzten die Retter ihr Leben aufs Spiel.

Nach dem 11. September wurde ein Projekt durchgeführt, dem man in der Öffentlichkeit wenig Aufmerksamkeit schenkte: Menschen gingen in den bröckelnden und eingestürzten, ausgebrannten Apartmenthäusern, Hotels und Wohnhäusern auf die Suche nach Haustieren, die im Chaos zurückgelassen worden waren, und riskierten in den instabilen Gebäuden und dem giftigen Rauch ihr Leben. Selbst den Reportern, die davon berichteten, trieb es die Tränen in die Augen.

Da wurde ein Haustier nach dem anderen herausgeholt – hungrig, dehydriert, aber lebendig. Schwanzwedelnd oder winselnd reagierten sie auf die menschliche Berührung. Auch in den Stunden und Tagen nach dem 11. September wäre es angesichts des Ausmaßes der Tragödie sicherlich gerechtfertigt gewesen, den Tod von Tieren in Kauf zu nehmen – doch die Menschen taten das nicht.

In solchen Augenblicken erhaschen wir einen Blick auf unsere innerste, wahre Essenz. In seinem Urzustand – ohne von falschen Annahmen belastet zu sein, die uns glauben machen, wir seien bedürftig und gierig, müssten andere übervorteilen und ums eigene Überleben kämpfen – ist der Mensch ein freundliches, mitfühlendes und großzügiges Wesen, eine Spezies, die gut ist. Wenn es in Krisenmomenten ums grundsätzliche (Über-)Leben geht, zeigt sich immer wieder unsere wahre Natur, wie die hier erzählten sowie Abertausende weiterer Geschichten zweifellos beweisen.

Doch unsere Spezies ist auch aufs Überleben eingestellt. Wenn wir bis zum Äußersten getrieben werden, wird durch die Notwendigkeit des Augenblicks in uns eine Kraft frei, die uns dazu bringt, uns über unsere Grundnatur hinwegzusetzen und zu Kriegern und Kämpfern zu werden. Wir können Gewalt anwenden, wenn es sein muss. Wir können um uns schlagen und andere Menschen töten, um uns und unsere Familien zu schützen. Wir können unsere wahrsten, guten Instinkte verraten, um zu überleben. Katalysator dafür sind die jeweiligen Bedingungen und Situationen.

Unsere gewaltsame Ader kann von – realen oder eingebildeten – Umständen ausgelöst werden, die uns, unsere Familien, Gemeinschaften oder Nationen bedrohen. Der Punkt ist: Wir haben das Gefühl, dass sie eine Bedrohung darstellen.

Wir verraten unsere friedliche Natur, wenn wir fühlen …

- … wir sind persönlich bedroht;
- … unsere Familie ist bedroht;
- … unsere Lebensweise ist bedroht.

In Momenten, in denen wir das grundsätzlich »Gute« in uns betrügen, erleben wir auch die schlimmsten und erschreckendsten Aspekte unserer selbst. Vielleicht haben sich unsere Urahnen vor 10.000 Jahren genau unter solchen Umständen für den Krieg entschieden. Angesichts der veränderten klimatischen Bedingungen und der Versorgungsengpässe – Nahrung, Wasser, Rohstoffe, Fortpflanzungspartner – war für sie die Notwendigkeit, um all diese Dinge zu kämpfen, wichtiger als die Vorteile der Kooperation. Entweder fühlten sich die Kämpfenden persönlich bedroht oder sie sahen eine Gefahr für ihre Familien und ihren gewohnten

Lebensstil. Angesichts dieser von ihnen als bedrohlich wahrgenommenen Situation begingen sie Verrat an ihrer wahren Natur.

Wie bei allen Verallgemeinerungen gibt es auch hier Ausnahmen von der Regel. In jeder Gesellschaft scheinen Statistiken dieses Gute im Menschen zu widerlegen; sie berichten von Menschen, welche die dunkelsten Seiten der menschlichen Natur verkörpern oder die meisten anderen Menschen verabscheuen. Fast jede Generation hat erlebt, wie die schlimmsten Albträume Wirklichkeit wurden, hat der »Verkörperung des Bösen« ins Auge gesehen angesichts des Schreckens, den beispielsweise Serienkiller wie Jack the Ripper oder Ted Bundy verbreitet haben.

In seltenen Fällen hatten solche Menschen zudem ungeheure Macht inne. Mit ihrem Charisma verführten sie ganze Armeen dazu, ihre Pläne in die Tat umzusetzen; sie verübten Gräueltaten an anderen Rassen oder Nationen und selbst am eigenen Volk – Taten, wie sie sich ein gesunder, vernünftiger Mensch nicht einmal vorstellen kann. Doch selbst diese Momente der Dunkelheit zeigen eher auf, was unsere Spezies unter extremen Bedingungen *tut,* und nicht, was wir von Natur aus *sind.* Zum Glück sind die Pol Pots (dessen richtiger Name Saloth Sar lautete), Adolf Hitlers, Saddam Husseins und terroristischen Vereinigungen eher die Ausnahme als die Regel, und sie sind dünn gesät.

Kooperation ist der Schlüssel

Laut den Historikern ist das 20. Jahrhundert das blutigste Jahrhundert der Menschheitsgeschichte.[30] Als ich das zum ersten Mal hörte, hielt ich es für eine Fehleinschätzung. Ganz bestimmt hatten doch beispielsweise die Kreuzzüge oder die Eroberung Europas und des Nahen Ostens durch die Römer mehr Menschenleben gekostet als der Erste und Zweite Weltkrieg. Doch wenn wir nachrechnen, haben die Forscher tatsächlich recht. Die Zahl der Toten ist unfassbar hoch: Allein im Zweiten Weltkrieg kamen etwa 50 Millionen Menschen auf dem Schlachtfeld oder durch die im Krieg verübten Gräueltaten um.[31] Und nach dem Krieg ging es weiter: Bis 1999 verloren 80 Millionen Männer, Frauen und Kinder aufgrund von gewaltsamen ethnischen, religiösen und weltanschaulichen Auseinandersetzungen ihr Leben – das sind fünfmal so viele, wie in dieser Zeit durch Naturkatastrophen und Aids starben. Insofern trägt das letzte Jahrhundert auch den Namen »das Jahrhundert, das den Frieden ermordet hat.«[32]

Außer Kriegen um Ländergrenzen und schwindende Ressourcen verbreitete sich im letzten Jahrhundert eine andere Form der Gewalt in starkem Maße: der Versuch, Gesellschaften auf Grundlage von Überzeugungen zu »säubern«, die weiter gingen als bei traditionell geführten Kriegen. Im Jahr 1948 beschrieben die Vereinten Nationen diese Art des Tötens als Genozid oder Völkermord, um eine klare Definition zu geben und sie international zu ächten.

Ich gehe an dieser Stelle auf diese erschreckenden Statistiken ein, weil meiner Meinung nach das dahinterstehende Denken ein eindringliches Beispiel darstellt, wohin es im Extremfall führen kann, wenn wissenschaftlich widerlegte Fehlannahmen trotzdem aufrechterhalten werden.

Das Denken, das hinter allen Arten von Genozid steckt und in manchen auch direkt so angesprochen wird, hat mit Darwins Naturbeobachtungen zu tun, wie er sie in seinen Werken dargestellt hat und wie sie von anderen interpretiert wurden. Dieses Denken spiegelt sich in philosophischen Ideen und Werken wie dem berüchtigten »Kleinen Roten Buch« wider, das den offiziellen Titel »Worte des Vorsitzenden Mao Tse-tung« trägt, aber auch in »Mein Kampf«, in dem Adolf Hitler seine Weltsicht kundtat. Beide Bücher wurden zur Rechtfertigung der brutalen Tötungen herangezogen, die zusammen über 40 Millionen Menschenleben kostete: 30 Millionen in China und 10,8 Millionen während des Völkermordes an den Juden und in Polen im Zweiten Weltkrieg.

In »Über die Entstehung der Arten« vertrat Darwin klar die Meinung, das »Ausmerzen« der schwächsten Mitglieder der Spezies, wie er es in der Natur beobachtet hatte, gelte auch für die Menschen:

Endlich mag es wohl keine auf dem Wege der Logik erreichte Folgerung sein, es entspricht aber meiner Vorstellungsart weit besser, solche Instinkte, wie die des jungen Kuckucks, der seine Nährbrüder aus dem Neste stösst, wie die der Ameisen, welche Sklaven machen, [...] als unbedeutende Folgezustände eines allgemeinen Gesetzes zu betrachten, welches zum Fortschritt aller organischen Wesen führt, nämlich: Vermehrung und Abänderung, die Stärksten siegen und die Schwächsten unterliegen.[33]

Hitler hat diese Idee aufgegriffen und umformuliert:

Der Kampf um das tägliche Brot läßt alles Schwache und Kränkliche, weniger Entschlossene unterliegen, während der Kampf der Männchen um das Weibchen nur dem Gesündesten das Zeugungsrecht oder doch die Möglichkeit hierzu gewährt. Immer aber ist Kampf ein Mittel zur Förderung der Gesundheit und Widerstandskraft der Art und mithin eine Ursache zur Höherentwicklung.[34]

In Hitlers »Mein Kampf« scheinen Darwins Worte nachzuhallen; die Worte des Großen Vorsitzenden Mao lassen dagegen keinerlei Zweifel daran aufkommen, wie viel seines Gedankenguts von »Über die Entstehung der Arten« beeinflusst war. Er hielt seine Feinde für »Nicht-Menschen«, die es nicht verdienten, wie Menschen behandelt zu werden. Einer seiner Slogans lautete: »Die Grundlage des chinesischen Sozialismus bilden Darwin und die Evolutionstheorie.«[35]

In späteren Jahren scheint Darwin bezüglich einiger seiner harten Aussagen in »Über die Entstehung der Arten« einen Rückzieher gemacht zu haben. Entgegen seinen früheren Schlussfolgerungen hinsichtlich der Überlegenheit von Individuen beschrieb er in seinen Spätwerken Überlebensstrategien in der Natur, die auf Gemeinsamkeit und Kooperation und nicht auf dem »Überleben des Stärkeren« beruhten. In seinem Folgebuch »Die Abstammung des Menschen« fasste er seine Beobachtungen folgendermaßen zusammen: »Denn diejenigen Verbände, in denen die größte Zahl der Mitglieder sich durch gegenseitige Sympathie auszeichneten,

konnten am besten gedeihen und die größte Anzahl von Nachkommen erzielen.«[36]
Doch obwohl Darwin vielleicht erkannt hatte, wohin seine Fehlannahmen führten, war es wohl zu spät. »Über die Entstehung der Arten« war inzwischen ein Klassiker und dient auch heute noch als Grundlage einer Denkweise, die uns weglenkt von Kooperation und Güte, von unseren natürlichen Instinkten.

Anfang des 20. Jahrhunderts untermauerte der russische Naturforscher Peter Kropotkin Darwins Spätwerk mit eigenen Beobachtungen. So wie Darwin auf seiner Entdeckungsreise in den 1830er-Jahren die Auswirkungen der Evolution aus erster Hand an Vogelarten beobachten konnte, veröffentlichte Kropotkin seine Beobachtungen bei wissenschaftlichen Expeditionen in einer der härtesten Gegenden der Welt: Nordsibirien. Er beschrieb seine Erkenntnis, nicht das Überleben des Stärkeren sei für den Erfolg einer Spezies von überragender Bedeutung, sondern vielmehr Kooperation und Gemeinschaftssinn!

In seinem Klassiker »Mutual Aid: A Factor of Evolution« (1902; dt. Ausg.: »Gegenseitige Hilfe in der Tier- und Menschenwelt«, Neuaufl. 2008) erläuterte Kropotkin die Vorteile im Reich der Insekten anhand des instinktiv kooperativen, nicht konkurrierenden Zusammenlebens von Ameisen:

Ihre wunderbaren Nester und Gebäude, die, in Relation gesetzt, denen der Menschen überlegen sind; ihre befestigten Straßen und gewölbten Gänge; ihre geräumigen Hallen und Vorratsspeicher; ihre Maisfelder; das Ernten und ›Vermalzen‹ der Getreidekörner; die rationale Art, wie sie sich um ihre Eier und Larven kümmern und spezielle Nester zur Blattlauszucht bauen – die Kühe der Ameisen – und schließlich ihr Mut und Schneid und ihre höhere Intelligenz: All das ist das natürliche Ergebnis der gegenseitigen Hilfe, die sie in allen Phasen ihres geschäftigen, arbeitssamen Lebens gewähren.[37]

John Swomley, Professor Emeritus in Sozialethik an der St. Paul School of Theology in Kansas City, Missouri, lässt kaum Zweifel daran, dass ein friedlicher, kooperativer Aufbau der zukünftigen Gesellschaften für uns von Vorteil ist. Er verweist auf die Untersuchungen von Kropotkin und anderen und kommt zu dem Schluss, für Kooperation statt Konkurrenz sprächen nicht nur die Vorteile einer erfolgreichen Gesellschaft. Schlicht und direkt erklärt er, dass Kooperation der »Schlüsselfaktor für Evolution und Überleben« ist.[38] In einem im Februar 2000 veröffentlichten Artikel zitiert Swomley Kropotkin, der sagt, Konkurrenz innerhalb einer bzw. zwischen den Spezies sei »immer schädlich für die Spezies. Bessere Bedingungen entstehen, wenn man keine Konkurrenz aufkommen lässt, indem man sich gegenseitig Hilfe und Unterstützung gewährt.«[39]

In seiner Eröffnungsrede 1993 auf dem »Symposium on the Humanistic Aspects of Regional Development« (Symposium über die humanistischen Aspekte der Regionalentwicklung) in Birobidschan/Russland entwickelte der Co-Vorsitzende Ronald Logan für die Teilnehmer einen Kontext zur Betrachtung der Natur als Modell für erfolgreiche Gesellschaften. Er bezog sich dabei direkt auf Kropotkin:

Wenn wir die Natur fragen: »Wer sind nun die Stärkeren: diejenigen, die sich ständig bekriegen, oder diejenigen, die sich gegenseitig unterstützen?«, dann erkennen wir sofort, dass ganz zweifellos diejenigen Tiere die stärkeren sind, die sich gegenseitig Hilfe leisten. Ihre Überlebenschancen sind höher, und sie können das für sie höchstmögliche Maß an Intelligenz und Körperorganisation erreichen.[40]

Im Lauf dieser Rede ging Logan auf das Werk von Alfie Kohn ein, Autor von »No Contest: The Case Against Competition (1986; dt. Ausg.: »Mit vereinten Kräften – Warum Kooperation der Konkurrenz überlegen ist«, 1989). Er beschreibt seine eindeutigen Forschungsergebnisse über das Maß vorteilhafter Konkurrenz in Gruppen. Kohn hat mehr als 400 Studien überprüft, die Kooperation und Konkurrenz dokumentiert haben, und kommt zu dem Schluss: »Das Idealmaß an Konkurrenz […] in jedem Umfeld – ob nun Klassenzimmer, Arbeitsplatz, Familie, Spielplatz – ist null […] [Konkurrenz] ist immer destruktiv.«[41]

In der Welt der Insekten und der Tiere im Allgemeinen wird immer wieder mit Gemeinsamkeit, Kooperation und Überleben »experimentiert«. Die von der Natur erteilten Lektionen zeigen uns fraglos, wie vorteilhaft Gemeinsamkeit und Kooperation für Lebewesen sind. Solche bewährten Strategien in unserer Umwelt können uns zu einem Plan für unser eigenes Überleben verhelfen. Damit sie in die Praxis umgesetzt werden können, muss allerdings ein weiterer Faktor berücksichtigt werden, der im Tierreich nicht zu finden ist. Der Mensch als Individuum und als Spezies muss normalerweise wissen, »wohin es geht« und was er davon erwarten kann, bevor er seine Lebensweise ändert. Wir müssen wissen, dass das Ergebnis sich lohnt und wir uns darauf freuen können.

Funde in antiken Grabungsstätten, die Forschung sowie wissenschaftliche Beweise lassen mehr und mehr vermuten, dass der Mensch lieber ein friedliches, mitfühlendes Leben unter Beachtung der guten Seiten unserer Rasse führt, wenn er nicht Bedingungen ausgesetzt ist, in denen er sich wie ein Tier verhält. Das Leben bestätigt also, was die Wissenschaft herausgefunden hat. Wenn unsere drei Grundbedürfnisse erfüllt sind – nämlich unsere eigene Sicherheit sowie die Sicherheit unserer Familie und unseres Lebensstils –, lassen wir unsere wahre Natur zum Vorschein kommen in allem, was wir tun. Woher wissen wir mit Sicherheit, dass diese Bedingungen erfüllt sind? Der Dichter und Pulitzer-Preisträger Carl Sandburg hat auf diese Frage eine sehr klare und kurze Antwort gegeben: »Stell dir vor, es ist Krieg, und keiner geht hin.«[42] Meiner Meinung nach hat Sandburg recht, denn von Natur aus sind wir auf Frieden »gepolt«.

Tiefe Wahrheit 6:
In mehr als 400 von Experten begutachteten Studien kam man zu dem Schluss, dass gewaltsam ausgetragener Wettstreit und Krieg unseren tiefsten Kooperations- und Nährinstinkten komplett widersprechen. Anders ausgedrückt: Ganz tief in uns sind wir schlicht und ergreifend nicht auf Krieg eingestellt!

Kapitel 7

Endspiel: Geschichte, Bestimmung und Schicksal des Menschen – neu geschrieben

»Das Schicksal liegt nicht in der Hand des Zufalls; es liegt in deiner Hand.«
(Oder: »Das Schicksal ist keine Sache des Zufalls,
sondern der persönlichen Entscheidung.«)
< William Jennings Bryan (1860–1925),
amerikanischer Anwalt und Politiker >

Nachdem 2007 der Film »Das Beste kommt zum Schluss« in die Kinos kam, überdachte so mancher sein Leben und überlegte, was er gerne noch machen würde, solange seine Gesundheit mitspielte. Ich will hier nicht auf die Einzelheiten eingehen, doch im Prinzip geht es um zwei Männer (gespielt von Morgan Freeman und Jack Nicholson), die tödlich erkankt sind und schon immer bestimmte Dinge machen wollten, aber aus allen möglichen Gründen nie dazu kamen. Als sich ihnen eine letzte Chance bietet, ihre Träume zu verwirklichen, erstellen beide eine Liste mit ihren lebenslangen Ambitionen: die »Löffelliste« (die jeder der beiden abarbeiten will, bevor der den »Löffel« abgibt; darauf bezieht sich auch der englische Originaltitel des Films: »The Bucket List«). Im Film wird dann gezeigt, wie sich ihr Leben verändert und ihre emotionalen Wunden heilen, während sie sich gemeinsam an die Umsetzung ihrer Träume machen.

Kurz nachdem der Film angelaufen war, fragte ich meine Mutter nach ihrer ganz persönlichen »Löffelliste«. Welche Plätze wollte sie noch besuchen, was wollte sie noch tun, das sie bislang einfach nicht geschafft hatte?

Sie erklärte mir, dass sie das Kind einer anderen Zeit war, in der man anders dachte. Sie war es nicht gewohnt, über sich selbst auf diese Weise nachzudenken. Als eines der Kinder, die direkt nach der großen Weltwirtschaftskrise geboren worden waren, war sie dazu erzogen worden, sich immer zuerst um andere Leute und deren Bedürfnisse zu kümmern, bevor sie auch nur einen Gedanken an ihre Träume und ihre Wünsche verschwendete.

Schon als kleines Mädchen hatte meine Mutter immer anderen gedient. Als Erwachsene kümmerte sie sich um Menschen, deren Leben durch Krankheit oder Scheidung auseinanderbrach. Sie pflegte ihre Eltern bis zu deren Tod (ihr Vater wurde 96 Jahre alt), sorgte für ihre Kollegen während der über 25 Jahre, in denen sie als Verwaltungsangestellte tätig war, bemutterte mich und meinen Bruder, zumal sie uns nach einer schmerzhaften Scheidung in den 1960er-Jahren allein großziehen musste. Und in dieser ganzen Zeit, in der sie anderen ihre Fürsorge erwies und anderer Leute Bedürfnisse über ihre eigenen stellte, hatte sie ihre größten Träume immer hintenangestellt.

Daran dachte ich, als ich meine Mutter bat, doch einmal ihren Träumen den Vorrang zu geben, zuerst ihre größten Ambitionen aufzuschreiben und dann die Liste fortzusetzen, ohne sich in ihren Träumen zu begrenzen. Ich versicherte ihr, ich würde ihr helfen, überallhin zu reisen, wohin sie schon immer einmal wollte, jeden beliebigen Menschen zu treffen, den sie gerne kennenlernen wollte (solange die Person noch am Leben war), und alles zu unternehmen, was sie schon immer einmal tun wollte. Ich war zwar fest davon überzeugt, dass sie mir noch lange erhalten bleiben würde, aber ich wollte ihr auch die Gelegenheit geben, diese Welt zu verlassen ohne den bedauernden Gedanken »Hätte ich doch nur …«.

Mom zählte also ihre Liste auf, und sie barg für mich nichts Überraschendes, schließlich kannte ich ja meine Mutter. Es ging nicht um exotische Reisen oder eine Luxuskreuzfahrt, ganz und gar nicht. Ihre Löffelliste war einfach und bescheiden.

Ganz oben auf der Liste stand ein letzter Besuch bei ihren ältesten Freunden, die noch immer in Missouri lebten; sie war inzwischen zu mir in den Südwesten gezogen. Dann beschrieb sie alles Mögliche, was ihrer Meinung nach anderen Leuten zugute kommen würde; beispielsweise wollte sie ihr Haus tipptopp in Schuss halten und neu streichen lassen, damit sich die nächsten Besitzer nicht darum kümmern müssten; sie wollte den Hof schöner gestalten und einen Garten anlegen, damit mein Bruder und ich es nicht irgendwann nach ihrem Tod machen müssten.

Das war es auch schon.

Als ich sie fragte, ob sie damit noch heute anfangen wollte, sah sie mich über den Tisch hinweg an und schüttelte den Kopf. Damit war klar, was sie meinte. »Nein«, sagte sie, »nicht jetzt. Jetzt ist es gerade zu hektisch. Ich warte lieber, bis die Welt ein bisschen zur Ruhe gekommen ist.«

»Und wann wäre das wohl?«, fragte ich und dachte, sie beziehe sich auf ihr ungutes Gefühl wegen der Wirtschaftslage, den Banken, die dichtmachten, und all die Unruhen überall auf der Welt.

»Oh, ich weiß nicht«, sagte sie. »Lass uns erst wieder zu Atem kommen. Wir können uns noch mal mit der Liste beschäftigen, wenn alles wieder seinen normalen Gang geht.«

»›Normal‹?«, fragte ich. »Was meinst du mit ›normal‹?«

Wegen der Antwort meiner Mutter auf diese Frage erzähle ich diese Geschichte, denn sie gibt ein Gefühl wieder, das Menschen jeden Alters überall auf der Welt kennen.

»Na ja«, sagte sie, »wenn alles wieder so ist wie früher.«

Ich schaute meiner gerade einmal 1,42 Meter kleinen Mutter in die Augen. Ich wusste, dass die Welt, die sie noch einmal sehen wollte, bevor sie sich an die Erfüllung ihrer Träume machte, nicht mehr existierte. Aller Wahrscheinlichkeit nach wird die »Normalität«, an die sie sich erinnert, nach der sie sich sehnt und auf die sie wartet, nie wiederkehren.

Unsere Welt und unsere Lebensweise ist definitiv im Untergang begriffen, und wenn man sich an die Geschichte halten kann, dann wird unsere Welt, wenn sie sich erst einmal in eine andere Richtung bewegt, wie das ja schon der Fall ist, einer Art mystischem »Gesetz« des Universums folgen, das die Dinge immer weiter treibt. Sie kann nicht umkehren. So wie wir auch nur selten im Leben wieder in alte Beziehungen, Ehen, Jobs oder an Orte der Vergangenheit zurückkehren, wird die Welt des Jahres 2008 oder 2006 oder … höchstwahrscheinlich nie wiederkehren. Und zwar aus einem einfachen, aber überzeugenden Grund: Diese vergangene Welt gibt es nicht mehr.

Was damals funktioniert hat, funktioniert heute nicht mehr

Ich habe mich mit meiner Mutter immer über den Zustand und die Ausrichtung dieser Welt unterhalten. Seit ein paar Jahren ist ihr Optimismus im Hinblick auf Menschen, Regierungen und unsere Zukunft einem pessimistischen Bild von einem zerbrochenen Planeten voller vertaner Chancen und unlösbarer Probleme gewichen. Sooft sie geduldig meinen optimistischen Schilderungen der wunderbaren Welt lauscht, die direkt vor der Tür steht, und mir zustimmt, dass es dazu einiger harter Entscheidungen bedarf, bringt sie am Ende des Gesprächs oft alles mit einem Satz auf den Punkt. Direkt, präzise und eloquent, wie es nur meine Mutter sein kann, sagt sie einfach: »Ich gebe auf – die Welt ist ein einziges Chaos. Alles geht den Bach runter!« Und da sie merkt, dass ich davon nicht überzeugt bin, zwinkert sie mir lächelnd zu, um mir unabhängig von meinem Denken ihre Liebe zuzusichern, und fügt hinzu: »Und von mir aus kannst du mich gern zitieren!«

Angesichts der Tatsache, dass wir unsere Lebensweise heute bis zum Gehtnichtmehr ausgereizt haben, ist es verständlich, warum so viele Menschen die Sichtweise meiner Mutter von einer »zerbrochenen Welt« teilen. Vieles, auf das sich ganze Generationen verlassen haben (die Geldwirtschaft; die Kriegsführung; ein Arbeitsplatz bei einer guten Firma, die Sicherheit für den Rest des Lebens bietet), funktioniert nicht mehr so richtig. Bei genauerem Hinsehen ist ein Muster zu erkennen: Was hier »zusammenbricht«, sind Systeme, die infolge der Belastung einer sich verändernden Welt nicht mehr haltbar und zukunftsfähig sind.

Die Wirtschaft, seit Jahrzehnten bestehende Diktaturen, mit Militäreinsatz erzwungene Friedenssicherung in 15 Kriegsgebieten weltweit, erbärmliche Armut in rohstoffreichen Ländern – all das sind Beispiele für eine nicht mehr zukunftsfähige Lebensweise, welche die Belastungsgrenze erreicht hat. All das geschieht unter dem Schirm einer Zivilisation, die durch die nicht nachhaltige Nutzung fossiler Brennstoffe am Laufen gehalten wird.

Die Weltwirtschaft verlässt sich auf Märkte, die immer mehr wachsen müssen, und auf ein Gewinnsystem, bei dem einige Beteiligte auf Kosten anderer profitieren; das hat die letzten 100 Jahre vielleicht funktioniert, aber es ist kein weiteres Jahrhundert haltbar. Dasselbe gilt für die Stromerzeugung, die weltweit auf der Ausbeutung endlicher Erdöl-, Erdgas- und Kohlevorräte basiert und die Luft zum Atmen verpestet.

All das sind Beispiele für die Lernkurve unserer Zivilisation. Sie werden zu einem Teil unserer Vergangenheit, wenn wir aufhören, sie als gut, schlecht, richtig oder falsch zu beurteilen. Sie haben funktioniert und ihren einstigen Zweck erfüllt. Sie haben uns dahin gebracht, wo wir heute stehen, uns den Aufbau einer weltweiten Zivilisation ermöglicht, wie es sie vorher nicht gegeben hat. Sie versorgen uns mit Wärme, Licht und Möglichkeiten der Essenszubereitung, wo es diesen Luxus in der Vergangenheit nicht gab. Dank dieser Errungenschaften können wir innerhalb eines Tages von einer Seite des Globus auf die andere reisen.

Doch sie haben auch zu einer riesigen Kluft zwischen den Weltwirtschaften geführt und zum Vorteil ein paar weniger die eingeborene Bevölkerung wie auch einen Großteil der weltweiten Rohstoffe ausgebeutet. Unsere Entscheidungen hatten einerseits einen Nutzen, haben uns aber andererseits auch geschadet. Weil so viele dieser Systeme gleichzeitig im Zusammenbruch begriffen sind, ergibt sich für uns die seltene Chance, eine neue Entscheidung und Wahl zu treffen. Wir müssen entscheiden, in welche Richtung wir von hier aus gehen wollen und wie die neue Welt aussehen soll, die bereits im Entstehen ist.

Im gesamten Buch ging es darum, unsere traditionellen Denkweisen einmal durch die Brille der Wissenschaft mit ihren neuen Entdeckungen zu betrachten. Waren Sie dabei hin- und hergerissen, wenn es um die großen Fragen unserer Existenz geht: wann das menschliche Leben beginnt, woher unsere Spezies kommt, wie lange wir schon hier sind und ob wir dazu verdammt sind, auf immer und ewig Krieg und Leiden zu ertragen? Dann haben Sie vielleicht neue Fakten kennengelernt, die uns bei der Minderung dieser Konflikte ein großes Stück weiterbringen.

Meine diversen beruflichen Tätigkeiten im Energie-, Rüstungs- und Kommunikationssektor hatten zwar sehr unterschiedliche Ziele und Ausrichtungen, doch ein Thema hat sie alle verbunden. So wie viele Erfahrungen aus *einem* Lebensbereich ebenso für *andere* Teile des Lebens gelten, berührt dieses Thema auch meinen Alltag.

Und was ist nun diese Gemeinsamkeit? Bei jeder dieser beruflichen Tätigkeiten handelte es sich um eine Arbeit, die ich während einer Krise annahm: die Energiekrise in den 1970er-Jahren, die Atomkrise während des Kalten Krieges der 1980er-Jahre, die Informationskrise beim Militär mit seinen inkompatiblen Computersystemen, wodurch die Koordination während des Krieges im Persischen Golf im Jahr 1990 beeinträchtigt wurde … Jedes Mal, wenn ich dazustieß, war es bereits zu Zeit- und Budgetüberschreitungen gekommen. Auch wir leben in einer Welt voller

Krisen, und der Zeit- und Budgetrahmen für die Lösung dieser Krisen ist bereits überschritten. Ich sehe hier ähnliche Parallelen wie in anderen Lebensbereichen.

Ein Prinzip in den Firmen, für die ich arbeitete, gilt auch für uns und unsere Welt: Wenn wir die Wahrheit über eine Situation wissen, sind die Wahlmöglichkeiten klar und die Entscheidungen offensichtlich. Dies war eine der wichtigsten Lektionen während meiner Unternehmenslaufbahn, und sie gilt genauso für das derzeitige Weltgeschehen.

Eine globale Gemeinschaft: Es gibt kein Zurück

Es ist kein Geheimnis: Wir haben uns zu einer globalen Gesellschaft entwickelt. Egal ob man es mit einem offiziellen Namen betitelt und in den Abendnachrichten verkündet oder beim Late-Night-Talk wie eine geheime Verschwörung behandelt: Tatsache ist, es ist bereits passiert. Die Börsen, der Motor der Weltwirtschaft, handeln bereits rund um die Uhr auf globaler Ebene. Die sommerlichen Früchte und Gemüse in unseren Supermärkten mitten im Winter werden auf Farmen in anderen Teilen der Erde produziert und täglich um den halben Globus geflogen, verschickt und verladen. Die Stimme am Telefon, die uns morgens um drei bei einer Reisereservierung oder bei technischen Computerproblemen behilflich ist, gehört höchstwahrscheinlich zu einer Person, die in einem Call Center auf der anderen Seite des Erdballs arbeitet.

Die Grenzen, die den Handel, die Währung, Technologie und sogar Regierungen fein säuberlich in »wir« und »die anderen« trennen, sind inzwischen sehr verschwommen. Wir sind bereits eine globale Gemeinschaft, und so haben unsere persönlichen oder auch kommunalen Entscheidungen weltweite Auswirkungen. Doch die eigentliche Globalisierung begann schon, lange bevor das alles überhaupt möglich war. Im Jahr 2002 veröffentlichte das Magazin »European Review of Economic History« eine

Untersuchung des National Bureau of Economic Research, die aufzeigte, dass seit fast 500 Jahren Handel betrieben, Einfluss auf die Märkte, Arbeitskräfte und Verbraucherpreise genommen wird. Dort werden drei Phasen der Globalisierung und deren Auswirkungen in der Vergangenheit und in der Gegenwart auf die moderne Zivilisation beschrieben.[1]

- **Die erste Phase der Globalisierung** war die Phase des Fernhandels vor dem 18. Jahrhundert. In dieser Zeit wurden unter anderem Gewürze, Zucker, Seide und andere lokal nicht verfügbare Waren aus aller Welt nach Europa importiert. Sie standen nicht in Konkurrenz mit den bereits existierenden Märkten, und deshalb wirkte es sich nicht weiter auf den Markt aus. Diese Frühphase der Globalisierung führte im Wesentlichen dazu, dass ein paar Leute ihr Zuhause mit schönen, außergewöhnlichen Kostbarkeiten von exotischen Orten schmücken konnten, die Nachbarn aber nicht. Das änderte sich allerdings in der zweiten Phase.

- **Die zweite Phase der Globalisierung** begann Anfang des 19. Jahrhunderts mit dem Import von Getreide und Textilien nach Europa – Waren, die auch in Europa produziert wurden. Infolge der Importe geriet der Markt für heimische Produkte unter Wettbewerbsdruck. Es bildeten sich Handelsfirmen, neue Partnerschaften wurden eingegangen. Die Konkurrenz führte zudem zu einer Preisregulierung.

- Heute erleben wir **die dritte Phase der Globalisierung**. Nach wie vor werden Produkte gehandelt, die mit den heimischen Produkten eines Landes oder einer Region konkurrieren. Doch hinzu kommt eine andere Kraft, welche die Auswirkungen der Globalisierung verändert. Technologien und Fachwissen stehen im Wettbewerb über Ozeane, Grenzen und Zeitzonen hinweg. Diese Art der Globalisierung setzt die globalen Märkte und Wirtschaften auf andere Weise unter Druck. Und da sie sich so stark vom Handel mit

»Waren« unterscheidet, wie er in den letzten drei Jahrhunderten gepflegt wurde, passt das alles nicht so recht zu den vorhandenen Modellen über Trends und Zyklen. Und so sind nun die Experten gefordert, Prognosen über die langfristigen Auswirkungen der derzeitigen Globalisierung zu liefern.

Wir wissen also nicht hundertprozentig, was uns die Globalisierung in Zukunft bringen wird, aber an Meinungen über ihre bisherige Bedeutung herrscht kein Mangel. In einem kurzen Essay für die »Newsweek« beschrieb der Journalist Thomas Friedman, wie die blutigen Unruhen während des europäischen G8-Gipfels 2001 in Italien und während der G20-Konferenz in Pittsburgh im Jahr 2009 die Angst der Menschen widerspiegelten, dass von der Globalisierung nur die Unternehmen, aber nicht die Menschen profitieren. »Doch die Globalisierung hat die Welt nicht in den Ruin gestürzt – sie hat sie nur flacher gemacht«, sagt Friedman. »Und alles in allem kann jeder davon profitieren, insbesondere die Armen.«[2]

Auch die deutsche Bundeskanzlerin Angela Merkel scheint dieser Meinung zu sein. Bei der Eröffnung der Hannover-Messe 2008 sagte sie: »Nun besteht die Sorge, dass die Globalisierung zu einem massiven Wohlstandsverlust führen könnte. Das glaube ich nicht [...] Wir können [...] weiter Gewinner der Globalisierung sein. Aber in welchem Ausmaß das möglich ist, hängt stark von uns selbst und von unserer Bereitschaft ab, zu verändern, zu reformieren, zu investieren und die Zukunft mit großer Ernsthaftigkeit [...] in den Blick zu nehmen.«[3]

Das sehen die Globalisierungsgegner allerdings ganz anders. Ansichten, die von den Meinungen Friedmans und Merkels abweichen, unterscheiden sich in einzelnen Punkten, aber der allgemeine Tenor ist gleich: Die Demonstranten haben keine Sorge, dass sich der Lebensstandard weltweit verändern könnte. Vielmehr geht es um das Gefühl, dass Riesenkonzerne eine immer stärkere Kontrolle über das Leben von uns allen ausüben. Noch wichtiger ist die Angst der normalen Bürger, nicht die Macht zu haben, diese Unternehmen an Schachzügen zu hindern, die sich zwar vorteilhaft auf deren Gewinne auswirken, aber sehr nachteilig für die menschliche Rasse sind und das Leben auf der Erde gefährden.

Die Globalisierung, wie wir sie heute erleben, ist zweifellos ein doppelschneidiges Schwert. Sie ist kein demokratischer Prozess, und sie wird von denjenigen finanziert, die am meisten davon profitieren. Doch genauso klar ist auch, dass Globalisierung eine Tatsache unseres Lebens ist. Die Welt ist globalisiert, und es gibt kein Zurück. Die Wirtschaft, das Bankenwesen und die Industrie agieren also global. Doch wie sieht es mit den Regierungen aus? Steht uns eine Art globaler Kontrolle bevor? Oder werden wir schon global regiert, wie manche Leute meinen?

Auf dem Weg zu einer globalen Regierung

Auf jedem Gipfeltreffen, bei jeder Konferenz und in jedem Interview, bei dem ich dabei bin, wird mit Sicherheit – offiziell oder inoffiziell – eine Frage gestellt: Bin ich der Meinung, dass wir schon bald eine Art globaler Regierung haben werden? Und wenn ja, wann wird das sein? Zu Beginn dieses Abschnitts soll hier meine Antwort auf derlei Fragen angeführt werden.

Zunächst einmal: Ich habe keinen Vertrauten im Weißen Haus und keinen »heißen Draht« zu irgendwelchen Staatsoberhäuptern. Ich kann weder ihre Gedanken lesen, noch weiß ich, was sie meinen; und ich habe keine Ahnung, warum sie diese oder jene Entscheidung treffen. Mir stehen dieselben Informationsquellen zur Verfügung wie den Leuten, die mir diese Fragen stellen. Dass sich mir manchmal in einer scheinbar sinnlosen Welt ein Sinn erschließt, liegt an meiner Art und Weise, diese Quellen zu nutzen. Hinzu kommt meine Erfahrung mit systemischem Denken.

Während meiner Tätigkeit als Softwareentwickler in der Energie- und Rüstungsindustrie gehörte es beispielsweise zu meinen Aufgaben, Computerprogramme zu schreiben, die nach Mustern suchen. Wie schon in meinem Buch »Fractal Time« beschrieben, war das für mich die perfekte Gelegenheit, beruflich und offiziell etwas zu tun, das ich schon ab und zu als Kind gemacht hatte: nach Mustern suchen in Menschen, im Leben und in der Natur. Im Beruf nutzte ich einfach Hochgeschwindigkeitsrechner, um Unmengen von Daten zu durchsuchen und diese Muster schneller zu finden. Ich suchte nach geologischen Mustern für Erdölträgergestein oder nach in Mustern auftretenden Fehlern in komplizierten Softwaresystemen.

Nach wie vor schaue ich mir die Muster in der Welt an. Doch inzwischen bin ich auf der Suche nach den Mustern der Vergangenheit. Die zyklischen Muster der Erdgeschichte, Krieg und Frieden, der Zusammenbruch der Wirtschaften, Aufstieg und Untergang von Zivilisationen – und unsere Fähigkeit, diese Muster zu berechnen – bilden einen Großteil der Grundlage für meine Antworten über unsere Zukunft.

Ich weiß natürlich nicht genau, was die Zukunft bringen wird. Aber ich weiß, dass die Zyklen der Vergangenheit Muster aufweisen, anhand derer wir – falls wir weise genug sind, sie zu erkennen – einen Vorsprung und eine ungefähre Vorstellung davon gewinnen können, was uns heute und morgen erwartet. Wir können ebenso die Entscheidungspunkte kennen, an denen unsere Entscheidungen hin zu Veränderungen am meisten Erfolg versprechen.[4]

Die zyklischen Veränderungen der Vergangenheit, die ich ermittle, sind auch denjenigen nicht verborgen, die führend an der Gestaltung unserer heutigen Welt mitgewirkt haben. Öffentlich zugängliche Beschreibungen von indigenen Völkern über die Ereignisse beim letzten Übergang der Zeitalter; mündlich überlieferte Traditionen der tibetischen Nomaden, die mir Ende der 1990er-Jahre am Lagerfeuer die zyklischen Klimaveränderungen beschrieben haben; Zeitläufe und Wahrscheinlichkeiten, wie sie mir von den Schamanen im Hochgebirge der Anden in Südperu nach dem 11. September weitergegeben wurden; uralte Maya-Glyphen, die aus diesen Zyklen höchst komplexe Kalender berechnen … Es ist wirklich kein Geheimnis, dass wir in einer Zeit des Wandels leben, die seit der letzten Wandlungsphase vor etwa 5000 Jahren vorhergesagt und mit Freude und Angst erwartet wird.

Der derzeitige Wandel bringt die größten Veränderungen in der Geschichtsschreibung mit sich: eine Verschiebung der Machtverhältnisse, eine neue Verteilung von Reichtum und Wohlstand, umwälzende technologische Entwicklungen, die Informationsflut usw. Für mich käme es nicht überraschend, wenn nun in dieser Zeit des Wandels zusätzlich zum Bankwesen, der Wirtschaft und Industrie auch eine Globalisierung auf Regierungsebene stattfände. Es gibt bereits eine globale Kontrolle. Wenn die zweite Hälfte des 20. Jahrhunderts, die Zeit nach dem Zweiten Weltkrieg, uns etwas darüber verrät, wie das vor sich gehen wird, dann wird es nicht auf einen Schlag passieren, sondern sich nach und nach entfalten.

Seit sich in dieser Zeit neue Nationen und Wirtschaften herausbildeten, werden die Grundlagen für eine globale Regierung gelegt. Unternehmen schließen sich zu Handelsblöcken wie der Europäischen Union (EU, gegründet 1993), der African Union (AU, gegründet 2001) und der Association of Southeast Asian Nations (ASEAN, gegründet 1967) zusammen; so bilden Nationen mit gemeinsamen Interessen übergeordnete Organisationen, von denen diese Nationen einzeln und gemeinsam profitieren.

Auch die Währungskonsolidierung, beispielsweise der Euro in Europa, die für Westafrika angedachte gemeinsame Eco-Währung, die es ab 2015 geben soll, der Eastern Caribbean Dollar und die geplante gemeinsame Währung für die Vereinigten Arabischen Emirate, Bahrain, Saudi-Arabien, Kuwait, Oman und Katar stärken die Kooperation und sind Anzeichen für eine übergeordnete Steuerung und Regierungsführung.

Meine Antwort auf die Frage, ob wir uns hin zu einer Art globaler Regierung bewegen, ist also: Ja, denn diese Steuerung gibt es bereits und sie wird immer tiefer verankert. Werden wir jemals wieder in die Welt der Vergangenheit zurückkehren? Wahrscheinlich nicht. Ist die globale Steuerung gut oder schlecht? Ich weiß es nicht. Das hängt davon ab, wie sie umgesetzt wird.

Die Errichtung der Europäischen Gemeinschaft ist – als Mikrokosmos – ein gutes Beispiel dafür, was möglich ist, wenn dieselben Richtlinien weltweit angewandt würden. Die expliziten Ziele der EU waren von Anfang an klar. Sie wurde gegründet mit dem Ziel, »den häufigen und blutigen Kriegen zwischen Nachbarn ein Ende zu bereiten, die ihren Höhepunkt im Zweiten Weltkrieg gefunden hatten.«[5] Ebenso klar war der Weg der EU, um diese Ziele zu erreichen, nämlich die »vier Freiheiten« des Verkehrs:

- freier Verkehr von Waren
- freier Verkehr von Dienstleistungen
- freier Verkehr von Personen
- freier Verkehr von Kapital

Heute sind 27 Länder der EU angeschlossen; auch wenn die meisten davon ihre eigene Sprache, Kultur, Kunst, Lebensweise und vieles mehr beibehalten haben, das ihre Einzigartigkeit ausmacht, so werden doch die vereinfachten Handelsbeziehungen und Reisebedingungen von den Europäern, die ich persönlich kennengelernt habe und die in der EU leben, als positiv empfunden.

Die EU als Beispiel für länderübergreifende Zusammenarbeit zur Erreichung gemeinsamer Ziele zeigt, dass eine globale Steuerung durchaus gut sein kann. Wenn dadurch Hürden abgebaut werden, sodass jeder Mensch – Männer, Frauen und Kinder – seine Grundbedürfnisse befriedigen kann, ohne seine Einzigartigkeit aufgeben zu müssen, könnte dies ein Wandel in eine positive Richtung sein. Und wenn die Grundbedürfnisse des Lebens – Nahrung, Wasser, Medizin, Strom und Technologie – allen Mitgliedern der globalen Menschenfamilie offenstünden und wir gleichzeitig gemeinsam an Lösungen für die Krisen der Zukunft arbeiten würden, würde die Welt wahrscheinlich von einer solchen globalen Steuerung profitieren.

Eines der Ziele der EU bei ihrer Gründung war die Beseitigung gewaltsamer Auseinandersetzungen über Rohstoffe und andere Ressourcen, die früher in Blutvergießen, Leiden und Kriegen mündeten. Auf globaler Ebene könnte ein solches Ziel, wenn es denn erreicht würde, dafür sorgen, dass Naturschätze und »menschliche Ressoucen« allen zur Verfügung stünden und entsprechende Kriege der Vergangenheit angehören würden. Damit können auch die Kriterien außer Kraft gesetzt werden, die uns – wie wir an früherer Stelle gesehen haben – zu Gewalt und Krieg verleiten: das Gefühl, dass wir selbst, unsere Familie oder unsere Lebensweise in Bedrohung geraten.

Allerdings hat eine solche globale Steuerung auch eine dunkle Seite. Werden ihre Systeme und Regelwerke nicht auf die »vier Freiheiten« der EU gegründet, dann können die genannten Vorteile niemals erreicht werden.

Würden beispielsweise unternehmerische Gier, Kontroll- und Profitsucht sowie Korruption die Grundlage bilden, würden die Menschen nach wie vor unter der ungerechten Verteilung des Reichtums leiden; es würde ihnen am Notwendigsten fehlen und sie würden die Hoffnung aufgeben, dass sich ihr Leben jemals zum Guten wenden könnte. In einem solchen Fall könnte sich ein globales »Worst Case«-Szenario (der denkbar »schlimmste Fall«) entwickeln, ähnlich der dunklen und erschreckenden Zukunft, die George Orwell in seinem Roman »1984« ausgemalt hat. Ausschlaggebend ist immer das Wie.

Inzwischen liegen eine ganze Reihe von Optionen vor: Vorschläge, wie mit dem beispiellosen Stress der Veränderungen, der unsere Lebensweise und ihre dahinterstehenden Systeme belastet, umzugehen ist. Damit etwas wirklich funktioniert, muss etwas passieren, das es bislang nicht gab – zumindest nicht in der Geschichtsschreibung der letzten 5000 Jahre.

Die Probleme – eine Weltbevölkerung von 10 Milliarden Menschen, Nahrungs- und Wassermangel, Epidemien und der Klimawandel – sind so groß, dass eine Nation oder eine Gemeinschaft von Nationen sie alleine nicht bewältigen kann.

Zum ersten Mal seit Beginn der Geschichtsschreibung müssen Lösungen weltweit umgesetzt werden. Dazu müssen die größten und mächtigsten Nationen der Welt zusammenarbeiten. Durch die hohe Dringlichkeit eröffnen sich bislang nie gekannte Chancen und Wahlmöglichkeiten. Werden diese Lösungen im Geist der Kooperation und gegenseitigen Hilfe vollzogen? Oder stehen dahinter genau die Ängste, die in der Vergangenheit überhaupt erst zu diesen Problemen geführt und so viel kaputt gemacht haben? Glaubt man den Experten, dauert es nicht mehr lange, bis wir eine Antwort auf diese Frage haben.

Derzeit werden alle möglichen Pläne und Programme entwickelt, gefördert und implementiert, mit denen die in Kapitel 3 identifizierten Probleme angegangen werden sollen.

Eines dieser Programme, das bereits vor über 10 Jahren zur Jahrtausendwende aufgesetzt wurde, ist inzwischen weit gediehen und hat viel Aufmerksamkeit in der Öffentlichkeit erregt, erfährt großen Zuspruch und ist auf einem guten Weg, was die Finanzierung und Umsetzung betrifft. Im September 2000 wurde in der 55. Sitzung der Vollversammlung der Vereinten Nationen die »Millenniums-Erklärung« verabschiedet, eine Resolution über neue globale Partnerschaften zur Erreichung von Zielen und zur Lösung weltweiter Probleme.[6]

Diese sogenannten Millennium-Entwicklungsziele (bzw. UN Millennium Development Goals, MDGs) sind um Kerninitiativen herum aufgebaut, die bereits von 192 Ländern und 23 internationalen Organisationen unterzeichnet wurden.[7] Es gibt acht ehrgeizige Hauptziele, die nachstehend aufgeführt sind: Jedes umfasst mehrere Zielvorgaben, mit deren Hilfe die Steuerung, Regelwerke, Aktionen und Benchmarks für die Erreichung des jeweiligen Hauptziels umgesetzt werden sollen. Eines der ehrgeizigsten Ziele besteht darin, bis zum Jahr 2015 die extreme Armut zu beseitigen.

- *Ziel 1:* Extreme Armut und Hunger beseitigen
- *Ziel 2:* Grundschulausbildung für alle Kinder gewährleisten
- *Ziel 3:* Gleichstellung und größeren Einfluss der Frauen fördern

- *Ziel 4:* Kindersterblichkeit senken
- *Ziel 5:* Gesundheit der Mütter verbessern
- *Ziel 6:* HIV/Aids, Malaria und andere Krankheiten bekämpfen
- *Ziel 7:* Eine nachhaltige Umwelt gewährleisten
- *Ziel 8:* Eine globale Partnerschaft im Dienst der Entwicklung schaffen

Das sind wahrlich hoch gesteckte Ziele. Und viel muss getan werden, bevor sie wirklich erreicht werden können. Zusammen bilden sie das Kernstück eines radikalen Wandels weg von früheren Ansätzen der Krisenbewältigung – eine bislang nicht gekannte Ebene der Zusammenarbeit auf weltweiter Basis. Damit eine solche Kooperation umgesetzt werden kann, braucht es ein Rahmenregelwerk für die erforderlichen Richtlinien und Steuermechanismen. Doch bevor an ein solches Rahmenwerk auch nur zu denken ist, muss sich auch unser Selbst- und Weltbild radikal verändern. Und hier kommt die Führung, mit deren Hilfe solche hohen Ziele überhaupt erst erreicht werden können, ins Spiel, eine Art globaler Steuerung. Genau das schlägt die UNO zur Rettung unserer krisengeschüttelten Welt auch vor.

Diese Milleniums-Entwicklungsziele lassen sich in zwei Ansätze untergliedern: Die *Ziele 1 bis 6* befassen sich mit derzeitigen humanitären Krisen, die bereits eingetreten sind. Auch die *Ziele 7 und 8* beziehen sich auf Krisen des Menschen, doch bei näherer Betrachtung zeigt sich, dass sie auch den Rahmen schaffen für eine noch tiefere Zusammenarbeit in zukünftigen Projekten.

Als *Zielvorgabe 8.A* wird die Entwicklung eines »offenen, regelgestützten, berechenbaren und nicht diskriminierenden Handels- und Finanzsystems« genannt.[8] Die sprachliche Formulierung klingt kompliziert und scheint im Zusammenhang mit den bereits genannten neuen Währungen und konsolidierten Geld- und Handelssystemen zu stehen. Durch solche Zielvorgaben werden diese Projekte zu mehr als bloßen Hilfs- bzw. Entwicklungshilfeprojekten, wie sie die UNO früher oft durchgeführt hat.

Ich lade die Leser ein, sich mit diesen Zielen vertraut zu machen, zum Beispiel mithilfe der offiziellen Website der UNO (UN.org). Jüngste Vorkommnisse auf der Weltbühne lassen erwarten, dass die UNO in Zukunft mehr Verantwortung übernimmt und eine größere, besser sichtbare Rolle bei der Bewältigung der Krisen unserer Zeit spielt. Es ist gut, wenn auch wir alle ihre Pläne kennen.

Die Geburt einer neuen Welt

An früherer Stelle haben wir die Zeitvorstellung der Maya erkundet, die Zeitzyklen der Erde, die in Abstimmung mit den Zeitzyklen des Kosmos ablaufen. In mündlich überlieferten Prophezeiungen beschrieben die Maya, was wir in den Übergangsjahren zwischen zwei Zeitaltern zu erwarten haben. Sie wussten das, weil sie (und unsere gemeinsamen Vorfahren) in der Vergangenheit bereits solche Zyklen erlebt hatten und über die fraktale Natur von Zyklen Bescheid wussten. Der Maya-Kalender zeigt die »Geburt« eines neuen Zeitalters in Anlehnung an die uns vertraute Geburt des Menschen, die jeder erlebt, der in diese Welt kommt. Aus der Sicht der Maya kann beides nicht voneinander getrennt werden.

Der Grund? Beim Menschen dauert die Tragezeit, also die Zeit, die wir im Mutterleib verbringen, etwa 260 Tage; eine vollständige axiale Präzession der Erde, das heißt ihre Kreiselbewegung im Orbit, dauert etwa 26.000 Jahre. Die 260 Tage vor unserer Geburt sind ein Fraktal der 26.000 Jahre, die die Erde für die »Geburt« eines neuen Präzessionszyklus braucht.

Die Maya wussten, bei jeder Geburt verändern sich die Bedingungen so, dass neues Leben möglich ist. Beim Wechsel der Zeitalter-Zyklen bricht alles zusammen, was angesichts der Veränderungen nicht mehr funktioniert; so wird Platz gemacht für das, was funktioniert. Genauso betrachteten unsere Vorfahren auch die menschliche Geschichte: als eine Geburt in einen neuen Lebenszyklus. Sie wussten auch, dass wir bei jedem neuen Zyklus eine neue Art des Seins entwickeln müssen. Das Zeitenende, das der Maya-Kalender für 2012 vorausgesagt hat, wird oft so interpretiert, dass das Ende der Welt unmittelbar bevorstehe. Doch steigt man tiefer in die Maya-Traditionen ein, zeigt sich, dass es hier nicht um das Ende der Welt geht, sondern vielmehr um das Ende eines Welt- bzw. Zeitalters – und damit endet auch eine Lebensweise.

Doch jedes Ende bedeutet auch einen neuen Anfang; das Ende unseres derzeitigen Zeitalter-Zyklus ist ebenfalls der Beginn eines neuen Zyklus, die Geburt einer neuen Welt. Der Anthropologe, Historiker und Maya Ajq'ij (Zeremonienpriester und spiritueller Führer) Carlos Barrios hat während eines Gesprächs in Santa Fe/New Mexico im Jahr 2002 die Sichtweise der modernen Maya folgendermaßen auf den Punkt gebracht: »Die Welt wird nicht untergehen! Sie wird transformiert. Die Indigenen – nicht die anderen – haben die Kalender und wissen, wie sie genau zu interpretieren sind.«[9]

Die Analogie zwischen der menschlichen Geburt aus dem Mutterleib und der Geburt in das nächste Zeitalter ist gut und ergibt sogar noch mehr Sinn, wenn wir sie auf unsere heutige Situation anwenden. Denn sowohl das Geborenwerden aus dem Mutterleib als auch unser Übergang vom fünften Zeitalter der indianischen Traditionen in das sechste sind »Einbahnstraßen«: Die Reise geht in beiden Fällen in eine Richtung, weg von einem Ort, zu dem es kein Zurück gibt. Bei unserer Reise vom Mutterleib in die Welt ist das einleuchtend. Warum wir nicht mehr in die vertraute Welt der Vergangenheit zurückkehren können, ist weniger offensichtlich; deswegen ist es aber nicht weniger wahr. Denn diese vergangene Welt existiert nicht mehr. Sie wurde direkt vor unseren Augen transformiert, während wir den Wandel durchlebten.

Das ist auch der Schlüssel zum Zeitverständnis der Maya. Die Welt, die uns von Kindesbeinen an vertraut ist und an die wir uns gewöhnt haben, war nie unsere Bestimmung. Sie könnte nicht als dauerhafte Lebensweise fortbestehen, weil sie nie aufrechtzuerhalten war. Die Welt Mitte des 20. Jahrhunderts war ein Sprungbrett, der Anfangspunkt einer Lernkurve, die uns zu einer anderen Lebensweise führt. Wer daran zweifelt, braucht nur einmal in die Vergangenheit zu schauen, dann erkennt er, dass die Tage, an denen man für ein Dutzend Eier oder für eine Gallone (3,785 Liter) Milch oder für anderthalb Gallonen Normalbenzin ungefähr einen halben Dollar bezahlte, vorbei sind, ebenso wie die Werte und Loyalitäten, welche die Grundlage unserer Arbeitsstellen, Familien und unabhängigen Lebensweisen bildeten – ob nun als Einzelner oder als Nation.

Aus diesen Gründen wird die Welt, auf die meine Mutter wartet, nie (wieder) kommen, das Leben wird nie wieder in seine »normalen« Bahnen gelenkt werden. Das Leben heute ist das normale Leben. Wir können es nicht anhalten, allerdings die Richtung bestimmen. Der Wandel ist nicht aufzuhalten, aber wir können für eine sanftere Landung sorgen.

Hier greifen die tiefen Wahrheiten. Wir alle können bessere Entscheidungen für unsere Zukunft treffen, wenn wir die Zyklen, Misserfolge und Erfolge unserer Vergangenheit verstehen.

Bestimmung oder verhängnisvolles Schicksal?

In welche Richtung geht es also weiter? Wohin *können* wir gehen? Ob wir nun mit den Gründen einig sind, *warum* sich die Welt verändert hat, oder nicht – Tatsache ist: Sie *hat* sich verändert. Und diese Veränderungen, die gerade erst begonnen haben, nehmen nicht einfach nur ihren Lauf, sondern scheinen an Tempo zuzulegen und eine Geschwindigkeit zu erreichen, wie sie sich niemand, nicht einmal die Visionäre, hatten vorstellen können, sodass Schulbücher und Lehrer gar nicht mitkommen. Hier trifft die Theorie auf die Praxis; es ist der Augenblick der Wahrheit, da die spirituellen und wissenschaftlichen Theorien in die Praxis des

Lebens umgesetzt werden müssen, das unsere Zukunft ist. Die Straße dieses Lebens kann nur an zwei Orte führen: Entweder sie leitet uns zu unserer Bestimmung oder sie stürzt uns in unser verhängnisvolles Schicksal. Schon sehr bald werden wir wissen, für welchen Weg wir uns entschieden haben – als Nationen dieser Erde und als Welt im Ganzen.

Wohin uns unser Schicksal letztendlich bringt, hängt vom Ausgang all der großen Krisen ab, falls wir sie ungehindert ihren Lauf nehmen lassen. Wie bereits ausgeführt, geht es hierbei um fünf Hauptkrisen:

- *Krise Nummer 1:* Zu hohe Weltbevölkerung, die langfristig nicht ernährt werden kann
- *Krise Nummer 2:* Klimawandel
- *Krise Nummer 3:* Zunehmende Verknappung von Nahrung und Süßwasser
- *Krise Nummer 4:* Auseinanderdriftende Schere zwischen Wohlstand und Armut Gesundheit und Krankheit, Bildung und Analphabetismus
- *Krise Nummer 5:* Wachsendes Kriegsrisiko und erneut ein drohender Atomkrieg

Jede dieser Krisen hat schon für sich allein genommen das Potenzial, der menschlichen Zivilisation und sogar dem uns vertrauten Leben ein Ende zu bereiten. Und sie sind alle bereits am Laufen; dadurch gibt es auch für jede Krise eine Art Zeitschiene, an der abzulesen ist, wohin sie letztendlich führen wird, wenn wir sie nicht irgendwie bewältigen. Die Verdoppelung der Bevölkerungszahl erfolgt beispielsweise in immer kürzeren Abständen; um 2050 werden etwa 10 Milliarden Menschen die Erde bewohnen – das verhängnisvolle Schicksal der menschlichen Familie, wenn wir nichts dagegen unternehmen: 10 Milliarden Menschen, die um Nahrung, Wasser, Arbeit und Unterkunft kämpfen; und die überlebenswichtigen Rohstoffe gehen schon in 40 Jahren zur Neige.

Falls wir uns also diesen Krisen und unserem Schicksal überlassen, ist der potenzielle Ausgang wahrlich erschreckend. So betrachtet bedeutet Schicksal, zu wissen, es gibt die Krise, aber es wird nichts dagegen unternommen. Präsident Reagan hat es 1981 bei seiner Amtseinführung vielleicht am besten ausgedrückt: »Ich glaube nicht an ein Schicksal, das wir erleiden müssen, egal was wir tun. Ich glaube an ein Schicksal, das wir erleiden müssen, wenn wir nichts tun.«[10] Auf die fünf Krisen übertragen, welche die besten Köpfe unserer Zeit ermittelt haben, würde die Entscheidung fürs Nichtstun bedeuten, dass die dunkelsten Schicksalsszenarien, Prophezeiungen, Ängste, Kriegs- und Todesbefürchtungen Nahrung erhalten.

Bestimmung und Schicksal unterscheiden sich glasklar voneinander. Schicksal – das ist ein passives Umgehen mit Herausforderungen durch Nichtstun; Bestimmung dagegen ist das Kind der Aktion. Wir müssen unsere Bestimmung aktiv in Gang setzen; im Fall dieser Krisen heißt das: Entscheidungen. Unsere Bestimmung erwartet uns als Individuen und Gemeinschaft, wenn wir uns entscheiden, unser größtes Potenzial zu verwirklichen. William Jennings Bryan hat wunderbar zusammengefasst, was unsere Bestimmung ausmacht: »Das Schicksal liegt nicht in der Hand des Zufalls, es liegt in deiner Hand. Du sollst nicht darauf warten, sondern es erfüllen.«[11]

Nach meinem Gefühl sind die Krisen unserer Zeit und unsere Bestimmung eng miteinander verflochten. Es ist für mich kein Zufall, dass so viele Lebensbereiche neu definiert werden, so viele Veränderungen innerhalb kürzester Zeit, sozusagen über Nacht, auf einmal passieren. Das ist eine Art kosmischer Wirklichkeitstest. Innerhalb weniger Jahre werden wir sehen, welche der Entscheidungen, die unsere Zivilisation getroffen hat, funktionieren und welche nicht. Wir können die Nachhaltigkeit und Zukunftsfähigkeit von Systemen auf den Prüfstand stellen. Angesichts all der zusammengebrochenen, nicht funktionierenden Systeme müssen wir uns entscheiden: Sind wir für neue, saubere und nachhaltige Lebensweisen, die unsere Umwelt respektieren? Oder für ein Gefecht um alte, nicht mehr tragbare Systeme, die irgendwann zusammenbrechen, sodass wir wieder am Abgrund stehen und vor die gleichen Entscheidungen gestellt werden?

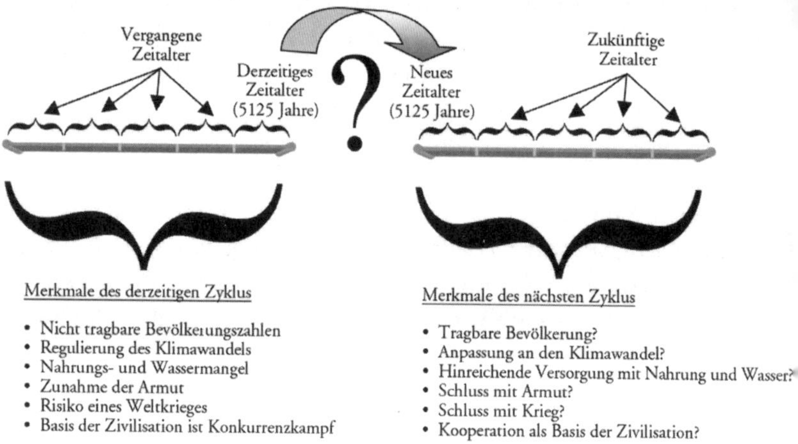

Abbildung 7.1: Unsere Generation schlägt eine Brücke zwischen zwei selten stattfindenden Zyklenwechseln: dem letzten Zyklus des fünften, 5125 Jahre währenden Zeitalters und dem Beginn des ersten Zyklus des neuen sechsten Zeitalters. Wir befinden uns nicht nur in der Übergangsphase zwischen zwei Zyklen, sondern bestimmen mit unseren Entscheidungen auch, welche alten Überzeugungen wir als Fundament für den nächsten Zyklus mit hinübernehmen.

Was da unter unseren Füßen wegbricht, ist gerade jenes, was nicht funktioniert: von überschuldeten Wirtschaften und überlasteten Gesundheitssystemen bis hin zum Raubbau an fossilen Brennstoffen für den Energiebedarf der wachsenden Weltbevölkerung – alles äußere Zeichen unserer Weltsicht und unseres vermeintlichen Platzes in dieser Welt, ebenso wie Ausdruck der Sprache des Wandels. Wir müssen überdenken, wie unsere tagtäglichen Entscheidungen ins größere Bild passen, dann wird klar, welche Rolle sie spielen. Die Entscheidungen jedes Einzelnen bilden die gemeinsame Grundlage unseres neuen Zeitalters.

Bei einem Blick auf das große Zeitenbild in Abbildung 7.1 wird klar, wie die Zustände, die zum Ende des einen Zyklus führen, die Grundlage für den nächsten bilden. Zwischen den Zyklen hängen wir sozusagen in einer Zwischenphase, die weder das eine noch das andere ist: ein Punkt der Wahlmöglichkeiten. Derzeit geht gerade der 36 Jahre dauernde Punkt der Wahlmöglichkeiten zwischen 1980 und 2016 seinem Ende zu; diese Phase markiert zudem das Ende des derzeitigen 5125-Jahre-Zyklus.[12] Die Krisen auf der linken Seite von Abbildung 7.1 sind die realen Zustände unserer Zeit. Dass sie mit dem Ende des Zyklus zusammenfallen, eröffnet uns die Chance, unsere Muster zu ändern, bevor wir in den neuen Zyklus auf der rechten Seite der Abbildung übergehen.

Die Geschichte umschreiben: Version 2.0

Wir leben unser Leben auf der Basis unserer Überzeugungen, welche damit auch die Grundlage all unserer Träume und Leistungen bilden, all dessen, was wir werden und wertschätzen. Vom Morgenritual über die bequemen technologischen Errungenschaften bis hin zu zerstörerischen Kriegstechniken – alle persönlichen Routinen, gesellschaftlichen Rituale, religiösen Zeremonien, ja unsere gesamte Zivilisation und Kultur gründet auf unserer Weltsicht und unserer Beziehung zur Welt. Wenn wir diese einfache Tatsache erst einmal erkannt haben, sollten wir uns auch fragen, woher diese Überzeugungen denn kommen. Die Antwort mag manchen überraschen.

Mit nur wenigen Ausnahmen beruhen sie darauf, was uns

von anderen über die Welt erzählt wird. Diese »Brille« – das sind die Wissenschaften, die Geschichte, die Religion, die Kultur, die Familie; sie alle haben Einfluss auf unsere Entscheidungen.

Während der letzten 300 Jahre haben vor allem Wissenschaftler und Organisationen, die wissenschaftliche Traditionen bewahren und lehren, die Fakten über unsere Geschichte, über die Evolution und über das Leben an uns weitergegeben. Hier erhält die Macht der Wissenschaft eine ganz neue Bedeutung. Ihre Antworten sind neben unserer persönlichen Suche nach der »Wahrheit« mit ausschlaggebend dafür, welche Welt wir aufbauen und wie wir unsere Probleme lösen.

Doch welches Bild zeichnet die moderne Wissenschaft vom Menschen? In der Vergangenheit wurde uns gesagt, wir seien nur unbedeutende Wesen, ein biologischer »Zufallstreffer« und erdgeschichtlicher »Nachzügler« mit wenig Einfluss auf das Gesamtbild. Wenn wir wieder verschwunden sind, wird es das Universum noch nicht einmal groß mitkriegen.

Das klingt jetzt vielleicht ein bisschen hart, spiegelt aber im Großen und Ganzen unsere Konditionierung wider. Die Wissenschaft des letzten Jahrhunderts behauptet, das Leben gehe aus einer scheinbar unmöglichen, in fernster Vergangenheit zustande gekommenen Kombination von Elementen und Bedingungen hervor; der Mensch sei lediglich eines von vielen Produkten dieser Zufallsereignisse, im Wesentlichen ein Tier und deshalb von Natur aus kampfbereit; die moderne Zivilisation sei der Gipfel einer 5000-jährigen Entwicklung menschlicher Genialität, Kreativität und Technologie; und der Mensch könne die Natur beherrschen und ihre Ressourcen für sich nutzen.

Es dürfte kein Zufall sein, dass in eben der Zeitspanne, die uns diese Überzeugungen nahegebracht hat, die Menschheit schlimmere Verluste durch Kriege, Völkermorde und Umweltzerstörung hinnehmen musste als jemals zuvor. Angesichts der größten Herausforderungen des Lebens fühlen wir uns klein und hilflos, eben weil wir diese Überzeugungen verinnerlicht haben.

Doch sind wir vielleicht mehr als das? Sind wir womöglich einzigartige, ganz besondere und sehr mächtige Wesen, die sich nur

»verkleidet« haben? Sind wir eventuell Gesandte mit wundersamem Potenzial, hineingeboren in diese Welt, um ihre wunderbare Bestimmung zu erfüllen – eine Bestimmung, die aber in Vergessenheit geraten ist, weil wir durch die Zustände geschockt und in einen traumähnlichen Zustand der Machtlosigkeit versetzt wurden?

Die Hierarchie des Denkens

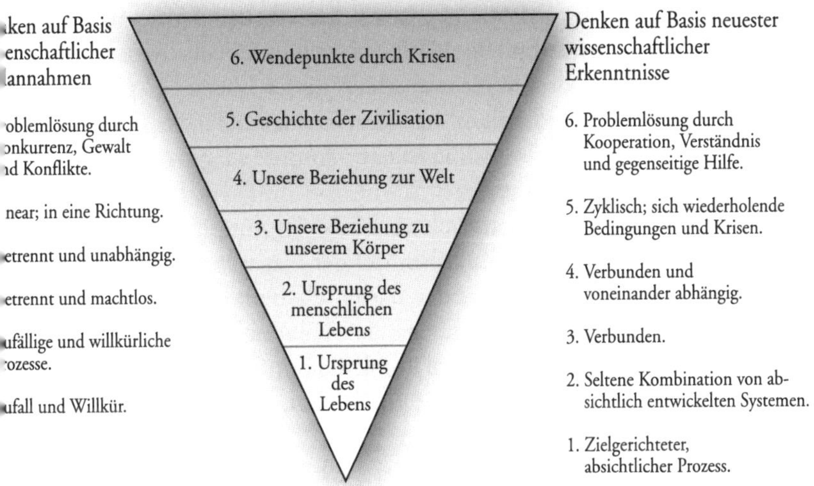

Abbildung 7.2: Ein neues Geschichts- und Lebensverständnis revolutioniert unser Selbstbild und unsere Ansätze zur Lösungsfindung. Von persönlichen Beziehungen bis hin zu globalen Zivilisationen gilt: Die Entscheidungen, die wir in Bezug auf Kooperation und Konkurrenz auf Ebene 6 treffen, sind das Ergebnis unserer Lebenseinstellungen auf den Ebenen 1 bis 5. Die in diesem Buch beschriebenen wissenschaftlichen Entdeckungen liefern gute Gründe für ein Umdenken, wenn es darum geht, eine Wahl zu treffen, die uns entweder unserer Bestimmung zuführt oder uns einem verhängnisvollen Schicksal in die Hände gibt.

Wie würde sich unser Leben verändern, wenn wir beispielsweise entdeckten: Wir haben ja von Geburt an die Macht, Krankheiten rückgängig zu machen! Oder: Wir haben die Freiheit, zu entscheiden, wie lange wir in einer Welt voller Frieden und Überfluss leben wollen; wir verfügen über eine Macht, die sogar das Universum beeinflusst, aber wir verbergen sie schon so lange vor uns, dass wir sie gar nicht mehr als die unsere erkennen!

Ein solcher radikaler Paradigmenwechsel würde alles verändern: unser Selbstbild, unser Bild des Universums und unser Bild der Rolle, die wir darin spielen. Modernste Erkenntnisse der Wissenschaft stützen genau diese neue Vorstellung.

In Kapitel 2 wurde die Hierarchie der Wissenschaften in Form einer Pyramide aufgezeigt. Wird auf einer Ebene etwas Neues entdeckt, muss alles Wissen oberhalb dieser Ebene entsprechend angepasst werden, damit es weiterhin wissenschaftliche Gültigkeit besitzt. Auch unser Selbstbild ist ganz ähnlich aufgebaut und folgt dieser allgemeinen Regel.

Es ist eine ganz natürliche Schlussfolgerung: Wenn wir uns selbst als Glücks- bzw. Zufallstreffer der Natur betrachten, unabhängig und getrennt von anderen Menschen und unserer Umwelt, ja sogar in uns selbst gespalten (die Fehlannahmen der Wissenschaft), versuchen wir, unsere Probleme mit Gewalt und Konflikten zu lösen. Solange wir uns für isoliert und machtlos halten, ergibt Konflikt sogar einen Sinn.

Doch genauso natürlich und einfach ist die folgende Erkenntnis: Sobald wissenschaftlich nachgewiesen ist, dass wir im Hinblick auf unseren Ursprung, unsere Geschichte und unsere Beziehung zu uns selbst und zur Natur mehr sind, als uns unsere Überzeugungen glauben machen, ergeben gewaltsame Konflikte keinerlei Sinn mehr. Durch die Offenbarung solch tiefer Wahrheiten werden alte Ansätze zur Problemlösung auf der Stelle hinfällig. Die folgende Geschichte zeigt: Wenn wir gewillt und bereit sind, uns einmal aus einem anderen Blickwinkel zu betrachten, verändert sich unsere Lebenseinstellung von Grund auf. Und manchmal öffnet diese Bereitschaft sogar überhaupt erst die Tür zum Leben.

Im Jahr 2003 stand Aron Ralston vor dem entscheidenden Punkt in seinem Leben. Er, ein erfahrener Kletterer, der sich in den Bergen Colorados gut auskannte, hatte seinen Job als Ingenieur bei Intel aufgegeben, um sich im Klettersport neue Horizonte zu erschließen. Im Mai dieses Jahres kletterte er in den engen Spalten des Blue John Canyons in Utah herum, da geschah das Undenkbare: Als er eine drei Meter tiefe Felsspalte überspringen wollte, gab der Fels unter ihm nach. »Ich fühlte mich sorglos und glücklich wie eine Lerche an einem wunderbaren Ort, und dann – oh, Mist!«, erzählte er. »Ich fiel ein paar Meter wie in Zeitlupe und sah, wie ein Felsblock herunterfiel. Ich hob die Hände, um mich zur Seite zu stoßen, und der Fels krachte auf meine Hand.«[13]

Von einem Moment auf den anderen hatte sich Ralstons Leben von Grund auf verändert. Sein Arm steckte zwischen der Canyon-Wand und dem rund 400 Kilogramm schweren Felsbrocken fest. Sechs Tage lang war er ohne Mobiltelefon (in diesem entlegenen Gebiet gab es keinen Empfang) im Canyon gefangen – und niemand wusste, wo er sich befand. In seinem Tagesrucksack hatte er zwei Burritos, ein bisschen Schokolade, eine Videokamera und nur wenig Wasser. Ralston war sich darüber im Klaren, wie wenig Aussicht bestand, dass jemand in die Felsspalte spähte und ihn entdeckte.

Am fünften Tag war er zu der Überzeugung gelangt, in diesem Canyon zu sterben. Er kritzelte mit einem kleinen Messer seine »Grabschrift« in die Felswand und nahm mit der Kamera sein Testament auf. Doch dann geschah etwas, das alles veränderte. Mitten in der Nacht träumte er von einem kleinen Jungen, der ihn anschaute und fragte: »Papa, können wir jetzt spielen gehen?«

Da wusste Ralston, dies war ein kleiner Blick in die mögliche Zukunft. Und diese Möglichkeit einer zukünftigen Vaterschaft ließ ihn seine Situation unter einem neuen Blickwinkel überdenken. Was dann geschah, ist das Thema mehrerer Bücher und Fernsehsendungen und wurde 2010 unter dem Titel »127 Hours« verfilmt.

Am nächsten Morgen überlegte sich Ralston, wie er seinen Körper als Hebel gegen die Canyon-Wand einsetzen könnte; er brach den festgeklemmten Arm genau an der richtigen Stelle und durchschnitt mit seinem kleinen, stumpfen Taschenmesser Fleisch, Muskeln und gebrochene Knochen, um sich zu befreien. Das dauerte eine Stunde. Dann kletterte er aus dem Canyon heraus und machte sich auf den Weg. Zwei Wanderer fanden ihn schließlich und holten Hilfe.

Ralston überlebte sein Martyrium. Mit seiner neuen Armprothese kraxelt er auch weiterhin im Gebirge und in Canyons herum. Seine Bereitschaft, sich eine neue Denkweise anzueignen, sein Mut, die einmal getroffene Entscheidung umzusetzen, und sein Überlebenswille haben Menschen in der ganzen Welt berührt. Manchmal kehrt Ralston auch zum Blue John Canyon zurück, dem Ort seiner Qualen. Das hat sehr persönliche Gründe.

»Ich berühre den Felsblock und erinnere mich daran, wie ich über das Wichtige im Leben nachdachte und darüber, wie ich hier wieder herauskommen könnte, zurück zu liebevollen Beziehungen«, sagt er, »zurück in die Freiheit und heraus aus der Falle.«[14]

Aron Ralston gelangte zu einer tiefen Erkenntnis, die sein Denken über sich und seine Situation veränderte. Genau dieser Wandel hat ihm das Leben gerettet. Nun müssen wir natürlich nicht unbedingt in einen Canyon in Utah fallen, um eine solche Erkenntnis zu haben. Hoffentlich tut das auch niemand; schließlich können wir alle von Ralstons Erfahrung lernen.

Ralston hat sich für die Freiheit und gegen die Falle entschieden. Eben solche Entscheidungen treffen wir ständig im Leben, und sie haben die gleichen Folgen. Entweder wählen wir die Freiheit einer neuen, nachhaltigen Lebensweise. Oder wir halten an den alten, nicht mehr zukunftsfähigen Lebensweisen der Vergangenheit fest und sitzen weiterhin in der Falle all unserer Krisen gefangen. Für mich beginnt die Freiheit mit dem persönlichen Drang, wissen zu wollen, wer wir im Gesamtbild des Universums sind. Wenn wir uns darauf einlassen, verändert sich alles: unser

Selbstbild ebenso wie unsere Handlungsweisen. Sie müssen sich verändern, denn wir selbst werden durch unser tieferes Verständnis einer Wandlung unterzogen.

Es kommt also immer darauf an, was wir glauben. Das klingt fast zu einfach, um wahr zu sein, doch ich bin überzeugt, dass das Universum genau so funktioniert.

Die neue Geschichte unseres Lebens

Unter Berücksichtigung der Hierarchie des neuen Denkens aus Abbildung 7.2 fasse ich auf den folgenden Seiten noch einmal die tiefen Wahrheiten zusammen, wie sie in den vorausgehenden Kapiteln offenbart wurden, und betrachte die neue Geschichte des menschlichen Lebens, die sich aus diesen Wahrheiten herauskristallisiert.

■ Tiefe Wahrheit 1:

Unsere Fähigkeit, die unser Leben und unsere Welt bedrohenden Krisen zu entschärfen, hängt von unserer Bereitschaft ab, die Enthüllungen der Wissenschaft über unseren Ursprung und unsere Geschichte auch zu akzeptieren.

- *Fakt:* Unsere Zivilisation steht an einem Wendepunkt und vor den größten und zahlreichsten Krisen, welche die Menschheit in 5000 Jahren Geschichtsschreibung erlebt hat.
- *Fakt:* Der globale Zusammenbruch von Systemen – in der Wirtschaft, im Gesundheitswesen, in der Erzeugung und Verteilung fossiler Brennstoffe – ist symptomatisch für nicht mehr tragbare und nicht zukunftsfähige Praktiken, die auf wissenschaftlichen Fehlannahmen beruhen.
- *Fakt:* Um zu wissen, welche Entscheidungen zu treffen und welche Gesetze und Verordnungen zu erlassen sind, müssen wir die Wahrheit über unseren Ursprung und unsere Geschichte kennen.
- *Fakt:* Falschannahmen und lang gepflegte Überzeugungen über die Evolution und den Ursprung des Menschen ergeben angesichts neuer wissenschaftlicher Entdeckungen keinen Sinn mehr.

■ Tiefe Wahrheit 2:

Die etablierten Bildungssysteme tun sich schwer, Entdeckungen zu integrieren und neue Theorien zu untersuchen; damit stecken wir in veralteten Überzeugungen fest, mit denen es nicht gelingt, die größten Krisen in der menschlichen Geschichte zu bewältigen.

- *Fakt:* Die belastbaren, fundierten Prinzipien der wissenschaftlichen Methode verfügen über eine eingebaute Selbstkorrektur von Fehlannahmen.
- *Fakt:* Seit 300 Jahren basieren unsere Entscheidungen über das Leben, Regierungen und Zivilisationen auf unserem Selbstbild und unserer Weltsicht; dieses Wissen gründet sich aber auf Fehlannahmen einer überholten Wissenschaft.

■ Tiefe Wahrheit 3:

Damit wir die Krisen bewältigen, die unser Überleben bedrohen, müssen wir uns gegenseitig partnerschaftlich unterstützen und gemeinsam daran arbeiten, uns an die Veränderungen anzupassen, anstatt mit dem Finger auf andere zu zeigen und uns in Schuldzuweisungen zu ergehen; das erschwert solche überlebensnotwendigen Allianzen.

- *Fakt:* Wir müssen unbedingt saubere, umweltfreundliche und nachhaltige Methoden der Versorgung mit Nahrung, Strom und Brennstoff für die derzeit 7 Milliarden Menschen auf der Erde finden.

- *Fakt:* Auch wenn das Industriezeitalter sicherlich mit schuld an den Treibhausgasen ist, wurde der derzeit zu beobachtende Klimawandel nicht vom Menschen verursacht.

- *Fakt:* Wissenschaftliche Belege über 420.000 Jahre Erdklima weisen nach, dass etwa 100.000 Jahre andauernde zyklische Erwärmungs- und Abkühlungsphasen auftraten, als es noch überhaupt keine Menschen gab.

- *Fakt:* Die Zyklen der Erderwärmung im Lauf der letzten 420.000 Jahre weisen darauf hin, dass der Anstieg der Treibhausgase sogar um etwa 800 Jahre den Temperaturanstiegen hinterherhinkt.

- *Fakt:* Wir müssen in einem bisher nie da gewesenen Maß auf Allianzen, Synergien und Teamwork setzen, um nachhaltige Lebensweisen zu entwickeln; nur so können wir uns den natürlichen zyklischen Veränderungen anpassen und auch die menschengemachten Krisen angehen.

Tiefe Wahrheit 4:

Neue Entdeckungen über hoch entwickelte Zivilisationen gegen Ende der letzten Eiszeit lassen erkennen, wie wir heute Krisen bewältigen können, mit denen auch unsere Vorfahren damals konfrontiert waren.

- *Fakt:* Die traditionelle Zeitachse der Geschichte wird durch die Entdeckung von Zivilisationen, die gegen Ende der letzten Eiszeit gelebt haben, auf den Kopf gestellt.

- *Fakt:* Neue wissenschaftliche Entdeckungen stützen das zyklische Weltbild der indigenen Kulturen: Diese wissen um den Aufstieg und Fall von Zivilisationen, um katastrophale Krisen und die Wiederkehr von Konsequenzen unserer schlechten Entscheidungen.

- *Fakt:* Seit es Menschen auf der Erde gibt, haben wir immer wieder globale Zyklen, die uns als Lektionen dienen können, zum Beispiel:

  – zwei 100.000-Jahres-Zyklen von Eiszeiten; Veränderung der Umlaufbahn der Erde um die Sonne (Exzentrizität)
  – fünf 41.000-Jahres-Zyklen durch Neigung der Erdachse
  – vierzig Zeitalter-Zyklen von jeweils 5125 Jahren
  acht axiale Präzessions-Zyklen von jeweils 25.695 Jahren (vollständige Kreiselbewegung der Erde im Orbit)

■ Tiefe Wahrheit 5:

Immer mehr Daten aus allen möglichen Wissenschaftsdisziplinen – Daten, die mithilfe moderner Technologien gewonnen werden – lassen kaum mehr Zweifel daran aufkommen, dass der Mensch keine Lebensform ist, die sich willkürlich und über lange Zeit evolutionär entwickelt hat, sondern von seinem »Design« her »auf einmal« da war.

- *Fakt:* In der Diskussion über den Ursprung von uns Menschen muss zwischen Indizien und Beweisen unterschieden werden.

- *Fakt:* Da kein lebender Mensch die Anfänge der Menschheit miterlebt hat, also keine Behauptungen bezeugen kann, müssen wir unsere Erklärungen über die menschliche Existenz auf Indizien gründen.

- *Fakt:* Neue Hinweise stützen nicht die traditionelle These, dass die Evolution durch natürliche Auslese auch für den Menschen gilt.

- *Fakt:* Die heute auf der Erde lebenden Tierarten entwickelten sich größtenteils während des biologischen »Urknalls«, der Kambrischen Explosion vor etwa 154 Millionen Jahren.

- *Fakt:* Biologische Informationen sind in der DNA organisiert, und es gibt jede Menge Beispiele für die nicht reduzierbare Komplexität von Prozessen; auch das ist ein weiterer Hinweis darauf, dass sich der Mensch nicht als »Zufallstreffer« entwickelt haben kann.

- *Fakt:* Der moderne Mensch tauchte vor etwa 200.000 Jahren auf der Erde auf; wir sind heute noch mit diesen Frühmenschen praktisch identisch.

- *Fakt:* Die Wissenschaft findet vielleicht nie heraus, was oder auch wer für die Entstehung des Menschen verantwortlich ist, aber es gibt deutliche Hinweise auf ein Intelligentes Design.

■ Tiefe Wahrheit 6:

In mehr als 400 von Experten begutachteten Studien kam man zu dem Schluss, dass gewaltsam ausgetragener Wettstreit und Krieg unseren tiefsten Kooperations- und Nährinstinkten komplett widersprechen. Anders ausgedrückt: Ganz tief in uns sind wir schlicht und ergreifend nicht auf Krieg eingestellt!

- *Fakt:* Wissenschaftliche Untersuchungen weisen schlüssig nach, dass die Natur auf Kooperation und gegenseitige Hilfe setzt und nicht auf gewaltsamen Konkurrenzkampf und Krieg.

- *Fakt:* Die menschliche Zivilisation der letzten 150 Jahre basiert auf gewaltsamem Konkurrenzkampf und den Fehlannahmen des sogenannten Sozialdarwinismus, auch bekannt als »Überleben des Stärkeren«.

- *Fakt:* Der Mensch neigt von Natur aus nicht zu Gewaltanwendung, kann aber gewalttätig werden, wenn er sich selbst, seine Familie oder seine Lebensweise bedroht sieht.

- *Fakt:* Kriege in großem Ausmaß sind anscheinend eine angelernte Reaktion auf lebensbedrohliche Herausforderungen, aber kein menschlicher Charakterzug.

Diese sechs tiefen Wahrheiten beruhen auf wissenschaftlichen Fakten, und wir können sie bei der Bewältigung der uns bevorstehenden Probleme nicht mehr ignorien. Unsere Lebensweise, Problemlösungen und Gemeinschaften, Nationen und Kulturen basieren auf unserer Sichtweise des Menschen; deshalb ist es so wichtig wie nie zuvor, diese Wahrheiten zu berücksichtigen. Anstatt die weltweiten Krisen als Hindernisse zu betrachten, stellt sich vielleicht heraus, dass sie uns eine Tür öffnen, die wir durchschreiten müssen, damit es schneller vorangeht.

In meinem Buch »The Divine Matrix« (2007; dt. Ausg.: »Im Einklang mit der göttlichen Matrix: Wie wir mit allem verbunden sind«, 2007) habe ich von einem Freund berichtet, der alles, was ihm lieb und teuer war – seine Karriere, seine Freunde, seine Familie –, aufgab und in den wilden und schönen Norden von New Mexico zog. Ich fragte ihn, warum er so viel hinter sich gelassen hatte, um alleine in der Hochwüste zu leben.

Er erzählte mir, er wolle seinen »spirituellen Weg« finden. Und im selben Atemzug sagte er, er könne sich noch nicht auf die Suche nach seinem neuen Weg machen, weil ihm anscheinend zu viele Probleme »im Weg standen«: Er hatte Probleme mit seiner Familie, die er verlassen hatte; seine geschäftlichen Pläne für die Zukunft schienen festgefahren zu sein; und durch den Stress mit dem Umzug und seinen Problemen kamen wiederum gesundheitliche Beschwerden hinzu. Und die Baufirmen, die sein neues, spirituelles Zuhause bauen sollten, schienen ganz andere Vorstellungen von Termin- und Zeitplänen zu haben, als es seiner Meinung nach abgesprochen war. Er war offensichtlich ziemlich frustriert.

Ich will mit dieser Geschichte auf etwas hinweisen, das angesichts der heutigen Lage der Welt vielleicht noch größere Bedeutung hat:

Aus meiner Sicht können wir gar nicht anders als einen spirituellen Weg gehen. Als spirituelle Wesen können wir nur spirituelle Erfahrungen machen. Egal wie das Leben ausschaut, wie viele Hindernisse uns im Weg stehen und wie tief sich das Universum gegen uns »verschworen« hat, damit wir uns nicht auf unsere spirituelle Reise machen können: Es ist unmöglich, all das, was jeden Tag geschieht, von unserem spirituellen Weg zu trennen – ja genau das *ist* unser spiritueller Weg.

Das sagte ich meinem Freund. Und auch heute sage ich, dass der Zustand unserer Welt kein Zufall ist. Alles was passiert, geschah nicht über Nacht und geht auch nicht einfach wieder weg. Ich wiederhole: Es kann kein Zufall sein, dass so viele Krisen innerhalb so kurzer Zeit gleichzeitig auftreten. Jetzt, wo wir auf dem Weg von einem Zeitalter ins nächste sind, müssen wir Entscheidungen treffen, die mit bestimmen, wie das nächste Zeitalter aussehen wird. Lassen wir unsere große Bestimmung zu – oder besiegeln wir unser Schicksal voller Krieg und Leiden?

In welche Richtung geht es weiter?

In diesem Buch geht es zweifellos um große Ideen. Angesichts all der Krisen, von denen hier die Rede war, fühlen wir uns schnell überfordert, klein und ohnmächtig. Dabei haben wir bei vielen Themen die wirklich tiefen Aspekte bislang nur »angekratzt«.

Überall auf der Welt herrscht Einigkeit, dass wir vor wirklich schlimmen Krisen stehen. Die Probleme sind anscheinend so groß, dass »der Einzelne da nicht wirklich etwas bewirken kann«. Wo sollten wir auch anfangen? Die Antwort auf diese Frage ist kurz; für manche Menschen klingt sie vielleicht zu einfach. Doch dank der schlichten und eleganten Wege der Natur können auch kleine Erfahrungen große Veränderungen bewirken, denn die tagtäglichen Alltagsentscheidungen vieler Menschen kommen zusammen und bilden die kollektive Antwort auf die aktuellen Krisen.

> Die Entscheidungen jedes einzelnen Menschen bilden die kollektive Antwort auf die Fragen unserer Zeit.

Wie wir unser Leben leben, wofür wir uns entscheiden – für Kooperation oder Konkurrenz, für die Macht der Liebe oder der Angst –, prägt das Feld, das alles miteinander verbindet. Diese Entscheidungen zeigen sich letztendlich auch in unserer Krisenbewältigung. Eines möchte ich hier aber deutlich machen: Das heißt keineswegs, dass wir nichts tun – im Gegenteil! Hier geht es ums Handeln im Alltag.

Tag für Tag haben wir die Macht, anderen zu helfen oder sie zu behindern. Treten wir auf die Bremse, damit der Fahrer vor uns doch noch sicher die Ausfahrt nehmen kann, die er zu spät gesehen hat? Oder setzen wir unser und sein Leben aufs Spiel, indem wir einfach auf unserer Spur weiterrasen, weil der andere uns »geschnitten« hat? Lassen wir uns vom unfreundlichen Verkäufer beleidigen, der offenbar einen schlechten Tag hat, oder erkennen wir, dass seine Unhöflichkeit nichts mit uns persönlich zu tun hat?

Diese »Kohärenz der Herzen« funktioniert nach meiner Erfahrung in allen möglichen Situationen: von der Vorstandssitzung bis hin zum Zusammensein mit 5000 Theaterbesuchern. Wenn wir uns ändern, verwandelt sich auch die Welt. Es ist nachgewiesen, dass alle Herzen über ein Feld miteinander verbunden sind; da geht es weniger darum, wie wir »sie« erreichen können – all die Firmen- und Staatschefs zum Beispiel –, sondern mehr darum, welche Qualitäten wir in dieses Quantenfeld bzw. die energetische Matrix, die uns alle miteinander verbindet, einbringen.[15]

Wenn wir aufgrund der tiefen Wahrheiten unser Selbstbild verändern, durchzieht das unseren ganzen Alltag. Die folgenden Kategorien sollen beispielhaft aufzeigen, wie alltägliche Entscheidungen die Welt verändern können. Genau diese Entscheidungen sorgen dafür, dass die Waage in Krisenzeiten zugunsten von Frieden, Ausgewogenheit und Leben ausschlägt.

■ Medien:

Die Nachweise häufen sich, dass wir mit Bildern und Worten die Realität beeinflussen. Da stellt sich eine wichtige Frage: Geht es lediglich um Unterhaltung, wenn wir uns mit Freunden oder der Familie einen Film anschauen oder Radio hören? Oder schaffen wir dadurch – wie Studien aufgezeigt haben – die Bausteine, aus denen unsere Welt besteht? Es ist auffallend, wie viele Parallelen es zwischen all den Weltuntergangsszenarien in den Filmen gegen Ende des 20. Jahrhunderts und den aktuellen Krisen gibt – was diesen Punkt unterstreicht. Welche Medien wir konsumieren, ist also wichtig. Wenn wir uns entscheiden, positive, lebensbejahende Bilder und Ergebnisse zu unterstützen, senden wir eine deutliche Botschaft an die Filmproduzenten.

■ Nahrung:

Wir können viel für unsere Gesundheit tun und bewussten Handel unterstützen, indem wir Lebensmittel von regionalen Bio-Produzenten kaufen. Durch lokal angebaute Lebensmittel sorgen wir dafür, dass Unmengen an Kohlendioxid-Emissionen, die durch den Transport von außersaisonalen Früchten und Gemüsesorten per Flugzeug, Schiff und Lastwagen vom anderen Ende der Erde in unsere Supermärkte anfallen, eingespart werden. Inzwischen bieten fast alle Lebensmittelgeschäfte auch Bio-Produkte an, mit einem Etikett, das über die wichtigsten Produktdaten informiert. Keine Frage, dass auch Restaurants bevorzugt werden sollten, die vollwertige Speisen anbieten und Wert auf hohe Qualität legen.

■ Geschäftsleben:

Kein Mensch will zurück zur »primitiven« Lebensweise der Vergangenheit, und das muss ja auch nicht sein. Doch wir sollten uns genau überlegen, wie und womit wir unser Zuhause und unsere Büros einrichten. So können wir beispielsweise Recycling-Papierprodukte kaufen, damit nicht so viele Bäume gefällt werden müssen. Flaschen und Joghurtbecher etc. gibt es aus recycelten Materialien oder als Pfandgut, damit unsere ohnehin knappen Rohstoffe nicht unnötig verschwendet werden.

■ **Bewusstes Leben:**
Jede Menge Ratgeberliteratur hilft uns, bewusste Entscheidungen zu treffen. Dieses Buch gibt Leitlinien für ein Umdenken an die Hand. Andere Autoren wollen mit ihrer Arbeit ein tieferes Verständnis für ein bewusstes Leben schaffen. Menschen lernen auf unterschiedliche Weise, und zum Glück gibt es unzählige Wege hin zum Aufbau der kollaborativen und kooperativen neuen Welt. Die nachfolgend vorgestellten Bücher sind gut geschrieben und behandeln bestimmte Gebiete eines bewussten Lebens:

Lester R. Brown, *Plan B 4.0: So retten wir unsere Welt!* (2010)
Doc Childre und Howard Martin, *Die HerzIntelligenz-Methode. Gesundheit stärken, Probleme meistern – mit der Kraft des Herzens* (2010)
Doc Childre und Deborah Rozman, *Stressfrei mit Herzintelligenz: Gelassen und voller Energie in 5 Schritten* (2010)
Duane Elgin, *Das lebendige Universum: Woher wir kommen. Wohin wir gehen* (2010)
Duane Elgin, *Ein Versprechen für die Zukunft: Eine hoffnungsvolle Vision für das Fortbestehen unseres Planeten* (2004)
Bruce Lipton, *Intelligente Zellen: Wie Erfahrungen unsere Gene steuern* (2009)
Bruce Lipton und Steve Bhaerman, *Spontane Evolution: Wege zum neuen Menschen* (2010)

Wir haben die Wahl

Zu Beginn dieses Buches habe ich die Frage aller Fragen gestellt – die Frage, auf die es bislang keine Antwort gibt …, die sich in jeder unserer Herausforderungen zeigt, mit denen wir auf die Probe gestellt werden …, die hinter allen unseren Wahlmöglichkeiten und Entscheidungen steht: *Wer sind wir?*

Wie dieses Buch aufgezeigt hat, ist es nicht nur *wichtig,* eine Antwort auf diese Frage zu finden; es ist notwendig, ja sogar *überlebensnotwendig.* Wie die Antwort ausfällt, entscheidet über unsere Sicht- und Lebensweise. Sie spiegelt sich in allem wider: unserer Fürsorge für uns und unsere Kinder, aber auch für unsere alten Eltern. Sie bildet die Grundlage und den Rahmen dafür, wie wir Ressourcen wie Nahrung, Wasser, Medizin und andere lebensnotwendigen Dinge allen zugänglich machen; wann und warum Kriege geführt werden; worauf sich unsere Wirtschaft gründet; was wir über unsere Bestimmung und unser Schicksal glauben; wann ein Menschenleben gerettet und wann es beendet wird. Diese Antwort bildet also den Kern der menschlichen Zivilisation.

Wer sind wir also? Wahrscheinlich ist uns die Antwort intuitiv schon immer klar, doch nun hat die Wissenschaft dieses tiefe Wissen in uns bestätigt.

Wer sind wir?

Wir sind geheimnisvolle Wesen mit einem geheimnisvollen Ursprung.

Vor etwa 200.000 Jahren kamen wir auf die Erde, mit eben dem Aussehen, das wir auch heute noch haben. Aus unseren Körpern sprach unmissverständlich ein Intelligentes Design. Von Anbeginn an »sprachen« wir die stille Sprache des Herzens, das mit den Feldern kommuniziert, aus denen alles entsteht und die alles miteinander verbinden.

Wir haben hoch entwickelte Zivilisationen errichtet, die mindestens bis zum Ende der letzten Eiszeit zurückreichen, wahrscheinlich sogar noch weiter. Wir sind friedliebende Wesen, die zu Gewalt greifen, wenn wir um das eigene Leben, das unserer Familien und um unsere Lebensweise fürchten.

Die Gewohnheit, große Kriege zu führen, haben wir erst im Lauf der letzten 5125 Jahre des derzeitigen Zeitalters entwickelt. Die nicht mehr haltbaren Zustände in der Welt brachten uns an Krisenpunkte, an denen wir entweder unseren wahren Ursprung und unsere wahre Geschichte erkennen und unsere höchste Bestimmung erfüllen oder diese Wahrheiten leugnen und unserem dunkelsten Schicksal erliegen.

Jetzt da wir eine Antwort auf die Frage haben, wer wir sind, stellt sich die nächste große Frage über unsere Zukunft. Was werden wir denen hinterlassen, die uns einmal ihre Vorfahren nennen? Wird in den Geschichtsbüchern unserer Kindeskinder stehen, dass für uns Kooperation wichtiger war als Konkurrenzkampf und dass wir gelernt haben, zu lieben, anstatt in Furcht und Angst zu leben? Oder wird da zu lesen sein, wir hätten die größte Chance in den 5000 Jahren der Menschheitsgeschichte verpasst: die Chance, die falschen Überzeugungen der Vergangenheit loszulassen und sie durch Wahrheiten zu ersetzen, die uns zu unserer höchsten Bestimmung führen?

Wir haben diese Fragen bereits mit Worten beantwortet. Jetzt müssen wir das Gesagte auch leben. Werden wir die neue Welt, die sich da entwickelt, auf die tiefen Wahrheiten unserer Existenz gründen?

Es wird nicht mehr lange dauern, bis wir es wissen.

Anmerkungen

Einleitung

1. Das Institute for Public Policy Research in Britain, das Center for American Progress in the U.S., und das Australia Institute haben eine unabhängige Projektgruppe zur Erforschung der Erderwärmung ins Leben gerufen; sie setzt sich aus Politikern, Wissenschaftlern und Geschäftsleuten zusammen und wird geleitet von Stephen Byers und der US-Senatorin Olympia Snowe. Report: *Global Warming Near Critical Point* (Associated Press, 24. Januar 2005). Gefunden auf: http://www.msnbc.com/id/6863557/ns/us_news-environment.
2. Albert Einstein, zitiert nach: *Atomic Education Urged by Einstein* (The New York Times, 25. Mai 1946), später zitiert nach Michael Amrine, *The Real Problem Is in the Hearts of Man* (The New York Times Magazine, 23. Juni 1946).

• • •

Kapitel 1

1. Deutsche Übersetzung nach der amerikanischen Ausgabe: Michael Crichton, *Sphere* (New York: Alfred A. Knopf, 1987, S. 348 f.). – Dt. Ausg.: *Sphere: Die Gedanken des Bösen* (Reinbek: Wunderlich, 1988). – Allgemeine Anmerkung der dt. Red.: Wenn nicht anders angegeben, wurden Zitate direkt aus dem Englischen/Amerikanischen ins Deutsche übersetzt und nicht laut einer eventuell erhältlichen deutschen Ausgabe wiedergegeben.
2. Jonathan Sarfati, *Archbishop's Achievement: James Ussher's Great Work Annals of the World Is Now Available in English* (Creation Ministries International). http://creation.com/archbishops-achievement.
3. Ebenda.
4. Thomas Hunt Morgan, *Evolution and Adaptation* (New York: The Macmillan Company, 1903, S. 43).

5. Auf Deutsch zitiert nach: http://www.zeNr.org/Philosophie/M/Darwin,+Charles/%C3%9Cber+die+Entstehung+der+Arten/10.+Unvollst%C3%A4ndigkeit+der+geologischen+Urkunden. – Quelle: Charles Darwin, *Über die Entstehung der Arten durch natürliche Zuchtwahl oder die Erhaltung der begünstigten Rassen im Kampfe um's Dasein* (Stuttgart [9]1899, S. 357–390; Seitenangaben sind online nur kapitelweise, daher nicht exakt anzugeben). – Anm. der dt. Red.: An einzelnen Stellen der Darwin-Zitate wurden veraltete Schreibweisen nicht übernommen, sondern angepasst.
6. *Evolution and Adaptation,* S. 43.
7. University of Glasgow, *Rare Tests on Neanderthal Infant Sheds Light on Early Human Development* (ScienceDaily, 4. April 2000). http://www.sciencedaily.com/releases/2000/03/000331091126.htm.
8. Ebenda.
9. Hillary Mayell, *Neandertals Not Our Ancestors, DNA Study Suggests* (National Geographic News, 14.05.2003). http://news.nationalgeographic.com.
10. Yuxin Fan, Tera Newman, Elena Linardopoulou, Barbara J. Trask, *Gene Content and Function of the Ancestral Chromosome Fusion Site in Human Chromosome 2q13-2q14.1 and Paralogous Regions* (Genome Research, Bd. 12, Cold Spring Harbor Laboratory Press, 2002, S. 1663–1672). http://genome.cshlp.org/content/12/11/1663.full.
11. J.W. IJdo, A. Baldini, D.C. Ward, S.T. Reeders, R.A. Wells, *Origin of Human Chromosome 2: An Ancestral Telomere-telomere Fusion* (Proceedings of the National Academy of Sciences of the United States of America, Bd. 88, Nr. 20, 15. Oktober 1991, S. 9051–9055).
12. *Gene Content and Function of the Ancestral Chromosome Fusion Site in Human Chromosome 2q13-2q14.1 and Paralogous Regions.*
13. *Origin of Human Chromosome 2: An Ancestral Telomere-telomere Fusion.*

• • •

Kapitel 2

1. *The Human Experience* (Regie: Charles Kinnane; Grassroots Films, 2011). http://www.grassrootsfilms.com/films.html.
2. Albert Einstein, *The Theory of Relativity & Other Essays* (New York: MJF Books, 1950, S. 53).

3. Isaac Newton, übersetzt von Andrew Motte, *Newton's Principia: The Mathematical Principles of Natural Philosophy* (erste amerikanische Ausgabe: New York: Daniel Adee, 1846). Abgerufen unter: http://rack1.ul.cs.cmu.edu/is/newton.
4. Lee Gomes, *String Theory Skeptic* (Forbes Magazine, 21. September 2009). http://www.forbes.com/forbes/2009/0921/opinions-peter-woit-physics-ideas-opinions.html.
5. James Le Fanu, *Science's Dead End* (Prospect, Ausgabe 173, 21. Juli 2010). http://www.prospectmagazine.co.uk/2010/07/sciences-dead-end.
6. Ebenda.
7. Tom Abate, *Genome Discovery Shocks Scientists* (San Francisco Chronicle, 11. Februar 2001). http://articles.sfgate.com/2001-02-11/news/17583040_1_chemical-letters-president-of-celera-genomics-human-genome-project. (Anm. d. Übers.: Craig Venter war nicht am Humangenom-Projekt beteiligt, sondern hat ein Konkurrenzprojekt durchgeführt.)
8. Ebenda.
9. Frank L.H. Wolfs, *Appendix E: Introduction to the Scientific Method* (Department of Physics and Astronomy, University of Rochester, New York). http://teacher.pas.rochester.edu/phy_labs/appendixe/appendixe.html.
10. Andrew Curry, *Gobekli Tepe: The World's First Temple?* (Smithsonian Magazine, November 2008). http://www.smithsonianmag.com/history-archaeology/gobekli-tepe.html.
11. Ronald Logan, *Opening Address of the Symposium on the Humanistic Aspects of Regional Development* (Prout Journal, Bd. 6, Nr. 3, September 1993).
12. Michael J. Behe, *Evidence for Intelligent Design from Biochemistry.* Rede bei der »God & Culture Conference« des Discovery Institute (10. August 1996). http://www.arn.org/docs/behe/mb_idfrombiochemistry.htm.
13. Glen Rein und Rollin McCraty, *Structural Changes in Water and DNA Associated with New Physiologically Measurable States* (Journal of Scientific Exploration, Bd. 8, Nr. 3, 1994, S. 438 f.).
14. E.W. Silvertooth, *Special Relativity* (Nature, Bd. 322, 14. August 1986, S. 590).
15. Niels Bohr, *Discussion with Einstein on Epistemological Problems in Atomic Physics*, in: P.A. Schilpp (Hrsg.): *Albert Einstein – Philosopher-Scientist* (1949, S. 240).

16. A.A. Michelson und Edward W. Morley, *On the Relative Motion of the Earth and the Luminiferous Ether* (American Journal of Science, Bd. 34, 1887, S. 333–345).
17. *Special Relativity.*
18. Max Delbrück, *Mind from Matter? An Essay on Evolutionary Epistemology* (Hoboken, NJ: Blackwell Publishers, 1985, S. 167).
19. Peter Machamer, *The Cambridge Companion to Galileo* (Cambridge, U.K.: Cambridge University Press, 1998, S. 64). – Deutsche Quelle: http://www.mathematik.de/ger/allesinne/sprueche/sprueche.html.
20. E.O. Wilson, *Consilience: The Unity of Knowledge* (New York: Vintage Books, 1999, S. v).
21. Anastasia Lebedev, *The Man Who Saved the World Finally Recognized* (MosNews.com, 21. Mai 2004). Aufgefunden auf: http://www.worldcitizens.org/petrov2.html.
22. Ebenda.
23. *The American Heritage College Dictionary* (3. Auflage, Boston: Houghton Mifflin Company, 1993, S. 489).
24. Ibid, S. 1406.
25. Ibid, S. 1096.
26. Sir Martin Rees, Royal Society Research Professor der Cambridge University, siehe Andrew Walker, *Sir Martin Rees: Prophet of Doom?* (BBC News, 25. April 2003). http://news.bbc.co.uk/1/hi/in_depth/uk/2000/newsmakers/2976279.stm.
27. George Musser, *The Climax of Humanity* (Scientific American, Spezialausgabe »Crossroads for Planet Earth«, September 2005, S. 44).
28. Ibid, S. 47.
29. Ibid, S. 47.
30. Tad Williams, *To Green Angel Tower* (Teil 1, New York: DAW Books, 1993, S. 771).

• • •

Kapitel 3

1. *Millennium Ecosystem Assessment (MA) Synthesis Report* der UNESCO (United Nations Educational, Scientific and Cultural Organization).

Der Report wurde von 1300 Wissenschaftlern aus 95 Ländern erarbeitet und warnt davor, die durch die Umweltzerstörung verursachten Schäden könnten sich in den nächsten 50 Jahren erheblich verschlimmern. http://portal.unesco.org/en/ev.php-URL_ID=26641&URL_DO=DO_TOPIC&URL_SECTION=201.html.

2. *The Climax of Humanity*, S. 44–47.
3. Ibid, S. 44.
4. Lindsay Patterson, *Jeffrey Sachs on Trying to Feed 9 Billion People by 2050. – EarthSky: A Clear Voice for Science* (26. Oktober 2009). http://earthsky.org/food/jeffrey-sachs-on-trying-to-feed-9-billion-people-by-2050.
5. Jeffrey Sachs, *Can Extreme Poverty Be Eliminated?* (Scientific American, Sonderausgabe »Crossroads for Planet Earth«, September 2005, S. 56).
6. J.R. Petit u.a., *Climate and Atmospheric History of the Past 420,000 years from the Vostok Ice Core, Antarctica* (Nature, Bd. 399, 3. Juni 1999, S. 429–436). http://www.nature.com/nature/journal/v399/n6735/abs/399429a0.html.
7. Craig Idso, Keith Idso, Sherwood B. Idso, *Ice Core Studies Prove CO_2 Is Not the Powerful Climate Driver Climate Alarmists Make It Out to Be* (CO_2 Science, Bd. 6, Nr. 26, Juni 2003). http://www.co2science.org/articles/V6/N26/EDIT.php.
8. H. Fischer, M. Wahlen, J. Smith, D. Mastroianni, B. Deck, *Ice Core Records of Atmospheric CO_2 Around the Last Three Glacial Terminations* (Science, Bd. 283, Nr. 5408, 1999, S. 1712–1714).
9. Ebenda.
10. Abschlusserklärung Al Gore, *An Inconvenient Truth.* Transkript unter: http://en.wikipedia.org/wiki/An_Inconvenient_Truth.
11. Nicht vollständige Liste von Wissenschaftlern, die über die Erderwärmung eine andere Meinung vertreten als die etablierte Wissenschaft. http://en.wikipedia.org/wiki/List_of_scientists_opposing_the_mainstream_scientific_assessment_of_global_warming.
12. Ebenda.
13. Ebenda.
14. Ebenda.
15. Ebenda.
16. Ebenda.
17. Ebenda.

18. Ebenda.
19. Ebenda.
20. Benito Müller, *No Trust Without Respect: Adaptation Quick Start Funding at the Cross Roads* (Oxford Institute for Energy Studies, März 2010). http://www.oxfordenergy.org/pdfs/comment_01_03_10.pdf.
21. *Lower Missouri River Ecosystem Initiative Final Report 1994–1998* (Version 3, USGS Columbia Environmental Research Center, Dezember 1998). http://infolink.cr.usgs.gov/AboutInfoLINK/lmreifinal.pdf.
22. Ebenda.
23. Emma Woollacott, *Loss of Biodiversity Could Damage World Economy, Says UN* (TG Daily, 11. Mai 2010). http://www.tgdaily.com/sustainability-features/49704-loss-of-biodiversity-could-damage-world-economy-says-un.
24. Niles Eldredge, *The Sixth Extinction* (ActionBioscience.org, American Institute of Biological Sciences, Juni 2001). http://www.actionbioscience.org/newfrontiers/eldredge2.html.
25. Ebenda.
26. *News Release: Experts Warn Ecosystem Changes Will Continue to Worsen, Putting Global Development Goals at Risk* (World Resources Institute, 2005). http://archive.wri.org/news.cfm?id=324.
27. Porter Stansberry, *Time Is Running Out* (Stansberry's Investment Advisory, Januar 2011).
28. *Kitty Williams Finally Tells Her Survivor Tale* (Institute for Holocaust Education). http://ihene.org/nebraska-survivor-stories/kitty-williams-finally-tells-her-survivor-tale.html.
29. Ebenda.
30. Richard C. Cook, *It's Official: The Crash of the U.S. Economy Has Begun* (Center for Research on Globalization, 14. Juni 2007). http://www.globalresearch.ca/index.php?context=va&aid=5964.
31. Ebenda.
32. Lester R. Brown, *Is Our Civilization at a Tipping Point?* (Hunger Notes, World Hunger Education Service). http://www.worldhunger.org/articles/09/editorials/brown_tipping.htm.
33. Lester R. Brown, *Plan B 3.0: Mobilizing to Save Civilization* (New York: W.W. Norton & Company, 2008). – Dt. Ausg.: *Plan B 3.0: So retten wir die Welt* (Kai Homilius Verlag, 2008); neuere Ausg.: *Plan B 4.0.*

34. United Nations Department of Economic and Social Affairs, *Bevölkerungstabellen.* http://www.un.org/esa/population/publications/sixbillion/sixbilpart1.pdf.
35. *Population Growth Rate – The World Factbook* (Central Intelligence Agency). https://www.cia.gov/library/publications/the-world-factbook/rankorder/2002rank.html?countryName=Fiji&countryCode=fj&regionCode=au&rank=136.
36. Joel E. Cohen, *Human Population Grows Up* (Scientific American, Spezialausgabe »Crossroads for Planet Earth«, September 2005, S. 48).
37. *Millennium Ecosystem Assessment (MA) Synthesis Report* (Übersetzung nach MASR 2005, S. 2 ff., plus Ergänzungen). http://www.ufz.de/data/ufz-bericht_02064555.pdf)
38. Ebenda.

•••

Kapitel 4

1. Robert M. Schoch, *The Great Sphinx.* Offizielle Website von Robert M. Schoch: http://www.robertschoch.com/sphinxcontent.html.
2. Ebenda.
3. Ebenda.
4. Ebenda.
5. Ebenda.
6. Eine Beschreibung der Ausgrabungen mit Bildern der Grabungsstätte und einem Interview mit dem leitenden Archäologen Klaus Schmidt. Sean Thomas, *Gobekli Tepe: Paradise Regained?* (Fortean Times UK) http://www.forteantimes.com/features/articles/449/gobekli_tepe_paradise_regained.html. – Zusätzliche dt. Quelle: K. Schmidt, *Sie bauten die ersten Tempel* (Deutscher Taschenbuch Verlag, 2008).
7. Ebenda.
8. Patrick Symmes, *History in the Remaking* (Newsweek, 19. Februar 2010). http://www.newsweek.com/2010/02/18/history-in-the-remaking.html.
9. Ebenda.
10. Ebenda.
11. K. Pustovoytov, K. Schmidt, H. Parzinger, *Radiocarbon Dating of Thin*

Pedogenic Carbonate Laminae from Holocene Archaeological Sites (Holocene, Bd. 19, 1. Dezember 2009, S. 1153–1160).
12. Radio Carbon Context Database: http://context-database.uni-koeln.de/c14.php?vonsite=389.
13. Robert M. Schoch, *Turkey.* Offizielle Website von Robert M. Schoch: http://www.robertschoch.com/turkey.html.
14. Ebenda.
15. Tom Housden, *Lost City »Could Rewrite History«* (BBC News, 19. Januar 2002). http://news.bbc.co.uk/2/hi/south_asia/1768109.stm.
16. Ebenda.
17. Ebenda.
18. Ebenda.
19. Beschreibung mit Fotos von Caral. http://www.go2peru.com/caral.htm.
20. Michael D. Coe, *Breaking the Maya Code* (New York: Thames & Hudson, 1999, S. 61).
21. Richard L. Thompson, *Mysteries of the Sacred Universe: The Cosmology of the Bhagavata Purana* (Alachua, FL: Govardhan Hill Publishing, 2000, S. 225).
22. Albert Einstein, zitiert nach: *Atomic Education Urged by Einstein* (The New York Times, 25. Mai 1946), später zitiert nach: Michael Amrine, *The Real Problem Is in the Hearts of Man* (The New York Times Magazine, 23. Juni 1946).
23. H.G. Wells, *The Outline of History: The Whole Story of Man* (New York: Garden City Books, 1949, Kapitel 40.4). http://www.ibiblio.org/pub/docs/books/sherwood/Wells-Outline/Text/Part-II.htm.

• • •

Kapitel 5

1. William Paley, *Natural Theology* (New York: Oxford University Press, 2006). Online-Diskussion der Analogie Gott – Uhrmacher: http://en.wikipedia.org/wiki/Watchmaker_analogy.
2. Ebenda.
3. Ebenda.
4. Richard Dawkins, *The Blind Watchmaker: Why the Evidence Reveals a*

Universe Without Design (New York: W.W. Norton & Company, 1986, S. 5). http://hyperphysics.phy-astr.gsu.edu/nave-html/faithpathh/dawkins.html. – Zitiert nach der dt. Ausg.: *Der blinde Uhrmacher* (dtv Sachbuch, Mai 1990, S. 19).

5. Lee Thayer, *Pieces: Toward a Revisioning of Communication/Life* (Greenwich, CT: Ablex Publishing Corporation, 1997, S. 62).
6. Ebenda.
7. Søren Kierkegaard zugeschrieben. http://www.goodreads.com/quotes/show/204183. – Anm. der dt. Red.: Das Zitat ist unter diversen Autorennamen zu finden (z. B. Alan Watts in »Das Tao der Philosophie«; siehe auch am Anfang von Kapitel 5 dieses Buches).
8. *Viking Mission Objectives Summary* (National Aeronautics and Space Administration, Planetary Data System). http://starbrite.jpl.nasa.gov/pds/viewMissionProfile.jsp?MISSION_NAME=VIKING.
9. *Did Viking Mars Landers Find Life's Building Blocks? Missing Piece Inspires New Look at Puzzle* (ScienceDaily, 25. September 2010). http://www.sciencedaily.com/releases/2010/09/100904081050.htm.
10. Richard E. Dickerson und Irving Geis, *Chemistry, Matter, and the Universe* (Menlo Park, CA: Benjamin-Cummings Publishing, 1976, S. 529).
11. Erwin Schrödinger, *What Is Life? With »Mind and Matter« and »Autobiographical Sketches«* (Cambridge, U.K.: Cambridge University Press, 1992). http://dieoff.org/page150.htm. – Zitiert nach der dt. Ausg.: *Was ist Leben* (Serie Piper, Neuausgabe 1989, S. 100).
12. Daniel E. Koshland, Jr., *The Seven Pillars of Life* (Science, Bd. 295, Nr. 5563, 22. März 2002, S. 2215 f.). http://www.sciencemag.org/content/295/5563/2215.full.
13. *Roe v. Wade*, U.S. Supreme Court, Case 410 U.S. 113 (1973). http://www.law.cornell.edu/supct/search/display.html?terms=abortion&url–/supct/html/historics/USSC_CR_0410_0113_ZO.html.
14. Ebenda.
15. Kenneth T. Walsh, *Abortion, Gay Rights Are Back Ahead of 2012 Election* (U.S. News & World Report, 10. März 2011). http://www.usnews.com/news/articles/2011/03/10/abortion-gay-rights-are-back-ahead-of-2012-election.
16. Biological criteria for life. *Britannica Online Encyclopedia.* http://www.britannica.com/EBchecked/topic/340003/life.

17. Bruce Lipton, *The Biology of Belief: Unleashing the Power of Consciousness, Matter & Miracles* (Santa Rose, CA: Mountain of Love/Elite Books, 2005, S. 67–69). – Dt. Ausg.: *Intelligente Zellen: Wie Erfahrungen unsere Gene steuern* (Burgrain: Koha Verlag, 2009).
18. Nadine L. Vastenhouw, Yong Zhang, Ian G. Woods, Farhad Imam, Aviv Regev, X. Shirley Liu, John Rinn, Alexander F. Schier, *Chromatin Signature of Embryonic Pluripotency Is Established During Genome Activation* (Nature, Bd. 464, 8. April 2010, S. 922–926).
19. Ebenda.
20. *Intelligente Zellen: Wie Erfahrungen unsere Gene steuern.*
21. Elise Kleeman, *When Does a Fetus Feel Pain?* (Discover, Dezember 2005). http://discovermagazine.com/2005/dec/fetus-feel-pain.
22. Christof Koch, *When Does Consciousness Arise in Human Babies?* (Scientific American, 2. September 2009). http://scientificamerican.com/article.cfm?id=when-does-consciousness-arise.
23. Erklärung zur Eröffnung von »The Origin of Species«, letzte Episode der Serie *The Outer Limits,* 4. Staffel. http://homepage.eircom.net/~odyssey/Quotes/Popular/SciFi/Outer_Limits.html. – Dt. Titel der Serie: *Die unbekannte Dimension.*
24. Vollständige Werke Darwins (auf Englisch) online: http://darwin-online.org.uk/contents.html.
25. *On the Origin of Species,* S. xii. – Dt. Zitat aus: Charles Darwin, *Über die Entstehung der Arten durch natürliche Zuchtwahl oder die Erhaltung der begünstigten Rassen im Kampfe um's Dasein* (Stuttgart [9]1899, S. 21).
26. Ibid, S. 246. – Dt. Zitat aus: Charles Darwin, *Über die Entstehung der Arten* (s.o.), 15. Capitel: Allgemeine Wiederholung und Schluss. – http://www.zeNr.org/Philosophie/M/Darwin,+Charles/%C3%9Cber+die+Entstehung+der+Arten/15.+Allgemeine+Wiederholung+und+Schluss.
27. Beschreibung des Miller-Urey-Experiments. http://www.chem.duke.edu/~jds/cruise_chem/Exobiology/miller.html.
28. Merkmale von Hominiden, u.a. Gehirnkapazität. http://en.wikipedia.org/wiki/Template:Homo.
29. *On the Origin of Species,* S. 89. – Dt. Zitat aus: Charles Darwin, *Über die Entstehung der Arten,* S. 188–233. – http://www.zeNr.org/Philosophie/M/Darwin,+Charles/%C3%9Cber+die+Entstehung+der+Arten/6.+Schwierigkeiten+der+Theorie.

30. Stephen Jay Gould, *Wonderful Life: The Burgess Shale and the Nature of History* (New York: W.W. Norton & Company, 1989, S. 24).
31. Steven M. Stanley, *Macroevolution: Pattern and Process* (San Francisco: W.M. Freeman and Co., 1979, S. 39).
32. *Explosion of Life* (The Shape of Life, PBS). http://www.pbs.org/kcet/shapeoflife/episodes/explosion.html.
33. *On the Origin of Species,* S. 151. – Dt. Zitat aus: Charles Darwin, *Über die Entstehung der Arten,* S. 357–390. – http://www.zeNr.org/Philosophie/M/Darwin,+Charles/%C3%9Cber+die+Entstehung+der+Arten/10.+Unvollst%C3%A4ndigkeit+der+geologischen+Urkunden.
34. Definition des Intelligenten Designs: The Discovery Institute, Center for Science and Culture. http://www.discovery.org/csc/topQuestions.php.
35. *On the Origin of Species,* S. 82. – Dt. Zitat aus: Charles Darwin, *Über die Entstehung der Arten,* S. 188–233. – http://www.zeNr.org/Philosophie/M/Darwin,+Charles/%C3%9Cber+die+Entstehung+der+Arten/6.+Schwierigkeiten+der+Theorie.
36. Francis Crick, *Life Itself: Its Origin and Nature* (New York: Simon & Schuster, 1981, S. 88).
37. I.L. Cohen, *Darwin Was Wrong: A Study in Probabilities* (Greenvale, NY: New Research Publications, 1984, S. 4–5 und 8).
38. James D. Watson, Tania Baker, Stephen P. Bell, Alexander Gann, Michael Levine und Richard Losick, *Molecular Biology of the Gene* (Menlo Park, CA: W. A. Benjamin, 1977, S. 69). – Dt. Ausg.: *Molekularbiologie* (Pearson Studium Verlag, 6. aktualisierte Auflage 2010).
39. Alice Calaprice (Hrsg.), *The Expanded Quotable Einstein* (Princeton, NJ: Princeton University Press, 2000, S. 220). – Dt. Ausg.: *Einstein sagt: Zitate, Einfälle, Gedanken* (2005).

• • •

Kapitel 6

1. Zugeschrieben: David Samuel »Sam« Peckinpah, amerikanischer Filmemacher und Drehbuchautor. http://www.quotegarden.com/violence.html.
2. R. Brian Ferguson, *The Birth of War* (Natural History, Bd. 112, Nr. 6, Juli/August 2003, S. 28–35).

3. Ebenda.
4. Steven Pinker, *Why Is There Peace?* (The Greater Good Science Center, University of California–Berkeley, 1. April 2009). http://greatergood.berkeley.edu/article/item/why_is_there_peace.
5. Catherine Philip, *Barack Obama's Peace Prize Starts a Fight* (The Sunday Times, 10. Oktober 2009). http://www.timesonline.co.uk/tol/news/world/us_and_americas/article6868905.ece.
6. Ebenda.
7. Vollständiger Text von *Obama's Nobel Peace Prize Speech* (Das Weiße Haus auf MSNBC.com). http://msnbc.msn.com/id/34360743/ns/politics-white_house. – Auf Deutsch wörtlich übernommen von: http://www.welt.de/politik/ausland/article5490579/Seine-Rede-zum-Friedensnobelpreis-im-Wortlaut.html.)
8. Ebenda.
9. Ebenda.
10. *The Birth of War.*
11. Ebenda.
12. Andrew J. Pierre, *The Cold and the Dark: The World after Nuclear War* (Foreign Affairs Buchbesprechung, Herbst 1984). http://www.foreignaffairs.com/articles/38893/andrew-j-pierre/the-cold-and-the-dark-the-world-after-nuclear-war.
13. Buckminster Fuller, *The New Yorker* (8. Januar 1966). Gefunden auf: http://www.quotationspage.com/quote/24952.html.
14. Alice Calaprice (Hrsg.), *The New Quotable Einstein* (Princeton, NJ: Princeton University Press, 2005, S. 173).
15. Richard Lawrence (Übers.), *The Book of Enoch the Prophet* (San Diego: Wizards Bookshelf Secret Doctrine Reference Series, 1983, S. iv). – Dt. Ausg.: Katja Wolff (Hrsg.): *Das Buch Henoch* (2010).
16. *The Book of Enoch the Prophet,* S. iv–v.
17. Ibid, S. 1.
18. Ibid, S. 77.
19. Ibid, S. 9.
20. Ibid, S. 85.
21. Ibid, S. 47 f.
22. Ibid, S. 47.
23. Hl. Thomas von Aquin (*Summa Contra Gentiles,* Bd. 11), zitiert nach:

Arthur O. Lovejoy, *The Great Chain of Being: A Study of the History of an Idea* (Cambridge, MA: Harvard University Press, 1936, S. 76).

24. Dieses Zitat ist Francis Bacons klassischem Text über die menschliche Natur entnommen: *Of Goodness and Goodness of Nature.* Dieses bestimmte Kapitel (XIII)– *Essays, Civil and Moral* – ist (auf Englisch) online zugänglich als Teil der Harvard Classics Series (1909–1914). http://www.bartleby.com/3/1/13.html.
25. Von Richard Lowry adaptiert nach der Einführung des Herausgebers zur 3. Auflage von: Abraham H. Maslow, *Toward a Psychology of Being* (New York: Wiley, 1999).
26. Ebenda.
27. *The Story of SPC Ross A. McGinnis* (U.S. Army). http://www.army.mil/medalofhonor/mcginnis/profile/index.html.
28. *Man Risked Life Again and Again to Save His Dogs in House Fire* (For the Love of the Dog Blog, 8. November 2007). http://fortheloveofthedog-blog.com/news-updates/man-risked-life-again-and-again-to-save-his-dogs-in-house-fire.
29. Penny Eims, *Man Dies in Fire while Trying to Save His Favorite Dog* (Examiner, 26. Dezember 2010). http://www.examiner.com/dogs-in-national/man-dies-fire-while-trying-to-save-his-favorite-dog.
30. Eric Hobsbawm, *War and Peace in the 20th Century* (London Review of Books, Februar 2002). Hobsbawms Statistiken zeigen, dass bis Ende des 20. Jahrhunderts über 187 Millionen Menschen im Krieg ihr Leben verloren hatten.
31. Matthew White, *Worldwide Statistics of Casualties, Massacres, Disasters and Atrocities* (The Twentieth Century Atlas). Diese Statistiken entstammen einer Pressemitteilung vom 20. Dezember 1999 der Münchner Rück-Versicherung. http://users.erols.com/mwhite28/warstat8.htm.
32. Jonathan Steele, *The Century that Murdered Peace* (The Guardian, 12. Dezember 1999). www.guardian.co.uk/world/1999/dec/12/theobserver4.
33. *On the Origin of Species,* S. 133. – Dt. Zitat aus: Charles Darwin, *Über die Entstehung der Arten,* S. 319. – http://www.zeNr.org/Philosophie/M/Darwin,+Charles/%C3%9Cber+die+Entstehung+der+Arten/8.+Instinct.
34. Adolf Hitler, *Chapter XI: Nation and Race, Mein Kampf,* Bd. 1 *A Reckoning* (1925). http://www.hitler.org/writings/Mein_Kampf/mkv1ch11.html. – Zitiert nach der dt. Ausg.: *Mein Kampf* (1943, 881. Aufl., S. 312).

35. Stéphane Courtois, Nicolas Werth, Jean-Louis Panné, Andrzej Paczkowski, Karel Bartošek, Jean-Louis Margolin, *The Black Book of Communism*, übersetzt von Jonathan Murphy und Mark Kramer (Cambridge, MA: Harvard University Press, 1999, S. 491).
36. Charles Darwin, *The Descent of Man* (Amherst, NY: Prometheus Books, 1998, S. 110). – Zitiert nach der dt. Ausg., online unter: www.aristoteles-heute.de/sein_a/sein_A/bewegt/organisch/allgemein/darwin/mensch/ftp/Darwin.Charles.-.Die.Abstammung.des.Menschen.pdf.
37. Peter Kropotkin, Mutual Aid: *A Factor of Evolution* (1902; Boston: Porter Sargent Publishers, 1976, S. 14).
38. Dr. John Swomley, *Violence: Competition or Cooperation* (Christian Ethics Today 26, Bd. 6, Nr. 1, Februar 2000, S. 20).
39. Ebenda.
40. Ronald Logan, *Opening Address of the Symposium on the Humanistic Aspects of Regional Development* (Prout Journal, Bd. 6, Nr. 3, September 1993).
41. Ebenda.
42. Zugeschrieben Carl Sandburg, aber nach einem deutschen Gedicht Bertolt Brechts umformuliert. http://ask.metafilter.com/56968/What-if.

• • •

Kapitel 7

1. Kevin H. O'Rourke und Jeffrey G. Williamson, National Bureau of Economic Research Working Paper 7632, *When Did Globalization Begin?* (April 2000, European Review of Economic History, Bd. 6, Nr. 1, S. 23–50). http://www.nber.org/papers/w7632.
2. Thomas L. Friedman, *Globalization* (Newsweek, 2010). http://2010.newsweek.com/top-10/most-overblown-fears/globalization.html.
3. Gregory Hale, *No Need to Fear, Globalization Is Here* (InTech, Juni 2008). http://www.isa.org/InTechTemplate.cfm?Section=Talk_To_Me&template=/ContentManagement/ContentDisplay.cfm&ContentID=69717. – Dt. Originalzitat unter: http://www.bundeskanzlerin.de/Content/DE/Archiv16/Rede/2008/04/2008-04-20-merkel-eroeffnung-hannover-messe.html.

4. Gregg Braden, *Fractal Time* (Carlsbad, CA: Hay House, 2009, S. 15). – Dt. Ausg.: *Fractal Time: Das Geheimnis von 2012 und wie ein neues Zeitalter beginnt* (Koha Verlag, 2009.)
5. *1945–1959: A Peaceful Europe – The Beginnings of Cooperation* (Europa: The History of the European Union). http://europa.eu/abc/history/1945-1959/index_en.htm. – Originalzitat unter: http://europa.eu/legislation_summaries/institutional_affairs/treaties/treaties_eec_de.htm.
6. *United Nations Millennium Declaration,* verabschiedet von der Generalversammlung am 8. September 2000. http://un.org/millennium/declaration/ares552e.htm.
7. *2015 Millennium Development Goals,* United Nations. http://www.un.org/millenniumgoals/bkgd.shtml.
8. *Millennium Development Goal 8, Target 8.A: Develop further an open, rule-based, predictable, non-discriminatory trading and financial system,* United Nations. http://www.un.org/millenniumgoals/global.shtml.
9. Gesprochen von Carlos Barrios; transkribiert von Steve McFadden, *Steep Uphill Climb to 2012: Messages from the Mayan Milieu* (2002). www.redrat.net/thoughts/prophets/index.htm. (http://www.heilfeuer.de/userfiles/Carlos%20Barrios.pdf.)
10. Präsident Ronald Reagan, *Erste Amtsantrittsrede,* 20. Januar 1981. Video und Transkripte am Miller Center of Public Affairs, University of Virginia. http://millercenter.org/scripps/archive/speeches/detail/3407.
11. Zugeschrieben William Jennings Bryan. http://schipul.com/quotes/1051.
12. *Fractal Time,* amerikan. Ausg. S. 9.
13. Posting im Forum des Singletrack Magazins, mit der Geschichte von Aron Ralston, wie er sie selbst erzählt hat. http://www.singletrackworld.com/forum/topic/great-article-about-the-utah-guy-who-severed-his-own-arm-today.
14. Ebenda.
15. *Fractal Time,* amerikan. Ausg. S. 193–198.

Danksagung

In diesem Buch bringe ich wissenschaftliche Forschung mit meiner persönlichen Suche nach den Antworten auf die grundlegenden Fragen des Lebens zusammen.

Viele Menschen, denen ich dabei begegnet bin, haben mit ihren Erfahrungen dazu beigetragen, dass dieses Buch mit seiner großartigen Botschaft entstehen konnte. Alle Namen zu nennen, würde wohl ein weiteres Buch füllen. Zumindest folgenden Menschen möchte ich dennoch ausdrücklich meine tiefste Anerkennung aussprechen:

Ich danke sehr herzlich all den wunderbaren Mitarbeitern von Hay House, insbesondere Louise Hay and Reid Tracy für ihre visionäre, engagierte und außergewöhnliche Arbeit, die Hay House so besonders gemacht hat. Reid Tracy, Präsident von Hay House, bin ich zutiefst dankbar für seine Unterstützung und sein felsenfestes Vertrauen in mich und meine Arbeit. Jill Kramer, Cheflektorin bei Hay House, hat mich mit ihrer ehrlichen Meinung begleitet und ist immer für mich da. Seit Jahren fließen ihre wertvollen Erfahrungen in unsere Gespräche ein.

Carina Sammartino, meiner Publizistin; Alex Freemon, meinem Lektor; Jacqui Clark, Werbeleiterin; John Thompson, Verkaufsleiter; Margarete Nielsen, kaufmännische Leiterin; Nancy Levin, Veranstaltungsleiterin; und Rocky George, der perfekte Ton-Ingenieur: Ich kann mir für eine Zusammenarbeit keine nettere, engagiertere und professionellere Gruppe vorstellen und bin stolz darauf, zum Team von Hay House zu gehören.

Ned Leavitt, meinem Literaturagenten: Er unterstützt mich mit seiner Weisheit und Integrität auf allen Schritten in der Welt der Bücher. Dank seiner Unterstützung konnten meine Botschaften der Hoffnung unzählige Menschen auf aller Welt erreichen. Ganz besonders schätze ich seine Freundschaft und sein Vertrauen.

Stephanie Gunning, meiner außergewöhnlichen Lektorin und Freundin, für ihr Engagement und großes Können sowie ihre Energie, mit der sie alles anpackt. Sie hilft mir, komplizierte wissenschaftliche Zusammenhänge und die tiefen Wahrheiten des Lebens in Worte zu kleiden, die viele Menschen verstehen. Sie stellt immer die richtigen Fragen und hilft mir so zu klaren Entscheidungen.

Ich bin stolz auf mein virtuelles Team, insbesondere Lauri Willmot, meine Büroleiterin seit 1996. Nach wie vor bewundere ich sie zutiefst, weil sie immer für mich da ist, besonders wenn es darauf ankommt.

Robin und Jerry Miner und allen anderen bei Source Books sowie all den anderen, die ebenfalls zu unserer spirituellen Familie gehören, danke ich herzlich für ihre Freundschaft und Liebe und dafür, dass sie all die Jahre, in guten und weniger guten Zeiten, an meiner Seite geblieben sind.

An Rita Curtis, meiner außergewöhnlichen Geschäftsführerin, schätze ich ihre Zukunftsvisionen, ihr Organisationstalent und vor allem ihre Freundschaft.

Meiner Mutter Sylvia und meinem Bruder Eric: Ihre Liebe und ihr Vertrauen in mich sind unerschütterlich. Wir sind zwar nur eine kleine Kernfamilie, doch unsere »Großfamilie« all derer, die in Liebe miteinander verbunden sind, ist unglaublich groß. Sie bereichern jeden Tag meines Lebens, und meine Dankbarkeit für dieses Geschenk lässt sich kaum in Worte fassen. Eric gebührt zudem ein besonderes Dankeschön für seine Geduld als Ton- und Bildtechniker und seine außergewöhnlichen technischen Kenntnisse, mit denen er sich überall darum kümmert, dass alles funktioniert. Eric, ich bin stolz auf unsere gemeinsame Arbeit, aber ganz besonders stolz bin ich darauf, dein Bruder zu sein.

Der einen Person, die mich von meiner besten, aber auch meiner schlechtesten Seite kennt, meiner Verlobten Martha: Mit deiner tiefen Liebe und Freundschaft und deiner Weisheit bist du die zuverlässige Konstante in meinem Leben. Du und unsere pelzigen Mitbewohner, Woody und Nemo, ihr seid die Familie, zu der ich nach jeder Reise gerne wieder nach Hause komme. Ich bin zutiefst dankbar für all das, womit du mein Leben bereicherst.

Ich danke auch allen, die in all den Jahren unsere Arbeit, die Bücher, Aufnahmen und Veranstaltungen unterstützt haben. Euer Vertrauen ehrt mich, und ich bewundere eure Vision einer besseren Welt. Durch euch wurde ich ein besserer Zuhörer und habe die Worte vernommen, die es mir ermöglichen, diese mächtige Botschaft der Hoffnung und der Chancen weiterzugeben. Euch allen werde ich immer dankbar sein.

Der Autor

Gregg Braden ist Bestseller-Autor sowie ehemaliger Computergeologe für Phillips Petroleum, Computersystem-Designer von Martin Marietta Defence Systems und erster Technical Operations Manager von Cisco Systems, wo er die Entwicklung des weltweiten Support Teams leitete, das heute die Verlässlichkeit des Internets sicherstellt.

Über 25 Jahre lang hat er in Bergdörfern, entlegenen Klöstern und vergessenen alten Texten geforscht, um die Leben spendenden Geheimnisse unserer alten Traditionen zu finden. Seine Arbeit wurde in den USA auf diversen Fernsehkanälen vorgestellt.

Mit großem Erfolg hat er seine Forschungsergebnisse in seinen Büchern zugänglich gemacht, unter anderem in »Fractal Time«, »Der Gottes-Code«, »Der Realitäts-Code«, »Der Jesaja-Effekt«, »Im Einklang mit der göttlichen Matrix«, »Zwischen Himmel und Erde«. Seine Bücher wurden in 17 Sprachen übersetzt und in 33 Ländern publiziert. Sie zeigen unzweifelhaft, dass der Schlüssel zu einer lebenswerten Zukunft in der Weisheit unserer Vergangenheit liegt.

Weitere Informationen erhalten Sie bei:

Wisdom Traditions
P.O. Box 3529
Taos, New Mexico 87571
info@greggbraden.com
www.greggbraden.com

Gregg Braden
Im Einklang mit der göttlichen Matrix

Wie wir mit Allem verbunden sind

Tb., 256 Seiten
€ 9,95
ISBN 978-3-86728-021-1

Gregg Braden verknüpft in diesem Werk Spiritualität und Wissenschaft auf eine vollkommen neue Art. Er erklärt die Zusammenhänge der Matrix, die schon Max Planck als »Urgrund der Materie« identifizierte. In dieser Matrix des Lebens spiegeln sich alle unsere Überzeugungen und Einstellungen wider. Lassen auch Sie sich von der Matrix faszinieren, und lernen Sie so, die Botschaften des Lebens leicht zu verstehen und umzusetzen. Das Besondere an diesem Buch ist: Sie brauchen kein physikalisches Fachwissen. Der Autor erklärt auf verständliche Art, wie Sie mit der Matrix im Einklang leben können, um Ihre Wünsche und Ziele zu verwirklichen.

Gregg Braden
Im Einklang mit der göttlichen Matrix
Wie sie funktioniert und wie man lernt, sie anzuwenden

2 DVDs 4,5 h
€ 24,95
ISBN 978-3-86728-067-9

Der faszinierende Wesenskern der Botschaft Gregg Bradens kommt einer Offenbarung gleich: Durch eine explosive Synergie zwischen den neuesten wissenschaftlichen Entdeckungen und der größten antiken, geistigen Weisheit, die jahrhundertelang verloren schien, schenkt er uns Einblick in den Bereich der göttlichen Matrix (Max Plancks »Urgrund der Materie«) und der unendlichen Möglichkeiten. Mit außergewöhnlicher Klarheit und Tiefe verrät er uns geheime Techniken und Hilfsmittel, um die Sprache des Universums und des Lebens zu begreifen und die reinsten Wünsche unseres Herzens in die konkrete Realität umzusetzen. Statt lebensfeindlicher Überzeugungen werden Freude, Liebe, Harmonie und Frieden in unser Dasein einziehen und unsere Welt heilen ...
5 Stunden Video mit Exklusivinterview

Gregg Braden
Der Realitäts-Code
Wie Sie Ihre Wirklichkeit verändern können

Tb., 288 Seiten
€ 12,95
ISBN 978-3-86728-059-4

Die Botschaft kostbarer alter Weisheiten wird mittlerweile von den Wissenschaften immer mehr bestätigt: Das Universum und unsere Körper bestehen aus einem gemeinsamen Energiefeld, dem Quanten-Hologramm, dem Geist Gottes, der göttlichen Matrix. Und wir alle haben direkten Einfluss auf das Universum: durch unsere Überzeugungen und unsere mit Emotionen erfüllten Gedanken. Wir können die Codes unserer persönlichen Realität – und damit die Welt – verändern!
Auf wissenschaftlicher Basis und mit spirituellem Weitblick versteht es Gregg Braden, die Zusammenhänge spannend, inspirierend und einsichtig zu entschlüsseln und die Menschheit zu ermutigen:
Denn von unserer größten Liebe, unserer tiefsten Heilung und unseren unglaublichsten Wundern sind wir nie weiter als eine Überzeugung weit entfernt.

Gregg Braden
Der Gottes Code
Das Geheimnis in unseren Zellen

Tb., 304 Seiten
€ 9,95
ISBN 978-3-86728-142-3

Unser genetischer Code enthält eine göttliche Botschaft! Die Verknüpfung wissenschaftlicher Erkenntnisse mit althergebrachten Überlieferungen brachte den Bestsellerautor und spirituellen Führer Gregg Braden auf diese These. Er verbindet den Zahlencode der althebräischen Buchstaben mit den Basiselementen unserer DNA und gelangt damit zu einem biologischen »Gottes Code«. Dieses Buch wirft ein völlig neues Licht auf unseren biologischen Ursprung und gibt einen neuen, faszinierenden Blick auf unsere Biochemie frei.